股权战略

开放型组织价值共创的顶层设计

谢建祥◎著

清華大学出版社
北京

内容简介

本书立足于为读者提供实战性知识的角度，用 10 章的内容，系统化地讲述了以下内容：更能激发企业创造力的开放型组织模式、企业股权战略顶层设计基石、股权合伙人制度设计与相应权责利分配、长保开放型组织发展活力的股权动态调整机制、开放但绝不丧失控制权的股权制度预设、利用制度设计化解股权利益冲突的防火墙构建以及开放型股权激励方案的制定与落地方法、顶层设计完成后又该如何通过股权运营与更多其他独立组织结成利益共同体、如何以对外股权投资方式打造更大的开放型生态等。通过阅读本书，读者将熟练掌握企业股权战略设计与实施的相关技能，对工作能力的提升及职场升迁均大有裨益。

本书适合中小企业创业者、中高层管理者、投资经理、企业股东、企业合伙人、享有期权/股权激励的企业员工、经济学/金融学/工商管理专业在校大学生阅读。

图书在版编目(CIP)数据

股权战略：开放型组织价值共创的顶层设计/谢建祥著. —北京：清华大学出版社，2020.1（2020.11重印）

ISBN 978-7-302-53731-1

Ⅰ. ①股… Ⅱ. ①谢… Ⅲ. ①股权管理—研究 Ⅳ. ①F271.2

中国版本图书馆 CIP 数据核字(2019)第 188973 号

责任编辑：杨作梅
装帧设计：杨玉兰
责任校对：吴春华
责任印制：杨 艳
出版发行：清华大学出版社
网　　址：http://www.tup.com.cn, http://www.wqbook.com
地　　址：北京清华大学学研大厦 A 座　　**邮　　编**：100084
社 总 机：010-62770175　　**邮　　购**：010-62786544
投稿与读者服务：010-62776969, c-service@tup.tsinghua.edu.cn
质量反馈：010-62772015, zhiliang@tup.tsinghua.edu.cn
印 装 者：三河市国英印务有限公司
经　　销：全国新华书店
开　　本：170mm×240mm　　**印　　张**：16.5　　**字　　数**：316 千字
版　　次：2020 年 1 月第 1 版　　**印　　次**：2020 年 11月第 3 次印刷
定　　价：49.80 元

产品编号：084100-01

前言

企业的发展离不开股权，这便要求创业者转变观念，将股权上升到战略的高度，予以必要的重视。另外，随着互联网时代的到来，现代企业的管理发生了翻天覆地的变化，而开放型组织作为一种创新的组织管理模式，基于其自身所具备的突出优势，获得了众多企业的青睐。以股权为纽带，打造开放型组织，已经成为众多企业的重要战略。

在这一背景下，企业创始人、经营者有必要对股权有一个充分而全面的认知。本书内容从企业的实际需求出发，分别从合伙人股权分配、股权投资、股权激励等方面来阐述如何设计并且推行股权制度。与此同时，本书还列举了大量的真实案例，进而帮助读者学习系统实用的与股权相关的知识。本书将理论与实践相结合，在理论指导的基础上提出相关解决方案，因此更具实操性。总体而言，本书具有以下 3 个突出特点。

1. 内容全面、详略得当

本书以多维度对股权设计与落地进行系统的讲解，全文内容以层层递进的形式来叙述，全面分析股权的各个可能性。除此之外，本书对于知识点相对浅显的内容仅进行简单介绍，重点讲解股权操作知识与技巧，整体内容详略得当，更具实用性。

2. 容易理解，采用大量图表、案例

本书内容通俗易懂，对抽象的专业术语、行业名词等都进行了详细解释。另外，本书还通过大量的事例样本、图表分析，让读者全面地了解顶层设计的精粹内容，同时运用大量的对比分析图、逻辑关系图来使内容更具实用性、更易理解。

3. 实用性强，对实操人员有借鉴意义

本书借鉴了大量实际案例，进而讲述如何设计实用的股权方案，让股权设计更加符合企业发展方向。此外，本书还分析了大量的案例等，以便达到使相关操作人员花费最少的精力掌握股权设计精髓的目的。

在本书写作过程中，笔者时常将成功的股权设计方案与失败的股权设计方案进行对比，寻找其中的差距，以便为读者提供更为实用有效的参考内容。总之，通过这种系统而全面的讲述，希望能给读者带来真实的价值，帮助企业在发展的道路上无往而不利。

市场需求分析

股权作为总量有限的企业价值浓缩工具，既代表着对企业的管理权力，也代表着在企业后续发展过程中赚取收益的权力，运用得当，威力无限，处理不当，后患无穷。大量企业管理人员对熟练掌握以股权为基础的开放型组织价值共创顶层设计技能的渴求，同样造就了市场对介绍相关领域知识的书籍的旺盛需求。

顺应这一趋势，如今市场上各类与股权战略相关的书籍、讲座、付费课程已有出现，市场受欢迎程度高，且远未达到饱和状态，仍具有非常大的市场潜力。

本书将为读者全面细致地讲述相关知识，希望通过理论及案例讲解，帮助读者全面提升对股权战略的认知与实战筹划能力。

相关图书分析

作为企业股权领域的热门话题，目前市场上同企业股权战略顶层设计相关的书籍已有出现，但质量参差不齐，少有精品，或内容过于表面化，只将网络流行观点简单排列，便编辑成书，未对相关知识进行深入探讨；或讲述过于专业，春秋笔法、佶屈聱牙，难以激发读者阅读的兴趣。针对上述市场缺陷，本书将以清晰结构+丰富案例的方式为读者建立完整的知识体系，同时引入开放型组织模式下企业股权战略的相应调整等前沿知识点，使读者范围将更加广泛。

由于编写时间和编者水平所限，书中难免存在不足之处，敬请读者指正。

编　者

目录

第 1 章

开放型组织：更能激发企业创造力的组织模式

随着时代的发展，信息不对等的情况逐渐减弱，传统的集权式组织结构已经不再适用于现代企业，开放型组织作为一种创新的组织管理模式，如今更容易获得企业的青睐。在开放型组织模式下，信息分布在组织的每一个角落中，集体的智慧更有助于企业做出科学的决策。

1.1 概念透视：什么才是真正意义上的开放型组织

珠穆朗玛峰是人们持之以恒想要“征服”的高峰，自古以来国内外无数探险队都尝试过攀爬并且希望能够到达顶峰，但成功率并不高。后来，组织行为学专家对某一段时期内来自 56 个国家的总计 5104 支探险队进行研究，最后发现一个问题：探险队能否成功登顶、能否存活，与其国家的等级观念有一定的联系。

组织行为学专家总结出了这样的结论，等级观念越强的国家的探险队成功登顶的可能性更大，但是能够存活下来的比例也更低。这主要是由于思维在很大程度上会受到文化价值观的影响，文化价值观会改变大众的思考方式、行为习惯等。

因此，在等级观念强的国家的探险队中，领队说什么就是什么，队员对命令会百分百遵从；与之相反的是，等级观念较弱的国家的探险队中，队员之间主张平等，参与性很强，领队所提出的决策经常会遭到队员的质疑，这种探讨方式有助于及早发现问题，进而避免严重后果。

这一研究结论运用在企业的组织管理中，也有一定的参考意义。企业究竟应该打造一个百分百服从命令的集权式组织，还是应该打造一个开放平等、成员踊跃发言的开放型组织？放在当今去中心化的大数据时代来看，已经有不少领导意识到开放型组织更能为企业带来生命力，进而选择了后者。然而，开放、平等却不像想象中那么容易。

选择构建开放型组织，意味着原本的组织结构要被打破，重新开始，通过各种各样的方式进行沟通与交流，进而为企业创造出更大的价值。与此同时，企业也需要打造出能够让员工充满热情的工作环境，鼓励员工踊跃参与相关事项。每一位员工都在为了共同目标而不断奋斗，主动承担相应责任。

只有做到这样，企业所构建的开放型组织才有可能帮助其获得成功。

但是，在具体实践中，还有不少企业对开放型组织存在一些误解，对此我们需要予以说明，如图 1-1 所示。

开放型组织≠只靠投票决定，而是需要通过积极探讨做出决定。有的企业会认为开放型组织就是只需要靠投票来做决定的，这是错误认知

开放型组织≠绝对的开放与平等，同时也需要相应的制约。以决策为例，虽然开放型组织所主张的是踊跃交流，决策一旦做出，所有成员还是要服从最终决策的

图 1-1　开放型组织在实际运用中的注意事项

开放型组织的决策过程非常慢，它主张在决策过程中大家各抒己见，其他成员带着理性分析的心态来聆听，兼收并蓄，选出最优结果，因此大家的参与度较高，相对来说会比较慢。与此同时，信息分享也足够充分，因此沟通结果是比较有效的。通过大众参与而讨论出来的结果，因为自己参与其中，所以执行热情较高。

企业怎样才能构建起一个真正意义上的开放型组织，进而引导员工积极参与到企业的经营中呢？下面从 4 个角度探讨构建开放型组织。

第一，提高成员之间的信任度。

只有在充分信任的情况下，团队成员之间的关系才会更为紧密，进行沟通时才更愿意全盘托出，信息更加透明化，最后的决策效率也将更高。

第二，尊重个体需求。

想要增加收入、想要晋升职位、想要获得成就感……每一位成员在参与工作时想要获得的东西并不是完全一样的，因此，要想引导员工尽心尽力地为企业出谋划策，首先要想方设法地满足其个性化需求。对于这一点，可由企业领导给予员工足够的尊重与关心开始。

第三，建立心理契约。

除了一纸合同外，企业与员工之间应当存在默契，这份默契包括员工对组织的认可、承诺以及贡献，这不是纸质契约能够承载的，因此可视为心理契约。在纸质契约中，员工的所作所为是规定好的，是不得已而为之的，而心理契约则是员工主动去做的，如积极创新等。

第四，打造发展平台。

虽然每一位成员的需求并不完全相同，但是某些方面的需求还是一致的，比如都希望能够在工作中不断成长并且获得发展，这便要求企业做平台化的管理，为员工提供科学的成长渠道与发展平台。

韩都衣舍便是典型的开放型组织，作为线上女装销售平台中的佼佼者，韩都衣舍的员工平均年龄为 25 岁，他们非常年轻并且有创新能力。这一群体迫切希望得到尊重、公平、发展、存在感以及成就感，他们希望自己的价值获得认可，不接受被灌输命令式观念。

为此，韩都衣舍予以员工充分的关怀，每个月拿出一定的费用举办各种各样的团建活动、兴趣协会，并且要求必须消费完。另外，员工的办公环境可自行布置，工作时间也非常有弹性，使员工获得充分的存在感以及成就感。

另外，韩都衣舍借鉴了日本的经营管理模式——“阿米巴经营管理”，也就是将整体划分为若干个小组，并且独立运营，独立核算。在这种经营模式下，每个人都是企业的经营者。

通过“阿米巴经营管理”，韩都衣舍的许多员工自愿为企业出力。韩都衣舍注重员工职业规划，不断培养内部优秀人才，员工还享有企业的分红权等权益，因此企业人才辈出。韩都衣舍所做出的一系列举措，都在不断证明员工的价值。

不仅仅是韩都衣舍，还有许多企业都进行了组织变革，为的就是能够激发员工的工作积极性，激励其积极参与到企业经营中，不断为企业输出价值，比如顺丰、海尔、永辉超市等。

海尔创始人张瑞敏曾经说过一句话："以人为本、以人为中心，一定是无限的成长，因为人的价值是无限的，企业即人。"也就是说，在不断变化的市场环境中，企业必须重视员工的价值，激发每一位员工的潜能，才有拥抱未来的机会，而这也正是真正意义上的开放型组织所提倡的经营理念。

1.2 基本特征：典型开放型组织均应具备的3类特征

开放型组织对不少企业而言还有一些陌生，有的企业也不知道该如何着手构建。

为此，不妨先了解一下典型开放型组织应具备的 3 类特征，这有助于企业更加充分地了解开放型组织，也更能明确构建开放型组织所需要具备的条件。

第一类特征：员工权力的自主性。

传统的集权式组织结构是自上而下的权力结构，在当今信息化时代已经失去了其曾经的优势。随着信息的逐渐对等，大多数员工的平权意识开始觉醒，领导需要学会"还权于民"，才能带领组织走得更远。

以消费者需求为主导是企业战略的发展方向，而员工参与决策则是企业战略的有效形成过程，也将会成为信息化时代的必然趋势。在这种情况下，领导应该学会有效分权，主要"分"给三大主体，如图 1-2 所示。

分给下属各部门负责人

分给基层员工

分给相关的消费者

图 1-2　企业领导者"三级分权"的主要对象

权力既是给予员工尊重的体现，也是提高效益的有力工具，还是督促员工主动承担责任的重要手段。如果一家企业合理分权，在员工层面，就能够有效调动员工的积极性、主动性以及创造性；在消费者层面，也能够赢得赞誉、忠诚，进而提升知名度。

员工只有将企业经营视为自己的责任，为自己而奋斗，才会真打实干，工作效率才能得到有效提高。因此，企业的领导者不要小看个体员工的作用。根据阿米巴经营管理理论，每一位员工都是一个小小的个体。在互联网时代，调度力、整合力得到很大的提升，这种情况下，员工具有的潜能是非常大的，这便要求企业的领导者根据需求重新认识每一位员工的能力以及与其相匹配的权利，用权利来驱动其能力。

第二类特征：广泛深入的流动性。

在中医健康理论中，有一个理念为“通则不痛”，而这也意味着身体健康。“通”意味着流动，是任何组织生命力的一种体现。同样的道理，如果一个企业的资金、资源、产品、销售等各方面的流动速度跟得上企业的发展速度，也就意味着这个企业很有可能进入了高速发展阶段。对于这样的企业，流动性主要呈现 3 种趋势，如图 1-3 所示。

图 1-3　高速发展的企业流动性的呈现趋势

(1) 上下流动。

传统的集权式组织结构呈现的是“金字塔”模式，权力自上而下递减，主要呈现出三大特征，如图 1-4 所示。

在“金字塔”式的权力结构下，高层与基层的互动往往都只有从上向下流动，也就是将高层决策传递到基层。这种情况下，领导的开明程度与革新勇气成为关键点：如果高层敢作敢为、英明果断，那么基层便可以因此而受益，反之则无益。

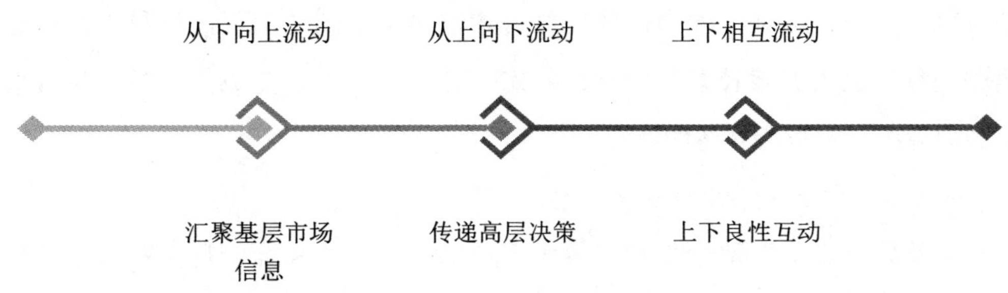

图 1-4　上下流动的三大特征

这种决策方式明显是不对等的，是对员工不负责任的体现。想要打破这种流动模式，便需要员工参与决策中，让员工的信息也能流动到高层。领导层在掌握了基层所提供的真实信息之后所做出的科学决策，才是真正使双方受益的决策，而这也恰恰是开放型组织所具备的特征。

尤其是对高速发展的企业而言，由于企业人数已经从寥寥几人发展到几千人，甚至更多，这种情况下，企业最大的问题便在于难以获取真正的基层信息，闭目塞听，很容易形成专权的决策模式，这样一来，就很容易导致企业做出错误的决策，最终走向失败。因此，如何增强企业信息的流动性，为做出科学的决策奠定良好的基础，是当今许多企业高层都面临的挑战。

(2) 内外流动。

流动的本质是为了产生关联。如果企业闭目塞听，很容易会被市场淘汰，因此必须与外部产生关联。内外流动也呈现出了 3 种形态，如图 1-5 所示。

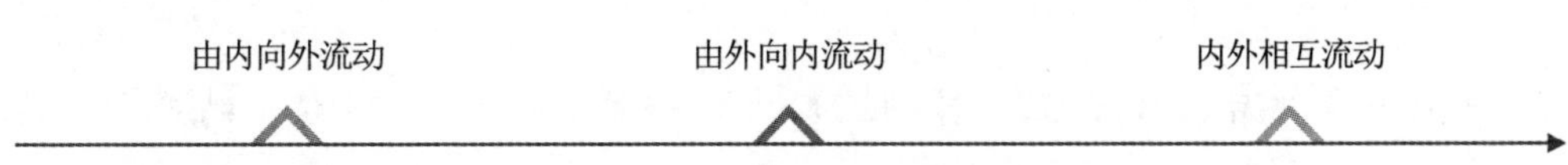

图 1-5　内外流动的 3 种形态

(3) 左右流动。

“鸡犬之声相闻，老死不相往来。”古人所主张的这种“美好生活状态”，在现代社会中已经行不通了。人们的相互往来是进行合作的基础，如果在企业中，员工相互之间只是虚伪、客套，在合作过程中也不会有太突出的成就。因此，加强企业内部的团结，增进员工之间的信任，让员工们能够达成一种可以“促膝长谈”的友好状态，是企业所需要完成的任务，而这也是开放型组织本身所具备的特点。

第三类特征：企业竞争的差异性。

“差异化竞争”是当今时代各大企业都在追逐的目标，是企业为了能够避开“红海”，迅速进入“蓝海”并且有所发展的重要手段。然而，如何才能做到差异化，这才是关键所在。下面通过一个案例来了解一下。

A 城商业银行试图与 B 企业达成长期合作，因为在他们看来，该企业的发展潜力非常大。然而，B 企业的创始人与 C 大型银行领导的关系很好，并且合作了近 10 年，因此，A 城商业银行想要成功拉拢 B 企业的可能性微乎其微。

然而，A 城商业银行并没有放弃，首先派业务员长期与 B 企业进行接触，及时了解 B 企业的需求。有一次，B 企业急需贷款 100 万元，A 城商业银行抓住机会向其推荐了一款 100 万元的融资产品，并且予以一定的优惠。对 B 企业而言，100 万元资金并不多，需要考虑的因素很少，也不会损害到 C 大型银行的利益，因此接纳了这一笔融资资金。A 城商业银行不认为这只是一笔小交易，一直为 B 企业提供细致入微的服务，让 B 企业感受到了差异化，因此 B 企业时不时会接纳 A 城商业银行类似于“100 万元”这样的小产品。

直到一年之后，B 企业打算向国外出口一笔价值 600 万欧元的产品，恰逢欧元汇率不稳定的时期，该业务也因此而充满了变数。A 城商业银行趁机出击，向 B 企业推荐一款能够锁定汇率的产品，能够使 B 企业的业务保值，在一定程度上降低了汇率不稳定的风险。这款产品对 B 企业而言犹如雪中送炭，自然而然便接受了，双方的合作也因此而获得了进一步的发展。发展到后来，B企业选择放弃与C大型银行的合作，而将主要结算业务放在A城商业银行。

在上述案例中，A城商业银行之所以能够从C大型银行手中“抢”到客户，主要原因便是做到了“差异化”，主要体现在以下3个方面。

首先，快速捕捉客户需求。通过长期跟踪的手段，实时了解客户的需求。

其次，针对客户需求迅速提出解决方案。在长期研究客户需求的情况下，才能了解客户的偏好，才能做到这一点。

最后，迅速向客户提供最佳方案。这一点也是基于需求的情况而采取的措施。

因此，不难发现，想要达到“差异化”，企业所采取的一切措施都要基于对客户的了解才能实施，而这一切的基础正是基层员工所提供的长期且准确的资料，这是开放型组织才能做到的。

1.3　内向外向：内向开放型组织与外向开放型组织

自从开放型组织被提出以来，这种创新理念越来越受到众多学者与企业的青睐，并且获得了高度评价。开放型组织作为现代创新结构的一种组织管理模式，已经逐渐成为企业管理研究的一大热点。

对企业而言，开放型组织可以促使企业在发展过程中充分整合内外部的知识与技术，进而促进内部组织实现创新，输出价值，再将这些创新价值使用在拓展市场上，实现高效流动。

在开放型组织中，可根据性质划分为两种不同的类型，分别为内向开放型组织与外向开放型组织。内向开放型组织是企业通过对外部环境进行实时追踪，进而了解外部知识、技术、需求等相关信息，并且将其运用于企业内部的组织模式；而外向开放型组织是指在内部信息达到一定水平的基础上，再寻求相对合适的外部组织进行合作，进而充分利用所获得的相关信息。

现有的研究表明，内向开放型组织模式在企业的管理实践中能够发挥相当重要的作用。内向开放型组织模式主要是将外部知识、技术、需求等相关信息进行“内服”，而如何有效地获取这些相关信息，则是内向开放型组织模式的关键所在。

通常来说，内向开放型组织模式所获取的信息来源于企业外部的供应商、消费者以及其他参与方。组织获取信息的渠道往往是研究、调查，甚至是动用资金来购买重要信息，比如技术手段，可以提升企业的创新发展能力。内向开放型组织模式也是从外部挖掘技术的重要手段，在挖掘外部技术的过程中，企业可能还会涉及一些合作模式，如非股权战略联盟、购买组织服务等。

需要注意的是，内向开放型组织模式会在一定程度上受到“规模效应”的影响。以技术信息为例，一般而言，尚未到达一定规模的企业很难持续输出大量人员来建立有效的信息网络，也并不具备足够的能力来保护自己的技术，因此能够真正组建内向开放型组织的往往是一些大型的企业。

与内向开放型组织模式所注重的引进外部信息相比，外向开放型组织更倾向于将企业内部的相关信息通过与外部合作，予以充分利用，合作过程中也同样涉及一些合作模式，如非股权战略联盟、提供组织服务等。通过与外部合作，企业组织之间能够进行更高效的合作，进而提高效率，并且获得可观的经济收益。

1.4 开放式发展：开放型组织的决策、协同与利益分配

开放型组织在当今去中心化的时代尤为受欢迎，而其决策、协同和利益分配的方式也与传统的集权式所对应的方式存在很大的区别。在决策上，员

工更能畅所欲言；在协同上，员工互信互助；在利益分配上，一分贡献一分收获，对于每个人而言都更加公平。

第一，开放型组织的决策。

许多企业中最为常见的决策方式，通常是重要的管理层关起门来，针对某一件事进行讨论，最后确定一套方案并且予以公布，但开放型组织的决策过程却不是这样的。在采取开放型组织的企业中，员工可以参与到企业的重要决策中，而且参与度越高，最后所确定的方案的认同度也越高，实施起来更为顺利。由此可见，开放型组织的决策方式是兼收并蓄的。

红帽公司(Red Hat)是全球优秀的开放源代码提供商，吉姆·怀特赫斯特(Jim Whitehurst)是这家优秀企业的首席执行官。在吉姆·怀特赫斯特的著作中，他提到，红帽公司曾经向所有员工发出了一份“不完美”的愿景宣言草案，并且希望能够获得大家的建议。

为什么是“不完美”的草案？事实上，正因为草案不够完美，所以更能激发员工积极参与的热情。通过博采众议，红帽公司新的愿景宣言得以诞生：“以开源之道，红帽致力于成为由客户、贡献者和合作伙伴组成的开放社区的催化剂，共同创造更好的技术。”虽然这样的决策过程看起来比较费时费力，但实际上带来的决策效果更好。通过高度参与的模式，提升员工的执行力，最后达到的目标效果也会更佳。

基于以上认知，吉姆·怀特赫斯特主要要求员工持续改善不完美的草案，而不是命令其听从指挥，进而让员工有更多实现创造性的机会。因此，吉姆·怀特赫斯特会通过很多机会来鼓励员工踊跃发言，让他们主动提供想法和创意，即便是不够成熟的提案，他依然鼓励大家说出来，看看是否有实施的可能性。

第二，开放型组织的协同。

在开放式环境下，企业获取相关信息的途径多种多样。企业不仅可以从内部获取相关信息，还可以跨越组织边界，与外部组织结成联盟、进行合作，进而获取内部所没有的信息资源，充分运用协同效应来为自身创造价值。

我国不少企业曾经尝试过跨组织进行合作，但最后并没有达到预期效果，其中一大因素正是组织间发生了冲突，无法继续合作。开放型组织则有助于“锁定效应”的形成，进而解决这一痛点。“锁定效应”是指组织双方都有合作的意愿，是双方忠诚度的体现，这便要求组织之间有一定的互动频率，让双方的关系更为紧密，增进成员互信，为未来的合作奠定坚实的基础。

第三，开放型组织的利益分配。

日本有名的“阿米巴经营模式”正是开放型组织的一种体现，阿米巴经营本质上是指通过把组织划分为小团体，并且采取独立核算制来实现与市场直接连接，同时不断培养具备管理才能的管理者，最后采用“全员参与”经营管理的方法，是稻盛和夫独创的经营管理模式。

在京瓷企业中，根据不同的划分依据划分出了大大小小的阿米巴组织，每一个阿米巴组织都是一个经营单位。各个阿米巴作业单位都是实行自主经营、独立核算的模式。因此，每个单位都需要自负盈亏。

在独立经营与核算的要求下，企业可以以部门甚至是每位员工作为核算单位，并且要求企业把一个月才进行一次的统计与核算转换为每一天，进而使利润、销售、费用等方面的数据更为精准、更具时效性。每一天企业整体、独立部门、员工个人究竟是盈利还是亏损，盈利多少、亏损多少，全都一目了然。一个人在企业中做出多少贡献，全都看得清清楚楚，其所获得的收益也将会据此来计算。

由此可见，开放型组织的利益分配方式相当于谁创造了利益、做出了贡献，谁便可以获得相对应的收益。

1.5 内部创业：以股权激活开放型组织的价值潜力

如果企业为运作新业务而成立新的企业，或者员工成立新企业运作新的构想，这时员工可以在现有资源架构下开始内部创业，员工和企业共同出资，但是企业能够紧紧掌握股份的控制权。如此一来，双方的命运就会联系在一起，荣辱与共，这便是内部创业模式。

1978 年，美国创新管理专家吉福特·平肖(Gifford Pinchot)和他的妻子伊丽莎白·平肖(Elizabeth Pinchot)提出了“内部创业”的概念。2000 年，华为率先发布了《关于内部创业的管理规定》，从此拉开了中国企业内部创业的序幕。

内部创业除了能够满足员工想要经营企业的心理，还可以激发企业活力，实现双赢。企业在这种创新模式下，扮演的角色仅仅是一个平台，内部资源可以让员工随意调用，员工则自行组团，形成开放型组织并且自行运营，最终形成企业与员工双赢的局面。

2002 年，宗毅和张利合伙创立了一家企业，命名为芬尼克兹，主营空气源热水泵的生产、销售业务，他们的产品是泳池保持恒温与除湿的重要工具。得益于创始团队的科学运营，芬尼克兹的业务发展到了欧洲，且销售业绩一直位于市场前列。然而，就在企业处于高速发展阶段时，却遇到了一个十分麻烦的问题。

2004 年，芬尼克兹的一名高管辞职并自己创立了一家企业。严重的是，当时芬尼克兹的销售业务中，八成以上的资源被这名高管所掌握。如果这名高管把这些重要客户带走，芬尼克兹遭受的重大损失将不言而喻，与此同时还多了一个难对付的竞争者。

发生这次事件以后，宗毅针对这一问题绞尽脑汁，想方设法地避免这类事情的发生，而且要尽快团结其他高管的心，最后他创造了企业内部创业模式。芬尼克兹企业内部创业的模式其实是开放型组织与股权相结合的一种创新模式，主要体现在以下 3 个方面。

第一，员工身份大转变，成为合伙人。

2005 年，芬尼克兹企业生产的热水泵需要一个重要配件，即钛管换热器，这种配件是可以自产自足的。宗毅借着这个机会，引导企业股东和高管共同出资成立新企业，这样一来，使他们的角色迅速从员工转换为企业合伙人。

刚成立新企业的第一年，由于经理占有的股权比例比较高，工作十分卖力，提前研制出了新产品，纯利润迅速达到了百万元，而合伙人所投入的资金也在当年就收回了成本。这一现象使员工对企业充满了信心和信任，为内部创业带来一个好的开头。

第二，挑选德才兼备的人才。

2010 年年底，芬尼克兹企业举办了内部创业大赛，其中设计了一个选票环节，正是这一环节使得内部创业获得了进一步发展。选票中设计了三行字，分别是“你选哪一位？”“你给他投资多少钱？”以及“签上你的名字”。该环节具体的评选规则如图 1-6 所示。

芬尼克兹企业内部创业大赛选票环节评选规则	
	(1)具备投票资格的人最多投一票，投资额度的上限以其职位的高低来决定。
	(2)如果在选票上写上投资金额以后没有兑现，就按照年收入的 20%进行罚款。
	(3)假如员工选择的人没有胜出，员工可以把投资人选修改为胜出者，但只能以候选者的身份参与，不一定有资格进行投资，而且就算是有资格投资，投资比例也要有所扣减。
	(4)竞选者或者团队要说出每个人的投资额度，而且团队领导者的投资额要多于首期投资的 10%以上。如果自己不投资，就没有参赛的资格。
	(5)最终获得投资额最多的人胜出。

图 1-6　芬尼克兹企业内部创业大赛选票环节评选规则

为何要用钱投票呢？设想一下，假如你面临这样的选择，你会把钱投给谁？你首先想到的肯定是对方的人品，也就是他的道德水平，然后你还要考虑他的经营能力。这两点具备了以后，这个人就具备了德与才，即所谓的“德才兼备”。

除了以上两点以外，用钱投票还能防止贿选和拉票。更为重要的是，通过这种方式，芬尼克兹的核心员工，特别是管理层，他们的利益会因此而与新企业的利益捆绑在一起，更有助于双方的合作共通。

第三，出让最大收益权给创业团队。

将最大收益权出让给创业团队，这是芬尼克兹内部创业机制的关键要点。也就是说，宗毅等人虽然会控制新企业的发展，但是创业团队也一样能够获得充分的收益权。

创业团队的成员必须拿出资金购买股权，这样一来，自己便没有退路了，他们做决策时就会深思熟虑，并且积极主动、尽心尽力地为企业发展贡献力量。另外，在分红模式上，股权与收益权不是一致的。企业会将最大收益权交给创业团队，虽然创业团队没有获得股权，但也会因为足够的收益而感到满足。

通过内部创业，芬尼克兹得以再次快速发展。内部创业的巨大威力通过股权激励机制体现得淋漓尽致，不但让高管与企业紧密结合，转变为企业股东，还增强了企业的凝聚力与创造力，从而在细分市场占据主导地位，在管理机制上处于领先地位。

芬尼克兹的组织管理模式创造了独具一格、竞争力超强、迅速盈利的商业模式，极大地延伸了产业链，从而走向了开放式的无边界的管理发展之路。

开放型组织的运用模式多种多样，与股权相结合仅是其中的一种，二者运用得当，有助于大幅度提高员工的工作积极性，能够为企业带来的商机是非常多的。

1.6 案例——韩都衣舍实现快速崛起背后的开放型组织模式

韩都衣舍采用了开放型的组织划分模式，把企业化分成为一个个小组。事实上，张瑞敏以及稻盛和夫都在尝试着这种将公司做小的理念，而韩都衣舍拥有着互联网的坚实基础，因此它在这条道路上走得更远。韩都衣舍主要是采取小组制方式来获得发展的，而随着时间、规模等因素的变化，小组制也迎来了 3 个不同的阶段。

第一阶段：从买手到买手小组。

韩都衣舍在最开始经营的时候，由于资源有限，只能通过代购的模式来实现运营。赵迎光(韩都衣舍董事长)将培养买手作为重心，他雇用了一些学生，把学习服装设计和学习韩语的学生进行分配，构成小组，然后每天在韩国的服装品牌中选择 1000 个品牌出来，将其分配给 40 名员工，而这些员工的任务就是在分配到的品牌官方网站上，每个品牌挑选出 8 件新品，每名员工每天都要在 25 个品牌中挑选，这也就使得其每天都有 200 款新品。

淘宝搜索在那个时候还是按照刷新时间来进行排序的，赵迎光原来只是想让产品更新鲜、充足，但是在无意之中他却获得了流量。

然而这种竞争力主要是在前端的吸引顾客的方面，而这种模式在后台存在着一些问题：一方面，产品的性价比不是很高，断货、断色、断码的情况时有发生，并且等待的时间过长，等等，这些都是代购所存在的硬伤。另一方面，选款师根本就没有竞争意识以及经营意识，选款师在挑选出新款，并将其上架之后，后面的事情就与他们无关了，这款衣服能够销售多少件？顾客是否会选择并购买？选款师们根本就不会去考虑这些问题。

赵迎光很快就意识到了这些问题，并做出了调整，主要体现在以下两个方面：一方面，改变选款师的工作方式，从前是要求每一位选款师只需要盯着 25 个品牌，但是调整后这些品牌被全部打乱了，在买手中竞争的情况开始出现，借此能够对买手的独立经营意识进行培养；另一方面，从“代购商品”转变成为“代购款式”：与先前一样，由买手来挑选款式，在挑选出款式之后，将其交给生产部门来负责采购样衣，在这之后进行打样、选择布料，然后在国内选择一家工厂进行生产。

虽然这种方式解决了上述问题，但又出现了新的问题：每一位买手对库存毫不在乎，他们只想上架更多的产品，获得更多的利润，根本就不去考虑供应链的问题，只负责选择图片进行上传。

对此，赵迎光提出了新的解决方式，也就是将两万元的资金交由买手负责，让其自行决定要生产的数量、尺码以及颜色，如果能够获得利润，那么就和买手进行分成。在最初的时候，他只是抱着试试看的心态，但是在尝试的过程中，他也发现了一些问题：第一个问题是买手是学习设计的，让其来负责运营，根本行不通；第二个问题是即使买手在经营方面有着超乎常人的天赋，然而他在负责经营的同时又要去选款，会忙得焦头烂额，两边都做不好。因此，赵迎光又将经营事务分割了出来，但和从前不同，不是分割给公司的生产部来负责，而是交由每个买手来负责，为其配备专业的运营人员以及视觉人员。

在经过了一段时间之后，这样的小组分成制度逐渐地显示出了其优势，买手小组的积极性慢慢被调动了起来。他们既能够将韩国最新的时尚款式挑选出来，还能够找到一个相对来说比较靠谱的工厂进行生产，能够对质量进行把控、将成本降低，并且库存周转的速度也逐渐提高了。

看到了这样的情况，赵迎光干脆就在内部做了一个实验，成立了两个团队：一个团队是按照传统服饰公司的做法设置商品页面团队，设计师部以及负责管理订单、对接生产的部门 3 个部门。

另一个团队的做法是将这 3 个部门的人打乱，每个部门中选出 1 个人，由 3 个部门的人组合在一起，成立 1 个小组，共计有 10 个小组。这个团队在同一时间开始工作，在经过 3 个月的时间之后，传统团队被叫停了，小组制因为有更好的绩效、更高的效率得以留存下来。在此之后，韩都衣舍开始试用这种模式。小组制模式就这样形成了，主要由视觉人员、买手、运营人员组成。

第二阶段：内部资源实行市场化，每一位员工都是二老板。

到 2011 年的时候，韩都衣舍已经拥有了 70 个小组。随着小组数量的增多，以前可以进行调配的资源已经难以调动了，例如，应该将哪一个小组的产品放置在店铺的首页？应该如何去分配公司内部的推广资源？

在这之后，赵迎光干脆将更高的自治权赋予每个小组，由小组自行决定款式的选择、价格的制定、生产的数量以及促销手段等。由资金周转率或者毛利率来决定小组获得的提成，因此每个小组最关注的就是库存以及毛利这两个指标。

韩都衣舍的淘宝店中，统一打折促销的活动消失了，促销决策由每个小组根据自己商品的实际情况来决定，使周转率和毛利率得到保证。

对于店铺首页的资源，在韩都衣舍的内部，有一个资源市场化机制：如果小组成立了六个月以上，那么可以对位置进行竞拍；如果成立的时间没有达到六个月，那么会在首页提供专门的位置，让大家来抢夺，先到先得。

赵迎光还完全放开了最为重要的财权，每个小组可以自行支配其获得的资金额度，而资金额度又由小组的销售量来确定，销售的数量越多，得到的额度也越大。在韩都衣舍，上一个月销售额的 70%将会成为当月的资金额度。

比如，某个小组上个月的销售额是 300 万元，其 70%就是 210 万元。这个小组在这个月中就能获得 210 万元的资金额度，可以用于下新的订单。

也正因为如此，强烈的危机意识存在于每个小组中。假设某个小组最开始获得的资金是 10 万元，这个小组绝对不会将所有的资金都用来下订单。如果将所有的资金都用来下订单，这批货物无法销售出去的话，就没有额度可以继续使用了，这个小组就需要先将库存清理掉，如果一直无法清理掉库存，那么这个小组就会一直没有额度可使用，最终甚至会灭亡，灭亡之后会怎样呢？就宣告“破产”，然后进行“重组”。

韩都衣舍有一个排名，其存在于各个品类的小组中，激励其进行竞争。在这个排名中，名列前三的可以获得奖励，而末尾的三名则会被打散重组。这种做法使得每一个小组都成为一个竞争因子，和小公司没有太大的差别。

另外，对内部资源的分配问题进行解决是这个阶段的主要使命，而这个阶段也是韩都衣舍要将小组化全面推行到整个公司的架构中的阶段。如果觉得和先前对应的小组相比，这个产品小组做得还不够好，就换一个产品小组；如果觉得某个小组已经做得足够好，那么会将更多的任务分配到这个小组中，这个小组就会得到更多的收入，成员的积极性也会得到提高。整个公司中的组织架构，就像是标准的零配件，可以自由地进行对接，同时也保证了绝大部分人员的收入能够和市场绩效挂钩。

第三阶段：获得超高的售罄率。

韩都衣舍在 2012 年到 2013 年这段时间内，拥有的小组数量已经达到了 200 多个，品牌数量也达到了 7 个，每年能够推出将近 2 万款产品，到了这个阶段，供应链的问题是最为头疼的，而这也促进了企业对单品进行精确的管理以及对全局进行规划。

在这样的情况下，小组制又升级了。这个时候，韩都衣舍打造出了一个单品全流程运营体系，在公司中成立了一个企划中心，对全局进行统筹，并且用售罄率来作为指标，要求各个链条能够对单款的生命周期进行管理(见图 1-7)。

什么叫作单品运营呢？其实就是对单款进行考虑。对于某一款衣服，从设计到销售的全部过程都由数据来进行把控；有专门的人员精心维护每一款产品的生命周期。

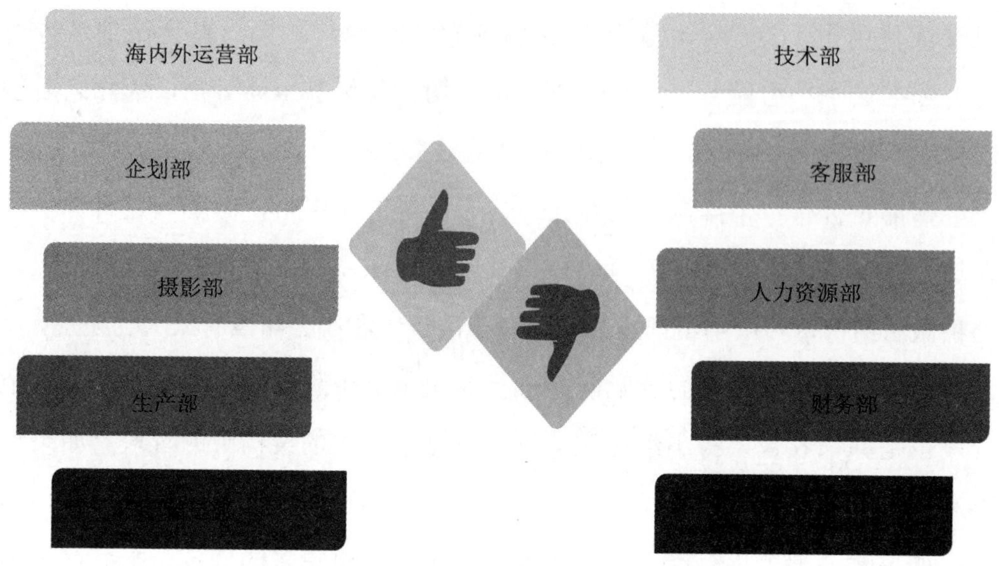

图 1-7　以产品小组为核心的单品全程运营体系

平均下来，每个小组每个月需要管理的衣服款式只有七八款，每个款式的衣服应该放在什么样的位置？如何进行搭配？如果要冲击爆款，需要达到什么样的水平？库存水平在达到什么样的情况下需要进行打折销售？在经过长时间的锻炼之后，各个小组对这些问题已经能够应对自如了。

企划中心的任务就是要以历史数据作为依据，在每年的年初，根据年度的波峰、波谷来制定新的目标，然后将其进行分解，分配到各个小组中。每一个小组都有细分的考核指标，进而用以考核月度、季度、年度情况。这样看来，企划中心在韩都衣舍中的地位，就像是数据中心对于发改委的作用，负责对各个小组之间的竞争进行协调。

对于韩都衣舍的供应链来说，企划中心对节奏的把控尤为重要，可以让生产部以及工厂对下一步的进度进行预测，以方便准备材料。韩都衣舍已经拥有了数万款产品，在下单方面，如果没有节奏上的把控，便无法展开经营。

韩都衣舍的售罄率在小组制经过升级调整之后，已经能够达到 95%的水平。在服装行业中，这个水平绝对是凤毛麟角，特别是韩都衣舍在每年两万款产品的前提条件下，还能够达到这样的水平。另外，据韩都衣舍分销部负责人刘景岗透露，完成这个指标的压力并不大。

韩都衣舍为了能够达到这个水平，将产品战略转变为“爆旺平滞”。也就是说，不管是旺款还是爆款，都可以返单。需要注意的是，与传统企业相比，韩都衣舍的爆款并不一样，传统企业的爆款随随便便就是几万件，而在韩都衣舍，能卖出 2000 件的产品便已经叫作爆款了。如果是滞款或者是平款，那么需要在旺销的时间内马上进行打折促销。事实上，产品只要稍微给出一点优惠就能够卖出去。通过这种做法，到了季末的时候，那些恶性库存需要清仓的情况就很少发生了。

通过这样的做法，就能够更容易地控制整个供应链的品质，并且使得其反应也更加灵敏。在这个过程中需要不断地进行探索，找出问题并加以改进，如果没有对历史数据进行积累，自然也无法进行预测。

总而言之，韩都衣舍所采用的小组化模式，实际上就是对开放型组织的划分。通过开放型的组织划分，韩都衣舍的产品小组数量达到了 267 个，对其进行考核的方式也充分地利用了与之相对应的考核机制。

韩都衣舍的小组制中，实绩与收入无关，而是与薪资以及长期职位有关，并且在组织中也没有采取淘汰的机制，而是换成业绩排名的方式来对员工的潜能进行激励；企业能够借助单位时间核算制度让经营变得透明化，通过单位时间核算表的方式，将每个小组每天各个方面的信息公布出来，如销售额、费用以及投入的总时间，并且会在第二天早上将所有小组的排名公布出来。

企业规模化发展的速度越来越快，市场的竞争也变得越来越激烈，在这样的情况下，迫使每一个企业都必须迅速成长。员工的诉求一直在改变，市场的环境也一直在改变，企业怎么能够不做出改变呢？对企业转型发展来说，对经济模式进行改革就好像是跨越一道沟壑，谁能够成功跨越，谁就能够决定自己的未来。

韩都衣舍能够成功，也正好反映了开放型组织模式是一种顶尖的模式，这个模式没有规模的限制，没有行业的限制，也没有国界的限制。即使是在互联网行业如此难以预测、快节奏的情况下，也能够取得巨大的成功。因此，将开放型组织模式应用于企业经营中，是最好的选择。

第 2 章

股权布局：确立企业股权战略顶层设计的基石

股权架构的顶层设计和股权分配是很多企业面临的重大难题，同时也是企业管理制度设计的基础。合理的股权设计和股权分配是吸引有效合伙人、激发员工积极性的重要工具，而在设计过程中也需要考虑权力制衡等因素。

2.1 布局原则：不可独占，但永远牢记股权只有 100%

对于合伙人股权布局问题，雷军曾经这样表示："创业者最大的资产其实是梦想和 100%股权，和大家分享梦想，再用最宝贵的股权去换人才、资本和资源，这就是创业过程！"为此，雷军通过两个比较极端的案例来配合讲解。

第一个案例：有一位很有才华的博士 A 打算创业，并且刚好遇到一位资源广泛的 B，于是二人决定共同出资 50 万元来合伙创业。A 与其他合伙人共同出资 20 万元，并且参与日常运营等方面的事务，共同分配 70%的股权；B 出资 30 万元，占公司股权的 30%。雷军问 A，B 能帮 A 做什么，A 表示 B 能帮忙注册公司，但除此之外，再无其他。

雷军说，如果一个人真的想创立一家大企业，如成为价值 10 亿美元的企业，那么 1%的股权所对应的就是 1000 万美元。但是 A 在一开始就把自己的梦想低价分配出去，等到某一天发现没办法再用股权换取资源的时候，便知道这对于创业者而言有多痛苦了。

第二个案例是反面的极端例子，讲的是企业中的全部股权都归创业者所有。雷军问：为什么不给其他人分配一些？这名创业者表示，如果将股权分配出去，做决策时便难以抉择了，所以还是让自己做决定便可以了。雷军认为，在当下的创业时代，创业者虽然能够持有 100%的股权，但是想要成功的概率却相当于 0。

雷军举的两个案例充分说明了一个道理：自己占有全部的股权，虽然能够牢牢把握住控制权，但是什么也做不成，所以股权必须分配出去，让其起到应有的作用，而在分配过程中应牢牢谨记"股权只有 100%"，也就是说，不要随意分配，一旦过度稀释，就相当于打水漂。因此，在股权布局方面，众多企业家不妨参考一下雷军所提供的建议。

第一，股权分配是相对的，不是绝对的。

雷军认为，创业一旦成功，合伙人手中所持股份比例即使再少也很值钱。如果企业发展到腾讯的规模，即使只有 1%，能拿到相当多的钱。所以，作为创业者，首先需要相信自己，认可自己的梦想，笃定自己能够发展为一个规模庞大的成功企业，而如果合伙人不相信这一点，那么即使把 100%的股权全都给他，企业最终还是无法成功的。所以，股权分配的前提应该是找到认同自己创业理念的人。

雷军以黎万强为例，黎万强从金山离职后，打算从事商业摄影。雷军直接将其拦截下来，表示自己要创业，大家一起干。黎万强没有问干什么，也没有问拿多少工资，股权怎么分配，直接答应了。这是因为他与雷军共事十年，相信雷军的为人与判断力。

另外，分配股权还需要考虑合伙人在创业过程中的定位及其贡献。雷军认为，合伙人之间要相互讨论股权的分配问题，并且要进行明确的定位，也就是明确对方期待值以及自己能给的东西，否则每个成员都觉得自己是最重要的，理应获得更多。

创业者找合伙人，双方一定要进行充分的沟通，双方是否相互认可、双方合作理念是否一致等，全都要进行充分了解，接下来再衡量合伙人在企业创业过程中能够做出的贡献。

第二，平分股权是误区。

有一家企业的合伙人来找雷军，一共 4 个合伙人，每个人都是 CEO，每个人的股权比例都是 25%，雷军提问："你们到底谁才是负责人？谁有说话权？"

两个人共同创业，最为常见的股权分配方法就是对半分，风险与收益全都各占一半。然而，当出现原则性争执时，会发现：问题最终难以解决。在美国，股权对半分成功的案例有很多，因为大家都遵循一定的规则，但在我国的市场环境下，这种股权分配方式并不合理。因此，在进行股权分配之前，一定要明确在争执不下的情况下，谁的声音才是能够起决定性作用的。

如果两个及两个以上的人共同创业，那么在股权分配上，一定要安排一个具备领导力、说话有分量的人，让其具备说话权，以便企业做出决策。

大多数情况下，合伙人的股份安排是有锁定期的，在锁定期内退出创业团队，是无法获得相应的股份的。但是，在雷军眼里，如果想要发展为百年屹立不倒的企业，那么股份合伙实际上就是一辈子的事，而不是短短几年的锁定期能够“锁定”的。因此，一定要安排锁定期才能拿到合伙人的股份，更适合形容为“雇员”，而“雇员”拿的应当是“雇员”的报酬，而不是大量股份。

另外，即使创业才刚成立，也一定要明确退出机制，否则最后很有可能会导致企业严重受创。比如合伙人做了一年，感觉不合适，双方可以谈补偿，不一定要往股份回购的方向走，否则企业在进行 A 轮融资后，又幸运地获得了 B 轮融资，这种情况下，如果谈股权回购，企业将会遭受较大的损失。另外，在沟通退出机制的时候，应尽量做到价值观、理念相一致，合伙人在某一层面上是相同的，这样能够有效减少许多不必要的纠纷。

雷军还认为，合伙人最好是出一部分比例的资金来获得相应股份。因为自己出资创业与别人出资创业始终是不一样的，自己出资创业的情况下，花的每一分钱都是自己的血汗钱，不会不把其他人所出的资金当回事，因此这种方式下创业的成功率也是最高的。所以雷军觉得，即使主要创始人具备足够的经济条件，也希望其他合伙人都能出一部分资金，因为只有这样，合伙人在花每一分钱的时候才会更为慎重。

雷军确实也是这么做的，在雷军决定创业之后，其创始团队中的所有人都不拿工资，每天工作时间长达 12～15 个小时，一周 7 天的时间里会有 6 天都在工作。他们租用了一个非常小的办公室，十分节约。雷军认为，创业资金很多人都有，但是只有将自己当作真正的创业者，身体力行，才有机会获得成功。

2.2 关键数字：持股份额所代表权利最重要的3条线

股权分配是企业能否稳定发展的重要基础，一般情况下，企业在初创阶段的股权分配结构不会太复杂，且权责利相对来说比较明确。然而，随着企业的发展，会有新的股东加入企业中，也会有股东退出企业，在股权分配上也难免会产生各种利益冲突。不仅如此，还有许多因素隐藏在股权分配中，这些不确定因素在一定程度上导致企业运转的风险进一步加大。

在企业运营过程中，各种内部矛盾逐渐浮出水面，而股东手中所持的股权比例往往是其在内部纷争中保障自身权益的最佳武器。然而，在实际运作中，许多企业都没有注意对股权比例和股东权利进行调整，导致在企业内部产生矛盾时处于进退两难的尴尬状态，而这种情况也会进一步将企业推向危机之中。

因此，合理的股权分配方案能够保障企业稳定发展。而在设置股权分配方案的过程中，股东所持股份的多少将代表着其获得的权益，其中有 3 个数字比例被称为“黄金线”(见图 2-1)，对企业而言，意义非同凡响，下面做一个简要的分析。

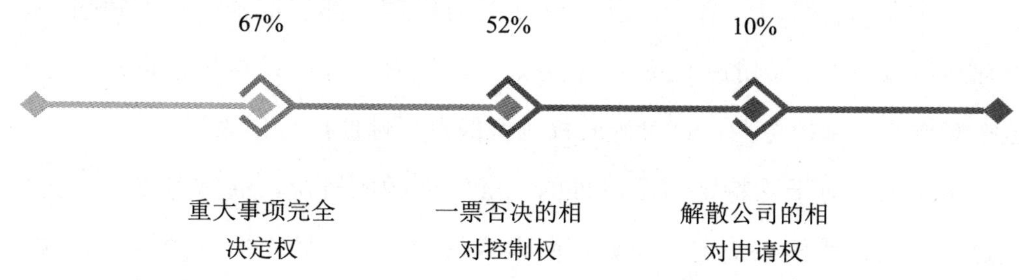

图 2 1　股份比例的 3 条“黄金线”

第一，重大事项完全决定权(67%)。

根据《公司法》第四十三条的规定："股东会的议事方式和表决程序，除本法有规定的外，由公司章程规定。股东会会议做出修改公司章程、增加或者减少注册资本的决议，以及公司合并、分立、解散或者变更公司形式的决议，必须经代表三分之二以上表决权的股东通过。"

也就是说，无论企业的股东人数是多少，在进行企业的重大事项决策时，67%的持股比例或者表决权是能够享有完全决定权的。

《公司法》中对股东会、董事会的职权与表决权进行了简要的规定，然而各家企业的运作情况迥然不同，因此，企业在设计股权结构时，应该立足整体，充分考虑对重大事项的相关约定。

比如，有的企业的股东想对外转让股权时，必须获得全体股东表决权 2/3 以上的比例同意，才能进行这项操作，这也是为了维护企业利益而规定的条款。另外，还有的企业对股东死亡后，其继承人能否进入决策层也会要求进行表决。

因此，在企业初创阶段设立股权架构时，便应该将投资者的投资目的、投资额以及各项优势等要素充分考虑其中，并且深入分析来衡量股份比例，进一步为企业的稳健发展奠定良好的基础，同时也有效保障了股东的个人利益。

第二，一票否决的相对控制权(52%)。

在企业初创阶段，各个合伙人都在努力拼搏，都想把企业做大做强，因此对于股权分配比例的关心程度不会太高。随着企业的发展越来越好，有的股东想要牢牢掌控企业，这时候股权比例的重要性便凸显出来了。

事实上，对于除特定事项以外的一般性问题的解决，通常可以通过获得超过一半的投票权来决定。比如，两人合伙的企业，两个股东的持股比例可以定为 51%∶49%，在表决时，持股比例为 51%的股东拥有相对控股权益。

51%比例的相对控制权已经可以在表决上掌握主动权了，为什么“黄金线”却是52%？下面举例说明。

假设A持有某企业51%的股份比例，在引进融资的过程中稀释了35%，稀释后的股份比例为51%-(35%×51%)=33.15%；如果A持有某企业的股份比例是52%，在引进融资的过程中同样是稀释了35%，稀释后的股份比例却为52%-(35%×52%)=33.80%。两个数字虽然相差不大，但是却处于一个明显的分界线前后，这个分界线便是33.334%，也就是企业股份整体比例的1/3以上与1/3以下的区别，会对持股人的一票否决权产生重大的影响。

企业未来发展往往需要对外融资，吸引其他股东加入，而51%和52%的比例则会由于股权稀释而在控制权方面产生天壤之别。由此可见，如果想掌握更多的话语权，建议持股比例为52%更为稳妥，虽然相差不到1%，在关键节点上却有很大差异。所以在资金充足的情况下，建议创业者们多投入一些，保持52%的相对控股，为自己做好长远的打算。

第三，解散公司的相对申请权(10%)。

根据《公司法》第一百八十二条的规定：“公司经营管理发生严重困难，继续存续会使股东利益受到重大损失，通过其他途径不能解决的，持有公司全部股东表决权百分之十以上的股东，可以请求人民法院解散公司。”也就是说，持有企业股份比例10%以上的股东可以在满足要求的情况下，向人民法院申请解散公司，进而保障自己的合法权益。

许多人都会觉得创业很难，但真正难的不在于创业，而是“守业”。无论原因是什么，在设计股东持股比例时，清晰地了解每一个持股份额背后所代表的含义，能够有效避免后期发生争议，甚至可以避免损害企业利益的状况。当然，以上标准也并非绝对的，具体情况还是需要根据企业的实际情况来决定。

2.3 股权架构：二元股权架构相比一元股权架构的巨大优势

二元股权架构(Dual-Class Share Structure)又可以称为双重股权结构，是通过拆分企业的控制权与现金流，进而对其予以有效控制的重要方式。一元股权架构也就是企业的控制权与现金流相结合，实现同股同权。与一元股权架构相比，二元股权架构在同样的股权比例下，表决权却有高低之分。

换句话说，也就是个别股东所享有的表决权、优先投票权等其他相关权利，与其在企业中的出资情况不成比例的现象，比如最为常见的 AB 股模式：企业将股票分为具备不同投票权的两种股票，分别是 A 普通股与 B 普通股。A 普通股是企业进行融资，由专业投资者或者普通大众投资者所持有的股票，每股享有 1 份投票权；而 B 普通股一般是企业的创始人及其团队、主要战略性投资者等核心人物所持有，每股享有 N(N>1)份投票权。

从本质上来看，二元股权架构是一种“以小控大”的企业管理制度，通过设置不同的表决权，能让企业创始团队在持有较少股份的情况下还可以获得较高的表决权，从而能有效控制企业在重大事项上的最终结果。二元股权架构下，在新投资者进入时对企业经营者所产生的压力明显降低，更有助于其专注企业创新发展，为企业谋取最大的价值增量，实现多方共赢。从长期来看，二元股权架构可以为企业的稳定发展保驾护航，主要体现在以下 3 个方面，如图 2-2 所示。

第一，保证企业经营者的控制权。

与后期进入企业的投资者相比，企业的创始团队所具备的专业性以及执行力都更为突出，因此，在外部环境发生变化进而带来一系列不确定性因素的情况下，创始团队所做出的决策更迅速、更具备参考价值。

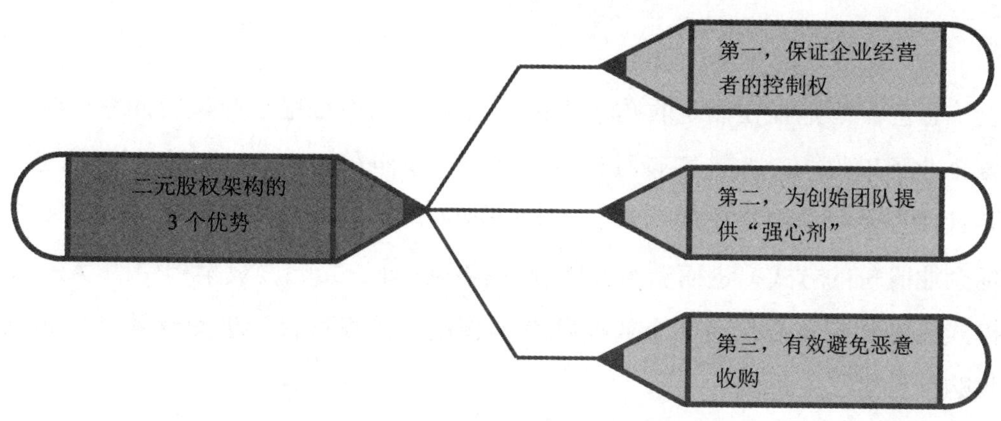

图 2-2 二元股权架构的 3 个优势

另外，与希望通过投资企业而获得红利以及通过买卖企业股票赚取差价的投机者相比，企业经营者追求的是企业价值最大化，因此会更注重企业的长期发展，在企业经营过程中往往会通过长远的目光看待问题并且确定企业的发展方向，而不是仅仅参考短期收益或股价波动等因素。从这一角度来看，二元股权架构是企业经营者得以牢牢把控企业发展的重要手段，对企业长远发展与战略布局具有深远意义。

第二，为创始团队提供“强心剂”。

对于大多数企业来说，创始团队掌握着企业最核心的内容，包括知识、技术、战略等，是整个企业的灵魂人物。如果是为了获得发展资金而引起的股权稀释使其最后丧失了在企业中的说话权，导致其所投入的资金、技术、精力等没有获得相应的回报，其积极性自然会严重受创，而企业发展也会因此受损。不仅如此，在严重的情况下，创始团队还会因此而离职，核心团队的人员变动影响的不仅仅是企业内部，还会导致投资市场对企业的信心发生动摇，甚至会影响到股价。

从这个角度来看，二元股权架构能够免除创始团队由于股权稀释而丧失控制权的顾虑，保障其能够源源不断地为企业输出价值，为企业的长期发展提供原动力。

第三，有效避免恶意收购。

恶意收购是指在满足收购条件的情况下，无论目标企业是否同意，都对该企业予以收购，并且打破原有管理格局，重组核心人物，解雇大量员工，并且改变企业发展方向的行为。一般情况下，恶意收购都是通过大量购买目标企业股份的方式，进而获得控制权来控制企业。二元股权架构中的 AB 股模式能够让起核心作用的企业经营者具备更多的表决权，进而有效减少恶意收购行为的发生。

随着现代管理制度的不断完善，二元股权架构已经为越来越多企业所采用。值得一提的是，港交所 IPO 新规一出，更是肯定了二元股权架构给企业所带来的巨大好处。

2018 年 4 月 26 日，港交所发布《香港联合交易所有限公司证券上市规则》，并且于 4 月 30 日正式生效。在此次发布的新规中，明确提出允许“同股不同权”的企业在香港上市，“同股不同权”也就是我们所说的二元股权架构，如表 2-1 所示。

表 2-1　香港联交所重启同股不同权大事件日历表

时　间	内　容
2014 年	香港针对阿里巴巴上市诉求，曾就同股不同权进行了广泛讨论
2015 年 6 月	香港联交所提出不同投票权架构咨询
2016 年	香港联交所再次推出设立创新板的市场咨询，为引入同股不同权架构探索新的可能性
2017 年 6 月	《有关建议设立创新板的框架咨询文件》提出对不同投票权架构公司的额外规定
2018 年 2 月 23 日	刊发《新兴及创新产业公司上市制度咨询文件》，其中提出详细建议方案咨询市场意见
2018 年 4 月 24 日	刊发包含同股不同权内容的《上市规则》咨询总结，提出了相应措施，对制度的使用加以限制和约束
2018 年 4 月 30 日	相关《上市规则》生效，开始接受上市申请和首次公开招股前正式查询
2018 年 5 月 3 日	香港联交所发布小米科技招股说明书，小米已正式提交 IPO 申请文件，有望成为港交所“同股不同权”第一股
2018 年 7 月 9 日	小米成为首家根据新制度在港交所上市的“同股不同权”企业

在香港市场中，曾有 5 家企业上市时采用过“同股不同权”架构，后来在 1987 年，港交所宣布不允许施行“同股不同权”架构，以及一些其他原因的存在，在新规发布之前仅剩太古股份公司仍然采用“同股不同权”架构。港交所此次发布的 IPO 新规为采用“同股不同权”架构的企业打开了 IPO 通道，做出了相应规定：“采用‘同股不同权’架构上市的公司需满足市值门槛 400 亿港元，如低于该门槛，则需公司最近一个财政年度收入不低于 10 亿港元，不同股票权股份代表的投票权不得超过普通股投票权的 10 倍。”

与 BAT 等巨头一样，小米在初创时期也设置了“同股不同权”的股权架构，而按照以往 A 股以及港股的上市标准，小米就“同股不同权”这一点是绝对不符合上市条件的。

在 2018 年 4 月 26 日港交所发布新规后，对应新规标准，上市前 460 亿美元的估值、1146 亿元的营业收入以及特殊投票权在普通股投票权的 10 倍以下的小米是完全符合要求的。除此之外，2019 年 A 股市场也推出科创板并且试点注册制，允许“符合相关要求的特殊股权结构企业和红筹企业在科创板上市”。随着 CDR 发行细则的不断完善，小米完全有机会在港交所上市之后，又以发行 CDR 的方式在国内发行证券。

小米所提交的招股说明书显示，小米股票分为 A、B 两类，持有 A 类股票的股东每股享有 10 票的投票权，持有 B 类股票的股东每股享有 1 票的投票权。具体来看，小米的 A 类股票全由雷军及其家属以及合伙人林斌所持有，另外，雷军还持有 B 类股份 2.28 亿股，综合计算其投票比例达到 55.7%，如表 2-2 所示。

除此之外，小米的招股说明书中还显示，自 2010 年 9 月至 2014 年 12 月，小米总共融资次数为 9 次，总融资金额高达 15.8 亿美元。然而，即使经历多轮融资，雷军仍然牢牢地把握着小米的控制权，其表决权高达 55.7%，由此可见，二元股权架构对于企业创始人保持绝对控制权的重要性。

表 2-2 小米招股说明书所披露的信息

股票类型	持有人	股份数量(股)	持股比例(%)	投票权比例(%)
A 类	Smart Mobile Holdings Limited & Smart Player Limited (全部由雷军及其家属持有)	429 518 772	20.5	52.9
	林斌	240 000 000	11.5	29.6
	小计	669 518 772	32.0	82.5
B 类	Smart Mobile Holdings Limited & Smart Player Limited (全部由雷军及其家属持有)	228 310 638	10.9	2.8
	其他人	1 196 339 673	57.1	14.7
	小计	1 424 650 311	68.0	17.5
	股份总计	2 094 169 083	100.0	25.8
	雷军持有合计	657 829 410	31.4	55.7

2.4 治理结构：企业治理结构设计与股权布局设计的相互影响

企业治理(Corporate Governance)又可以称为企业管理，OCED (Organization for Economic Co-operation and Development，经济合作与发展组织)在《企业治理结构原则》中对其定义为："企业治理结构是一种据以对工商公司进行管理和控制的体系。"也就是说，企业治理结构要求企业参与者承担相应的责任与权利。

企业治理主要包括股东、董事会、经理层的关系，企业治理状况良好，有利于三者之间形成一种有效的激励、约束与制衡机制，以此保证企业的经营能够健康进行。股权结构是企业治理的基础，由其所形成的股东结构、股权集中程度等局面，都会严重影响股东行使权力的大小，进而影响企业治理模式的形成、运作以及效果等。也就是说，股权结构将会影响企业治理中的内部监督机制。不仅如此，公司外部治理机制还会在一定程度上影响股权结构，与此同时，股权结构也会间接影响公司的外部治理。

通常情况下，以股东控制程度作为划分标准，股权结构可划分为 3 种类型，如图 2-3 所示。

绝对控股股东所持股份达到总比例的 50%以上，对企业具有绝对控制权

企业拥有较大的相对控股股东，同时还具有其他大股东，股东所持股份比例在 10%与 50%之间

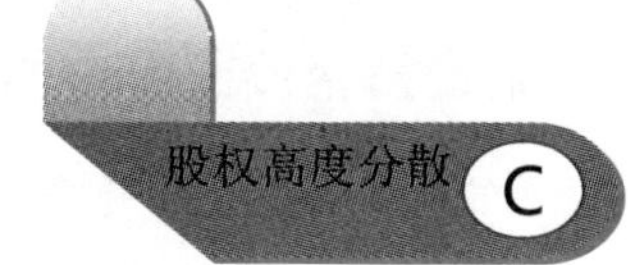

企业没有大股东，所有权与经营权基本完全分离，通常情况下，单个股东所持股份的比例在 10%以下

图 2-3　股权结构的 3 种类型

需要注意的是，不同类型的股权结构与企业治理结构之间能够产生不一样的影响，具体如下所述。

第一，股权高度集中型的股权结构与企业治理。

如果企业的股东处于利益趋同的状态下，股权高度集中型的股权结构无疑在一定程度上能够对企业治理起到积极作用，同时还能够帮助企业减少代理成本。这主要是因为许多企业的董事长或总经理都是由主要控股股东本人或派出自己的直接代表担任，以此来保证所有权与经营权的统一，经营者也能因此而有效规避“逆向选择”与“道德风险”，由于不需要聘请经纪人来经营企业，代理成本因而降低。

如果企业的股东处于利益冲突的状态下，股权高度集中型的股权结构却极有可能损害一些股东的利益，主要控股股东可能会通过牺牲其他股东的利益来帮助自身获益，而不是努力去实现企业价值的最大化。这主要是由于主要控股股东拥有绝对控制权，在利益相悖的情况下，股东会和董事会的出现也无法影响其所做的决定，代理权争夺也很难达到预期效果。除此之外，主要控股股东还有可能会通过不正当的关联交易、占用企业资金等各种手段来掏空企业，进而严重损害企业利益，中小股东也会因此备受伤害。这种情况无论是在我国还是国外，都不是罕见事件。

第二，股权相对集中型的股权结构与企业治理。

股权相对集中型的股权结构，让大股东能够在一定程度上实现对企业的控制与管理。大股东所持股份比例较大，因此具备一定的权力，能够有效约束经营者的行为。与此同时，企业实施股权相对集中型的股权结构，当面临市场变化、投资决策失误或者企业经营业绩不佳等情况时，可以通过完善企业经营战略、撤换投资决策人员或者选择退出等方式，来维护企业或股东的权益。因此，股权相对集中型的股权结构可以说是在企业经营不利时，能够迅速进行人员更迭的股权结构，可以有效促进相关工作人员按照企业利益最大化原则行事，以此来维护股东权益。

但是，股权相对集中型的股权结构同样存在弊端，主要表现在股东持股比例相对来说比较平衡，而每一个股东自身都不具备能够独自做出决策的权力，因此一旦出现对经营管理意见不同的现象，股东之间便难以形成一致的意见，股东之间争持不下，导致企业的决策效率降低，不利于企业治理。

第三，股权高度分散型的股权结构与企业治理。

股权高度分散型的股权结构，不利于股东对企业直接进行控制与管理，每一个股东都不可能直接对企业实施控制权。由于股权过于分散，收益与成本的博弈使股东更愿意采取“搭便车”策略。在这种情况下，企业的实际控制权便会落入经理人手中。

由于股权过于分散，股东不能对企业实施控制权，这对企业治理也会产生负面影响。一方面，由于股东所持股份比例较小，根据成本效用原则，股东收集相关信息所需要付出的成本远比根据相关信息做出正确决定而获得的收益要高，这并不利于股东积极参与到企业的经营管理中。股东进行投资的主要原因还是为了获得高回报，而对企业的长远发展、管理以及控制权等问题相对来说不会太在意。这种情况之下，股东并没有动力参与企业的经营管理，企业的实际经营权在谁手上，只要收益不少，他们也不在意，即便在意，单凭个人也无法阻止经营者的行动，这就造成了股东对企业监控不力的现象。另一方面，股权过于分散必然会出现大量的中小投资者，而中小投资者在信息获取、资本实力等各方面都处于被动地位，为了维护自身利益，往往会依靠外部监督的力量。

综上所述，企业所采取的股权结构将会影响企业治理的状况，在企业控制权可竞争的情况下，股东、董事会、经理层之间能够各司其职，形成相应的制衡关系，企业治理也能够发挥其内部监控的重要作用。

2.5 股权预留：预留股权份额敲定与3类暂代持方案

先看个案例，小罗、小林和小张一起创业，注册资本为 100 万元。对于股权分配问题，小罗表示可以一次分到位，即根据各自出资情况来分；而小林和小张则认为，应该留出 20%的股权，主要用于吸纳新的合伙人。

小罗、小林和小张经过考虑之后，决定预留 20%的股权，而小罗、小林以及小张分别占有企业 30%、25%和 25%的股权。当去工商局登记时，工商局不予登记，理由是 20%的股权不能为企业所有。除此之外，小罗、小林和小张还面临一个问题，便是那 20%的股权应当由谁来出资？

首先，需要明确的是，案例中所预留的股份又可称为“期权池”。期权池又有“金手铐”之称，这一别称生动地体现出期权池所涵盖的激励与约束并存的作用。期权池的存在让初创企业也能够进行股权激励，从而将外来人才的利益与企业自身利益结合起来，同时还可以点燃企业员工的工作激情，有助于初创企业加快实现战略目标。

越来越多的初创公司为了长远发展，在创立之初会设计期权池，作为未来的员工激励股权，至少要预留 10%的期权池，并且随着公司的发展，需要不断地扩大自己的期权池。期权池越大，股权的激励作用也就越明显。如果创始人可以有效地管理期权池，在股东大会上就多了一份发言权，甚至可以凭借期权池获得对企业的绝对支配地位。

但正常来说，初创团队都会将自己持股的 20%预留给企业未来引进的人才。事实上，期权股同时还可以用来激励创始人本身、高管人员、普通员工等，但这并不代表其期权便等于股权。期权与股权之间有所不同，股权是持有人所持有股份的所有权，但期权仅能表明持有者在特定期限内以特定价格，获得的特定所有权，可以说是介于企业与员工之间进行股权交易的合同，而当期权被正式行使之后，员工获得的股份便是普通股。

如今许多企业都有预留股权的习惯，然而对于案例中所面临的问题，也有许多企业感到无措。在此，下面针对这个问题提供 3 个代持方案来予以解决。

第一类，创始人代持。

创始人代持方式意指初创企业在工商登记上相对于期权池而多持有的股权，也就是未成熟的部分股权，这些股权是不显名的。也就是说，在创始人代持方式中，在登记时，创始人的股权包括自己已经成熟的股份与类似于期权池这样的未成熟的全部股份。一般情况下，创始人代持需要由企业、创始人以及员工三方共同签订协议，当需要行权时，创始人就要按照协议中所约定的价格将股权转让给员工。

企业采取创始人持股的方式，主要原因是，无论是企业还是投资者，都不希望企业股权过于分散，否则企业在召开股东大会做出重大决策时，所有的股东都要到场进行表决，很容易出现决策不统一的现象，从而降低了企业决策效率。

需要注意的是，企业采取创始人代持方式，需要获得企业其他股东的认可。根据《公司法》的规定："有限责任公司的股东转让股权，在同等条件下，其他股东有优先购买权。"也就是说，期权池中的股份是不能私相授受的。因此，创始人要想实行股权代持，可以协商让其他股东签授《股权代持协议》。

除此之外，需要注意的是，创始人代持不仅涉及复杂的税收问题，更重要的是还具有一定的道德风险，也可能因此产生纠纷。因此，创始人代持对企业上市而言也并不是一件好事。根据证监会《首次公开发行股票并上市管理办法》第十三条的规定："发行人的股权清晰，控股股东和受控股股东、实际控制人支配的股东持有的发行人股份不存在重大权属纠纷。"也就是说，上市的企业必须股权清晰，不存在重大权属纠纷。但是企业为了避免股东数量过多而带来麻烦，从而简化股权结构，再加上上述提到的不显名的问题，创始人代持倾向于股权权属不清晰并且很有可能发生权属纠纷的现象，也因而难以满足上市条件。因此，除非企业有特殊情况，否则还是尽量不要采取创始人代持方式。

第二类，有限公司持有。

有限公司持有即通过有限公司间接持股，这是我国企业上市之前最常用的期权池持有方式。有限公司持有能够有效避免创始人代持带来的一些不便，是指员工通过有限公司而持有企业股份。

采取有限公司持有股权的企业，如果需要做出修改章程等重大决策，不需要凑齐所有股东签字，只要企业的法定代表人作为代表同意即可，这样一来，将有效提高企业的决策效率。不仅如此，当员工想要退出企业进行套现时，必须通过有限公司才能完成。有限公司将股权套现后，又必须采取股权回购、注销股本等方式实现套现，才能将套现的净所得分给员工，全程进行下来非常麻烦，能够在一定程度上消除员工套现的想法，从而稳定企业结构。

另外，“天有不测风云，人有旦夕祸福”。企业采取有限公司持有方式，如果员工出现意外或不幸身亡，只需要变动有限公司的股权结构即可，拟上市公司的股权结构可以不动，从而可以保证企业的上市计划更为顺利地进行。

但是凡事都具有两面性，从激励范围而言，根据规定，有限责任公司的股东人数不能超过 50 人，否则也会影响企业上市。

第三类，有限合伙企业持有。

如果企业采取有限合伙企业持有方式，员工便是间接股东，因为这一方式是通过设立有限合伙企业，并将股权分配给这一企业，此时员工出资购买有限合伙企业的股权份额，从而间接获取主体企业的股权。

企业采取有限合伙企业持有方式，必然要设立有限合伙企业，因此在设立时需要着重注意 3 个问题。

第一个问题是人数。根据《合伙企业法》第六十一条的规定：“有限合伙企业由二个以上五十个以下合伙人设立。”也就是说，有限合伙企业的合伙人同样不能多于 50 人。如果企业想要引进大量人才并让他们享受期权，只能同时设立多家有限合伙企业，而这些有限合伙企业也都可以同时成为企业股东。除此之外，有限合伙企业 A 也可以成为有限合伙企业 B 的合伙人，而有限合伙企业 B 也可以成为有限合伙企业 A 的股东。

第二个问题是协议。根据《合伙企业法》第十四条的规定：“设立合伙企业应当有书面合伙协议。”企业成立有限合伙企业的主要目的是让员工更顺利地获得股权，因此企业在合伙协议中，应当标明《合伙企业法》中第十八条(见图 2-4)与第六十三条(见图 2-5)规定的内容。当然，企业也有权要求持续拥有有限合伙企业的控制权，并且要求有限合伙企业能够充分有效地完成激励目标。

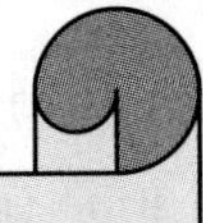

第十八条　合伙协议应当载明下列事项：

（一）合伙企业的名称和主要经营场所的地点；

（二）合伙目的和合伙经营范围；

（三）合伙人的姓名或者名称、住所；

（四）合伙人的出资方式、数额和缴付期限；

（五）利润分配、亏损分担方式；

（六）合伙事务的执行；

（七）入伙与退伙；

（八）争议解决办法；

（九）合伙企业的解散与清算；

（十）违约责任。

图 2-4　《合伙企业法》第十八条

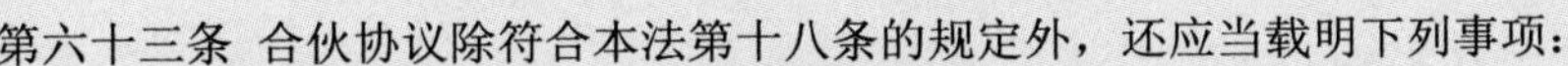

第六十三条　合伙协议除符合本法第十八条的规定外，还应当载明下列事项：

（一）普通合伙人和有限合伙人的姓名或者名称、住所；

（二）执行事务合伙人应具备的条件和选择程序；

（三）执行事务合伙人权限与违约处理办法；

（四）执行事务合伙人的除名条件和更换程序；

（五）有限合伙人入伙、退伙的条件、程序以及相关责任；

（六）有限合伙人和普通合伙人相互转变程序。

图 2-5　《合伙企业法》第六十三条

第三个问题是出资。同样根据《合伙企业法》第十四条的规定：“设立合伙企业应当有合伙人认缴或者实际缴付的出资。”需要企业着重注意的是，与设立主体企业不同，有限合伙企业的普通合伙人可以通过劳务出资获得股权，但是有限合伙人不能通过这一方式获得股权。不仅如此，为了能够保证有限合伙企业有效发挥股权激励的作用，除了预设其股权比例以外，有限合伙人的财产份额也是需要预设的。

在详细了解常见的期权池持有方式后，需要企业结合自身的发展方向、发展规模等实际情况，选择最适合自己的方式，从而让股权激励在企业发展过程中发挥更大的作用。

2.6 案例——雷军在创、投过程中的股权布局设计之道

从主体企业小米科技有限责任公司的持股层面来看，主要持股人分别为雷军、黎万强、洪峰以及刘德，而这四人的持股比例又分别为 77.8022%、10.1213%、10.0665%以及 2.0100%。另外，与小米主体企业直接相关的业务，包括手机、支付、银行等，都另外再建设业务公司，并且由这四人通过小米科技公司持有股权。

小米的商业帝国已经形成了一个较为完整的闭环，其中有 83 家生态链企业的股权是雷军通过天津金米投资合伙企业(有限合伙企业)紧紧把控的。另外，天津众米企业管理合伙企业(有限合伙)则是用来进行股权激励的平台。

再仔细观察，有人可能会发现小米公司联合创始人林斌、黄江吉等人的持股状况并没有显示其中。这主要是因为小米为了便于上市，已经设立了 VIE 架构。也就是说，当前的小米科技只是离岸公司协议控制的一部分，其实小米真正的股权结构体现在离岸控股公司里。

VIE 架构也就是“协议控制”，由于我国各大板块对于上市企业的准入门槛设立较高，企业不易实现上市，通过境外所设立的公司对境内公司进行直接控股也会受到诸多限制，这种情况下，VIE 架构是最佳的转移手段。在

过去的十年间，我国 TMT(Telecommunication—电信，Media—媒体，Technology—科技)产业纷纷通过采取 VIE 架构赴美或赴港实现上市，比如阿里巴巴、百度、腾讯，小米也是其中之一。

创：雷军是股权设计高手

股权设计第一步：以退为进，自我增资。

小米科技创立于 2010 年，在刚开始时，整个团队总共 14 人，其中 7 位是联合创始人。而 7 位联合创始人都持有一定比例的股份，其中雷军所持比例最多。在创立小米时，雷军对合伙人所做出的承诺是，小米将是其最后一次创业。合伙人之一林斌提问：“你是认真的吗？你在小米的股份还没有在 YY 多呢。”这句话的背后，是因为当时 YY 尚未上市，而雷军持有 YY 的股份比例高达 28%～30%。在创立小米的时候，雷军在分配股权时比较大方，因此自身所持股份比例尚且不到 30%。相比之下，雷军的“最后一次创业”，其实有点难以服众。

为了让大家相信自己，雷军做出一个决定：在原来比例的基础上再增加 3900 万美元的投资，使其所占股份比例达到 50%以上，这种情况也被称为自我增资。这样一来，雷军的股权比例远远比其他联合创始人要高，而且还可以将其视为创立初期的第一次融资，而自己则是天使投资人，进一步促成了小米高起点的估值。

根据专业人士的分析，雷军当时增资 3900 万美元，是按照 1 亿美元的估值进入小米的，可分配到的股份比例高达 39%。基于原本的股份再加上这 39%，雷军所持股份比例为 65%～70%。

因此，到了 2010 年年底，小米成功完成了 4100 万美元的 A 轮融资，估值迅速飙升到 2.5 亿美元。作为企业创始人，雷军先给自己挖了个“坑”并且跳下去，大家也就跟着跳下去，随后，雷军又增资把坑填平，让大家感受到其所具备的实力以及想要“All in”的决心。从天使轮到 A 轮也不过半年的时间，通过雷军的这一番操作，小米的创始团队的投入都已经上涨了 2.5 倍。

股权设计第二步：员工大面积持股。

雷军表示："小米公司要和员工一起分享利益，尽可能多地分享利益。小米公司刚成立的时候，就推行了全员持股、全员投资的计划。小米最初的 56 个员工，自掏腰包总共投资了 1100 万美元。"这也是雷军一开始所信奉的理念。

雷军所谈到的"1100 万美元"，是指在进行 A 轮融资前便已经开始的员工股权激励。也就是说，雷军从一开始便认真进行股权设计，一点也没有玩虚的。

对此，有人感到疑惑："是不是说错了？给的应该是期权吧？"事实上，根据早期的员工的表示："不是期权，是股权。"也就是说，此次股权激励是小米在进行 A 轮融资前以 1 亿美元的估值而进行的，虽然额度不大，但是后续盈利幅度大，因此员工们踊跃参与。

与现在许多的创业企业相比，小米的这一股权设计层面显得更为稳妥可靠。许多企业在还没有任何起步迹象的情况下，纷纷承诺给员工以期权。并不是说期权不好，而是在没有任何诚意的表示下进行，员工是不会受到激励的。

股权设计第三步：激励可自由选择，公司回购有保底。

小米的股权激励设计从一开始便为员工提供了可选择的报酬模式。如果员工想邀请第三方加入企业时，可有 3 个选择，与之相对应的人数选择比例如图 2-6 所示。

事实上，从创业之初，小米便已经着手安排"全员持股"，并且朝着这一方向不断前进。雷军表示："我们给了足够的回报，一是工资上我们是主流；二是在期权上真的是有很大的上升空间，而且每年我们公司还有一些内部回购。"

股权设计第四步：股权稀释有节奏。

下面首先来了解小米的融资历史，如表 2-3 所示。

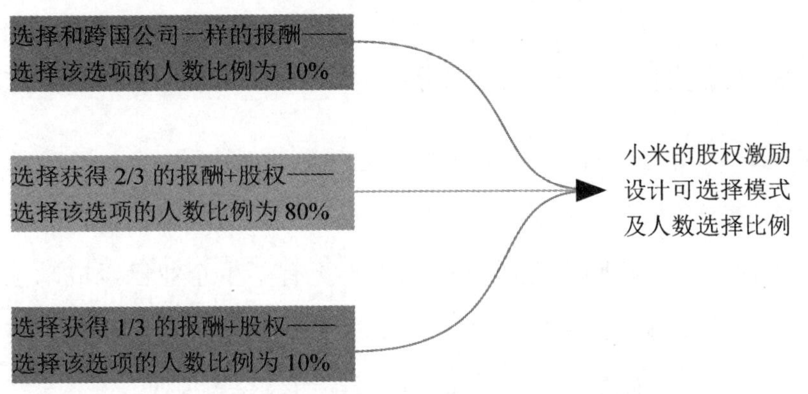

图 2-6 小米的股权激励设计可选择模式及人数选择比例

表 2-3 小米的融资历史

轮 次	时 间	投 资 方	金 额
创立	2010 年 4 月	雷军及其团队、晨兴资本、启明创投	金额未透露
A 轮	2011 年 7 月 1 日	IDG、启明创投、顺为资本、晨兴资本	4100 万美元
B 轮	2011 年 12 月 1 日	IDG、启明创投、高通、淡马锡、晨兴资本	9000 万美元
C 轮	2012 年 6 月 1 日	DST、淡马锡	2.16 亿美元
D 轮	2013 年 9 月 12 日	DST	金额未透露
E 轮	2014 年 12 月 19 日	新加坡政府投资、厚朴、全明星投资、云锋基金、DST	11 亿美元
IPO 上市	2018 年 7 月 9 日	未透露	港元 370 亿

如果再深入研究，不难发现小米的每一次融资的估值都是上一轮融资估值的 4～5 倍，由于其每一轮融资都抓紧时机，踩在移动互联网的繁荣情境下，估值也得以扶摇直上。比如，2010 年被称为“移动互联网元年”，由于雷军自身具备的影响力及其创业团队的超强实力，小米完成 4100 万美元的 A 轮融资，估值 2.5 亿美元；2011 年 12 月，小米手机破土而出，“手机+MIUI 系统+软件”模式得到验证，一鸣惊人，进而完成 9000 万美元的 B 轮融资，估值 10 亿美元，成为我国移动互联网领域的第一家独角兽企业。

也就是说，小米的每一次融资都是在市场对该行业最为看好的时候，而背后其实是股权稀释缓慢却有效的体现。

投：雷军是投资界的“绝顶高手”

根据统计，雷军所投资的互联网企业达到百家以上，大多数是在天使轮、A 轮时选择入股的。尤为重要的是，雷军的投资成绩也非常亮眼，所投企业已经占据当下互联网主流的半壁江山，更有不少企业已经成功上市，比如 YY 欢聚时代、猎豹、迅雷及其“老东家”金山等。作为天使投资人，能够投准一个便可以名利双收，但是雷军的成绩明显令人惊叹。

与职业的天使投资人相比较，雷军也毫不逊色。以真格投资为例，截至 2019 年 2 月，真格基金陆续投资项目达到 600 余个，虽然收获了不少独角兽企业，然而就成功率上，还是不能与雷军相比肩。雷军在投资方面之所以能够获得如此高的成功率，得益于其“不熟不投、不懂不投、帮不上忙不投”的投资理念，如图 2-7 所示。

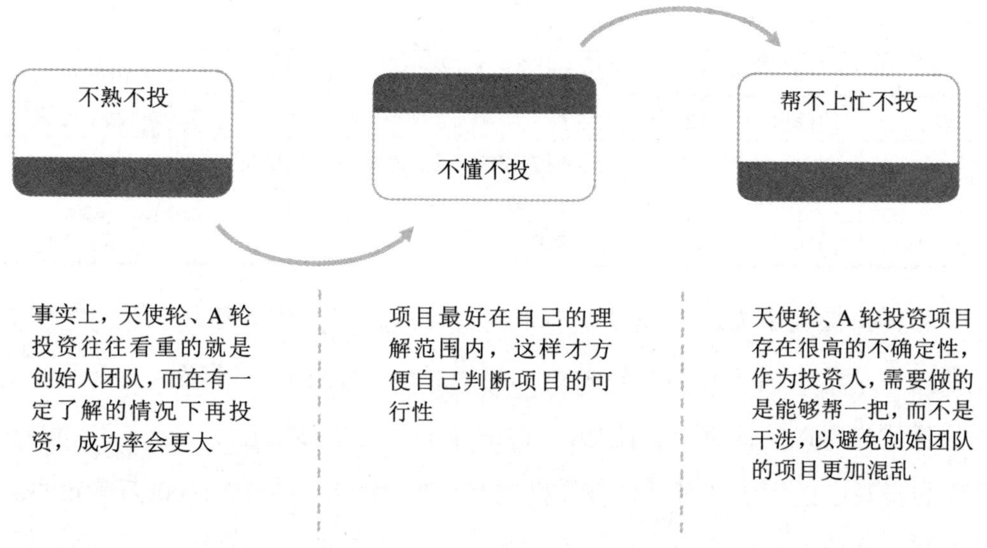

图 2-7　雷军的投资理念

雷军在创、投过程中的股权布局设计之道，也让小米成为商业帝国。2018 年 7 月 9 日上午，小米在香港证券交易所正式挂牌上市，并且创造了多项新纪录，比如香港首家采取同股不同权制度的上市公司，同时还是有史以来，仅次于阿里巴巴和 Facebook 的全球第三大规模的科技互联网公司。除此之外，恒生指数公司网站消息表示，小米集团符合恒生综合指数的快速纳入指数规则要求，因此将其纳入恒生综合指数中，从 2018 年 7 月 23 日起正式生效，小米也因此创下了港股史上的最快纪录，而这一切都与雷军的英明决策息息相关。

第 3 章

合伙人制：股权合伙人间的权、责、利分配

合伙人间的股权分配在很大程度上能够影响企业的长期发展，甚至有不少企业都因股权分配问题而最后走向没落。需要明确的是，采取合伙人制的企业一定要明晰合伙人的权、责、利，不要只讲情怀而忽视实际利益。

3.1 合伙人制：企业合伙人制度的含义与开放性优势

清朝年间，票号业出现了难以置信的“奇迹”：晋商迅速崛起，经其汇兑的银钱不计其数，但是从来没有发生过内部人员携款逃跑、贪污或被诈骗等负面事件，并且繁荣发展了近百年。对晋商的发展历史进行研究，不难发现这一“奇迹”的核心在于他们所实行的“身股制”。“身股制”就是将票号的股份分为两种类型，一种是出资而获得的“银股”，往往是东家所持有；另一种是掌柜、伙计等通过出力而获得的“身股”，两种类型的股份都可以参与票号的最终分红。

随着 2013 年《中国合伙人》电影的热映，这些年来我国大众对合伙人的关注度可谓空前高涨，纷纷认为“合伙人的时代”已经到来。事实上，合伙人制度绝非横空出世，回顾晋商的“身股制”模式，我们不难发现，持有“身股”的掌柜、伙计等员工，都是合伙人的一种体现。

在工业时代，生产要素主要包括 4 个内容，如图 3-1 所示。

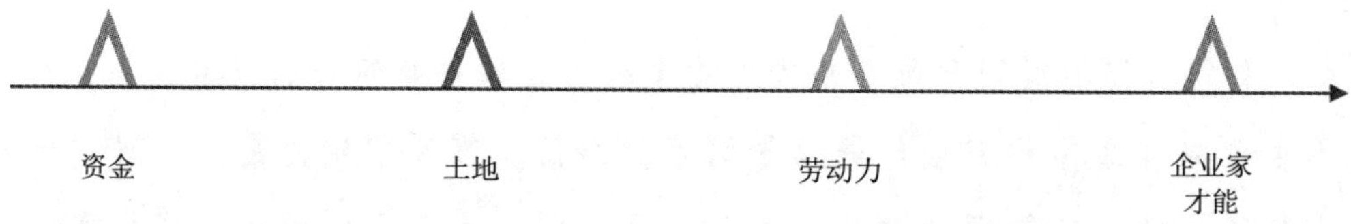

图 3-1 工业时代的 4 个生产要素

在这 4 个生产要素中，资金是关键要素，因此掌握资金的企业家便相当于掌握着最大的价值。然而，发展至今，创投基金如雨后春笋，创业资金不再是唯一的决定性要素，人才以及企业家在创造企业价值的过程中所起的作用越来越重要。

提起合伙人制度，其实许多人对其都是一知半解，这与其概念相对来说比较混乱有一定的关系。有人认为，合伙人制度是一种控制权的比拼，也有人理解为股权激励，有人甚至会觉得那是一种法律结构。“合伙人”这一概念最早在合伙制企业中被运用，所以想要充分了解这一制度，还需要追根溯源，对合伙制企业进行了解。

合伙制企业的初始形式是“普通合伙企业”，这种形式的合伙制往往出现在“轻资产、重人力”的行业中，员工的才能与经验是最重要的，因此最大的特点就是只存在“身股”。在“普通合伙企业”形式下，合伙人最好是企业高层，并且是需要经过层层筛选确定下来的，同时兼顾企业员工与所有者两个身份。当合伙人被辞退或是离职时，股份必须回到企业中；意外死亡的情况下，其继承人也不具备继承资格，除非继承人本身也是企业的管理者并且十分优秀。

后来“有限合伙企业”的形式也开始出现，主要在股权投资(PE)行业更为常见，并且在这种形式中可分为普通合伙人(GP)与有限合伙人(LP)。

对于二者的关系，我们可以这样来理解：在企业初创阶段，LP 出资 90%，GP 出资 10%，企业的经营管理由 GP 负责，LP 不参与任何运营。在收回投资成本后进行的利益分配，可以按照 GP25%∶LP75%的比例来进行。当然，具体的比例还是根据企业的实际情况来决定，在此只是说明 GP 在出资很少的情况下，也能够撬动上百倍的资金，并且把控企业运营，进一步获得与自己出资比例相比实属高额的收益，而“有限合伙企业”也可以说是肯定人力资本价值的一种形式。

发展至今，合伙人制度已经完全可以与现代企业相匹配并被运用，就像晋商一样，一部分股东通过出钱来获得“银股”，另一部分股东则通过出力来获得“身股”。不同的是，在当下的时代，“身股”的价值已经远远超出想象，达到一定的高度，并且在被赋予“合伙人”的身份的同时还获得了 3 种重要权利，如图 3-2 所示。

图 3-2 现代合伙人所获得的 3 种重要权利

在企业运用合伙人制度的过程中，合伙人制度已经发展出各种各样的形态。通过对合伙人身份所获得的 3 种权利的认知，下面将合伙人制度最为常见的 4 种形态也总结了出来。

第一，股权激励+公司控制权+身份象征。

在一些“轻资产、重人力”的行业中，比如顾问咨询机构、律师事务所、会计师事务所、建筑师事务所等，合伙制企业都比较常见。合伙制企业的特点在前文中已介绍过了，需要经过层层筛选，成为合伙人后兼顾企业员工与所有者两个身份，获得企业控制权的同时也享受分红，同时也是一种身份的象征。

德勤是一家根据英国法律所建立的私人担保企业，至今仍延续着普通合伙企业的模式。德勤要求完成严格的绩效标准的成员才有资格成为新晋合伙人，而且“优于现有合伙人的平均水准”是德勤对于新晋合伙人的基本要求准则。即使新晋合伙人的绩效水平足够优秀，也要通过所有合伙人的投票。德勤对于新合伙人的进入，将会通过增发股份的方式来对现有合伙人的股份进行稀释，使新合伙人获得相对应的股份，并且进行工商登记。完成以上步骤，新合伙人便成为真正意义上的股东，并且每年可享受两次分红。如果出现退休或离职等情况，德勤将按照购股价格回购股票。

第二，身份象征为主。

不少合伙制企业为了能够快速拓展业务，最后纷纷转换为公司制，但是并没有撤销“合伙人”这一身份，这在一定程度上激励着员工朝这一方向不断努力。

高盛是一家国际领先的投资银行，在 19 世纪末，大多数投资银行采取的是合伙人制企业制度。对此，高盛曾经的高级合伙人曾经做出过相应发言：“没有人去清洗一辆租来的车。成为合伙人的梦想是一种无与伦比的激励力量，也是吸引最优秀人才的巨大诱惑。”对于大多数员工而言，成为高盛的合伙人意味着能够在荣誉、权力、财富等方面达到一定的水平，因此合伙人是一种身份的象征，能给员工带来无与伦比的成就感。

1999 年，高盛为了获取更多的发展资金，同时改变合伙人承担无限责任风险的局面，进而降低合伙人的压力，于是将其保持了 130 年的合伙人制企业制度转换为股份有限企业。除了高盛，还有不少银行也都在当时结束了合伙人制企业，实行转制。但不一样的是，高盛保留了“合伙人”的头衔，并且让其成为雇员级别中的一种，成为一种身份的象征。员工从加入高盛开始，便有机会成为合伙人，这对于员工来说能起到一定的激励作用。

第三，股权激励为主。

在公司制企业内，合伙人制度最常采取的形式还是股权激励。当下许多企业都采取职业经理人制度，毕竟在有足够专业且经验丰富的职业经理的运营下，企业的发展效率会更大一些。在职业经理人的运营下，如果企业盈利了，职业经理人能够分享部分红利；如果企业亏损了，职业经理人也不需要承担责任，甚至可以拍屁股走人。

于是，有的企业开始要求职业经理人、员工等出资购买企业股票，而购买价格往往会比外界购买的价格要低一些，这也被称为“员工持股计划”。在持有股票的情况下，企业与职业经理人、员工的利益就捆绑在一起了，除了共享企业红利以外，还多了一种共同承担后果的责任，为了自身利益，职业经理人、员工往往都会更为努力地工作。

事实上，通过众多企业的实践，员工持股计划对于企业长远发展能够起到相当重要的作用，其中最具代表性的当数华为。

1987 年，任正非创办华为，然而最令人震惊的是，创办多年来，华为一直都没有融进任何外部资本。截至 2018 年年底，华为全球员工数量已经达到 18.8 万，其中研发人员占了大部分，另外，任正非还表示，要继续增加员工数量，理由是“因为要做版本切换磨合，需要增加工程师”。由此可见，华为属于典型的知识密集型企业。

在创立初期，华为便已经推行员工持股计划，截至 2019 年 1 月，任正非在接受采访时表示，“华为完全是由公司员工所有，股东数量近 9.7 万人”，而任正非本人的持股比例也仅为个位数。

符合入股要求的员工每年按照企业规定的价格来购买华为股票，并且每年可以享受相应的分红。华为轮值 CEO 徐直军也曾经表示：“任总认为，高科技行业需要大家一起进行利益分享，我们的员工持股就是知识资本化，员工分享企业的利益。正是因为员工持股，才使我们团结了这么多的人。西方顾问公司发现我们公司干部队伍储备是很充足的，这是他们不可想象的。要想挖走我们的一位高级主管很难，因为待遇你是开不起的。”也就是说，员工持股机制是华为获得成功的一大重要因素。

股权激励的关键在于共享利润的权利，因此也有不少企业会拿出一定比例的利润与员工共享，这也被认为是合伙人制度的一种表现形式，比如永辉超市。永辉超市的合伙人制度其实就是将门店的超额利润与员工共享，形成利益捆绑关系，因此也起到了非常明显的激励作用。

第四，公司控制权为主。

对于一些科技创新企业而言，企业家、人才是其获得成功的必备要素，关键时刻能够起到核心作用。在早期发展阶段，研发或者快速获取用户等才是主要目的，尚未达到可以盈利的状况，因此需要大量资本来维持运营，也就是不断地进行融资。然而融资的数量越多，创始团队的控制权便越弱。许多企业的创始团队一旦没有了控制权，企业的发展很有可能会因此而失去核心部分，其实对于任何一方而言都是不利的。基于这一背景，许多创始团队都开始实践通过少数股份来控制企业的发展模式，比如同股不同权架构等。

阿里巴巴的 IPO 文件显示，马云等核心团队所持股份在 13.5%以下，而雅虎持有股份比例达到 22.6%，软银更是高达 34.4%。为了能够让创始团队、核心管理者具备充分的决策权，并且对阿里的发展进行掌控，阿里创立了“湖畔合伙人”制度。

合伙人对阿里的企业文化、使命、愿景以及价值观等需要表示高度认同的态度，同时愿意为了这些文化价值观而不断努力。为了贯彻这一点，阿里要求合伙人必须在其企业中服务 5 年以上。另外，阿里的合伙人选举机制参考麦肯锡、高盛等合伙制企业的举措，提名的合伙人需要由当前的合伙人推荐，并且获得 75%以上合伙人的认可，才能加入合伙人的行列。

合伙人制度发展至今，已经有不少企业开始运用。之所以能够获得那么多企业的认可，主要是因为合伙人制度具备以下 4 个优势。

第一，出资形式灵活多样。

我国《合伙企业法》第十六条规定：“合伙人可以用货币、实物、知识产权、土地使用权或者其他财产权利出资，也可以用劳务出资。合伙人以实物、知识产权、土地使用权或者其他财产权利出资，需要评估作价的，可以由全体合伙人协商确定，也可以由全体合伙人委托法定评估机构评估。合伙人以劳务出资的，其评估办法由全体合伙人协商确定，并在合伙协议中载明。”另外，第六十四条规定：“有限合伙人可以用货币、实物、知识产权、土地使用权或者其他财产权利作价出资。有限合伙人不得以劳务出资。”

总体来说，合伙人出资形式多种多样，让投资者通过适合自己的方式进行投资，能够在一定程度上提高投资者的投资热情。

第二，有利于引进外部投资人。

根据相关律法条款，“补充连带责任”可以说是我国针对合伙债务中所存在的对外清偿问题采取的举措。其中，有限合伙人所承担的责任是有限的，比较适合进行风险投资，有利于引进外部投资人，获得发展资金。

第三，有利于避免双层征税。

许多国家的税法都要求企业、股东缴纳所得税，但是有限合伙企业却例外，仅仅要求合伙人缴纳个人所得税，在我国也是一样。根据《合伙企业法》第六条的规定："合伙企业的生产经营所得和其他所得，按照国家有关税收规定，由合伙人分别缴纳所得税。"从这一角度来看，有限合伙企业可以合理避开双层征税。

第四，充分体现了激励与约束对等的原则。

在企业合伙人制度下，合伙人的利益与企业是捆绑在一起的，并且需要承担相应的责任，因此在经营活动中更能够进行自我约束，学会从整体的角度来思考企业的运营。与此同时，在应用合伙人制度的企业中，出色的员工也有成为新合伙人的机会，这样一来，不仅仅能够激励员工工作的积极性，还可以进一步提高其忠诚度，推动企业进入良性发展轨道。

3.2　份额计算：以贡献比重为基础分配合伙人股份

每一位合伙人所贡献的资源等并不是一致的，同时投入的方法多种多样，因此，在计算合伙人的持股比例时，需要结合合伙人对企业各方面的贡献进行综合计算。通常情况下，合伙人对企业的贡献体现在以下 7 个方面。

第一，工作时间。

如果一定要对各种因素做个排名，时间必定名列前茅。没有工作时间的投入，企业就不可能发展。很多人以为对时间投入的估算方法很简单，参考当前市场的一般工资标准，以相同工作岗位、相似的教育背景和工作经验差不多的人做参照就可以了。

但是，创业团队的工作时间价值并不像计算工资那么简单。一是由于在早期阶段，企业发放了工资，当合伙人还未提供任何投入时，相当于企业雇用了一名员工而不是一名创始人；二是如果企业提供一定的股权，但其价值未达到工资标准，这种情况下，合伙人不一定会参与创业经营。当合伙人选择参与该项目时，就表明合伙人觉得这个企业在未来是有价值的，可以弥补合伙人放弃的原有工作。

另外，在计算创业伙伴的工资时需要依照合作伙伴的具体情况，兼职创业按照兼职的工资标准计算，全职就按照实际工作时间计算。

第二，现金或实物等资产。

事实上，现金的价值是最清晰的，没有必要评估市场价值。企业创立的早期，对现金的需求是非常迫切的，进一步发展后，企业的发展前景变得光明起来，引起许多投资者的关注，现金的重要性逐渐下降。因此，在创业开始时投入的现金价值通常大于实际金额。

实物资产也可以视为现金投资，因为它也是用现金购买的，是另一种形式的现金。但是，基于现金价值进行评估，实物资产必须是核心资产，或者是专门为了企业的经营发展而购买的新的实物资产，可以根据购买价格直接估算。如果已经折旧，就参考旧货市场的价格进行估算。

第三，办公场所。

在企业创办伊始，无论有没有钱都要有一个“基地”，租用场地的不同取决于企业性质的不同，有些只要一间办公室，还有一些需要仓库和商店，这些都是企业必须支出的财务费用。如果创业团队中有人可以提供场地，租赁场地的财务费用就是合作伙伴的“投资”。不是所有场地都可以转换为“投资”，因为有些场地不在转换范围内。比如，额外的空间就不在转换的范围内，超过企业规模的空间是一种浪费。另外，非营利性场所不包括在转换范围内，之前并未给合伙人带来收益的场所不能算作投资。

第四，核心创意。

这里提到的“创意”并不是一个简单的创意或一个初步的构思，而是基于简单的创业思想，经过反复思考和研究，形成了比较成熟的商业计划和运营机制，基本实现了原始产品的开发。这种有明确前景的创意可以被视为有价值的贡献，可以对此进行计算。

创业点子层出不穷，最后取得成功的寥若晨星，把一个想法变为成熟的商业计划是很难的，而这种转变的过程需要在创业前期进行大量准备工作。一般来说，这些前期的准备工作也可以视为"投资"的一种类型。

第五，专业技术或知识产权。

专业技术或知识产权是企业的无形资产，对于高新技术行业来说，它们在企业发展中起着举足轻重的作用。如果合作伙伴提供了此类无形资产，要仔细斟酌它的市场价值，将它的市场价值当作合作伙伴的"投资"。

当然，如果合作伙伴不转让自己的技术或知识产权，只是授权给企业使用，那么授权的费用也是投入的一部分，企业可以根据未给出的成本估算价值。

此外，如果合作伙伴还将以前开发的产品或经营的产品(运营中的网站和应用程序)转让给企业，可以根据市场上此类产品的交易价格估算合伙人的投入。

第六，可用于融资、销售等方面的人际关系资源。

在企业发展的过程中，良好的人际资源可以助力企业实现融资目标、建立合作关系以及开拓销售渠道，如果合作伙伴拥有此类资源，可以节省建立企业人脉关系的成本。

在这方面，企业可以根据从人际关系中获得的不同好处，采用不同的评估方法。例如，如果合作伙伴的人际关系打开了产品销售的渠道，企业应该为此支付一定的费用，未支付的费用可以被看作是合作伙伴的"投资"，企业可以根据实际情况考虑使用现金或股权当作回报。

第七，其他可以被视为"投资"的资源。

除上述六种资源外，其他资源可能也会需要，只要合伙人满足了企业的需要，有利于企业健康有序地发展，就可以当作合伙人对初创企业投入的一部分，企业可以选择花钱购买或使用市场价值进行估值。当然，这些资源与上文提到的规模过大的场地一样，如果是一种闲置资源，将不会用于价值评估。只有这些资源对企业有用，才能算作一种投入。

综上所述，对于初创企业来说，企业开展业务所需的任何资源，只要合伙人提供了，而企业无法返还现金，都可以被视为合伙人对企业的投入，可以纳入股权分配所要考虑的贡献中。

在了解了基本的贡献计算方法之后，我们通过一个案例来看一下股权比例的具体计算方法。首先，假设有 5 个人组成了一个创业团队。

第一步，要确定影响股权分配的贡献要素。创始团队经过共同讨论研究决定，影响股权分配的贡献要素为发起人、投资额、人脉资源、专利技术、工作时间以及其他资源。

第二步，具体分析每位合伙人的情况。对 5 位创始合伙人各个核心要素的分析如表 3-1 所示。

第三步，核心要素的量化指标。将表 3-1 中的核心要素进行横向对比，也就是个人所得分÷要素总分，计算出各个创始合伙人在该核心要素中的贡献占比，如表 3-2 所示。

第四步，评定核心要素权重，计算股权分配比例。经创始团队商定，根据不同贡献要素对初创企业的重要程度，首先，计算不同核心要素在整个要素体系中的权重占比。投资额和人脉资源对初创企业最为重要，分别占 35%和 25%；工作时间次之，占比 24%；项目发起人和专利技术基础再次之，占比均为 6%；其他资源占比为 4%。再次，计算合伙人的核心要素得分，合伙人的某要素股权分配比例=该合伙人核心要素占比×核心要素的权重，如表 3-3 所示。

表 3-1　合伙人核心要素分析表

核心要素	罗某	宋某	张某	林某	梁某
项目发起人	是 记 5 分				
投资额	50 万元 记 5 分	20 万元 记 2 分	15 万元 记 1.5 分	5 万元 记 0.5 分	10 万元 记 1 分
人脉资源	市场资源 记 4 分	市场资源 记 4 分	融资资源 5 分记		融资资源 记 3 分
工作时间	记 5 分	记 3.5 分	记 3.5 分	记 3 分	兼职 记 2 分
专利技术	有 记 5 分		有 记 5 分		
其他资源	记 5 分	记 5 分			

表 3-2　合伙人核心要素占比

核心要素	罗某	宋某	张某	林某	梁某
项目发起人	100%				
投资额	50%	20%	15%	5%	10%
人脉资源	25%	25%	31.3%		18.7%
工作时间	29.4%	20.6%	20.6%	17.6%	11.8%
专利技术	50%		50%		
其他资源	50%	50%			

表 3-3　合伙人各要素股权分配比例

核心要素	罗某	宋某	张某	林某	梁某
项目发起人	6%				
投资额	17.5%	7%	5.25%	1.75%	3.5%
人脉资源	6.25%	6.25%	7.82%		4.68%
工作时间	7.05%	4.94%	4.94%	4.22%	2.83%
专利技术	3%		3%		
其他资源	2%	2%			

计算后得出，罗某的股权占比为 41.8%，宋某的股权占比为 20.19%，张

某的股权占比为 21.01%，林某的股权占比为 5.97%，梁某的股权占比为 11.01%。

第五步，合伙人股权分配比例优化。考虑到企业股权布局的长远性，该公司预留了 20%的股份，预留股份暂时先由大股东代持，则各合伙人的股权占比变为 54.82%、16.19%、17.01%、3.97%和 8.01%。

综上所述，合伙人“罗某”在整个初创企业中占有重要地位，成为整个创始人团队里毋庸置疑的核心人物。

此外，在创业的早期，各种投入因素的紧迫性和稀缺性是不同的，最紧迫和最罕见的因素可以通过合伙人之间的协商适当扩大其权重。例如，对于大多数企业家来说，资金在早期被认为是最必要的。时间的缺乏可以通过勤奋来弥补，没有钱，就什么也没有。因此，对大多数创业公司而言，资金是最重要的因素。也就是说，当评估投资额的价值时，不一定基于实际金额，可以扩大金额的权重占比。对于互联网等高新技术行业，专利技术的占比可以放在第一位。

3.3 参考结构：大数据视角下的最优合伙股权结构分布

在经济高速发展的今天，股权纠纷事件时有发生。从大数据层面来看，自 2010 年 1 月 1 日至 2018 年 7 月 31 日，我国与股权纠纷相关的法律文书高达 140498 份，占与企业相关总纠纷的 81.76%，由此可见，股权纠纷是企业纠纷里最主要的部分。

除此之外，以 2014 年为分水岭，股权纠纷事件呈现出明显的上升趋势。2013 年，全国股权纠纷案件数量为 7201 例，而在这之前，每年的平均数量都在 1 万例以下。到 2014 年，这一数字陡然增至 19215 例，在之后的年份里也是有增无减，在 2017 年，这一数字已经达到了 37417，案件数量增长 5 倍以上。截至 2018 年 7 月 31 日，已经统计的股权纠纷案件数量为 12579 例，但案件数据库更新存在滞后性，因此实际情况暂且不表。

另外，根据相关数据统计，自 2009 年至 2018 年 12 月，单是合伙协议纠纷案件的数量便达到了 153109 例，同样也是呈逐年上升的趋势。

股权纠纷案件屡屡发生，与企业的股权架构密切相关。需要明确的是，产生合伙协议纠纷，对许多企业而言很有可能造成致命打击，进而导致企业运转失灵，严重的情况下企业还会因此而走向灭亡。

企业的股权，尤其是以上市为发展目标的企业，必须将其股权留给能够持续为企业创造出价值并且能够与企业长跑的人。在初创阶段，如果股权架构没有设计好，后来的投资者进入时则会遇到种种问题，难以形成平衡合理的股权架构。

股权分配得不合理，无疑是定时炸弹。在这一问题上，从估值过亿到一夜分家的“泡面吧”，再到由于股权问题发生纠纷的连锁餐饮店“西少爷”等，众多初创企业的教训都得到验证。因此，初创企业在进行股权架构分布时，一定要根据各方面情况进行综合考虑。一般而言，创业合伙人的股权架构分布遵循以下 5 个原则，更有助于平衡合伙人之间的关系，进而避免纠纷事件的发生。

第一，股权比例的设计要站在有利于企业发展的宏观角度，而不是使个别股东的利益最大化。一个好的股权结构要保证创始人的控制权。由创始人掌控对企业是有益的，可以保障企业有一个最终的决策者，避免出现群龙无首的局面。

这里的控制权有双重含义，一是指整个创始合伙人团队对企业的控制权，用以把握企业的发展方向；二是指创始合伙人之间要有一个核心领导，保证合伙人内部的稳定性，决策下达的统一性。合伙人之间股权均分，是最差的股权架构。在股权的分配上绝对不能平均，因为每个合伙人对企业的贡献不可能完全一样，这一做法缺乏公平性。

第二，股权比例的分配要能够凝聚创始人团队。在企业发展的初始阶段，创业竞争压力大、节奏较快，多个合伙人联合创业的成功率要远高于个人创业的成功率。还要考虑的一点是，随着企业的不断发展，创始人的能力是有限的，需要不断吸收人才，那么如何找到优秀的人才并将其留住？终极武器就是股权。股权比例的设计，要既能凝聚合伙人，又要为引进后续人才做好准备。

第三，留出一部分比例用以激励核心员工。仅有创始人和合伙人，不能满足创业企业快速发展的需要，还需要勤奋上进的优秀员工，甚至创始人与合伙人本身也需要一定的激励，有动力才会有发展。预留出一定比例的股权，用于激励核心员工，才能让企业氛围和谐向上，每个人的劲儿往一处使，推动企业这艘大船乘风破浪。

第四，留出一部分比例用以吸引投资者。创业企业最缺乏的就是资本的扶持，所以股权架构设计要考虑后续资本如何进入企业。不能出现获得巨额后续资金，但只是给股东小股的情况，需要有公正合理的安排。

第五，不能给企业上市造成障碍。大多数创业企业是以上市为目标，因为更大的资本市场有益于企业的长远发展，但是国家对企业上市的要求较高，企业在股权比例上要符合法律规定，不能产生控制权的纠纷。

创业者创业之初，面临的第一个问题，往往就是合伙人之间如何分配股权。与此同时，大家也特别想知道，其他企业，尤其是成功企业，最初合伙人之间是如何分配股权的。所以，我们不妨看看已成功上市的企业，看看这些企业的创始人最初如何分配股权。

1. 猎豹(见图 3-3)：傅盛 75%/徐鸣 25%

猎豹的前身是金山软件和可牛影像，可牛的联合创始人是傅盛和徐明。当猎豹上市时，傅盛担任首席执行官，持股 1.6 亿，徐鸣持股 5000 多万，担任猎豹的首席技术官，持股比例分别为 74.86%和 25.14%。

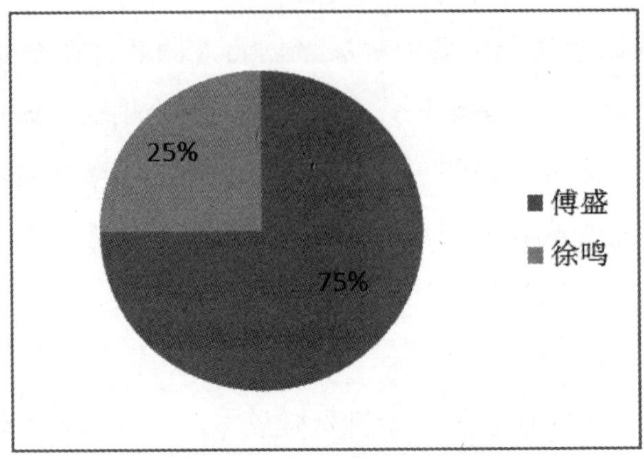

图 3-3　猎豹股权比例

由此可以粗略估计，创业之初二人的股权比例分配，傅盛拥有 75%左右的股份，而徐鸣则拥有 25%左右的股份。

2. 途牛(见图 3-4)：于敦德 58.5%/严海峰 41.5%

于敦德和严海峰在 2006 年联合建立途牛旅游，现任的首席执行官是于敦德，严海峰担任首席运营官。和京东一样，途牛也是在美国的纳斯达克上市，上市时于敦德和严海峰的持股比例分别为 58.45%和 41.55%，由此可以粗略估计，在创建之初于敦德持有 58.5%的股权，首席运营官严海峰持有 41.5%的股权。

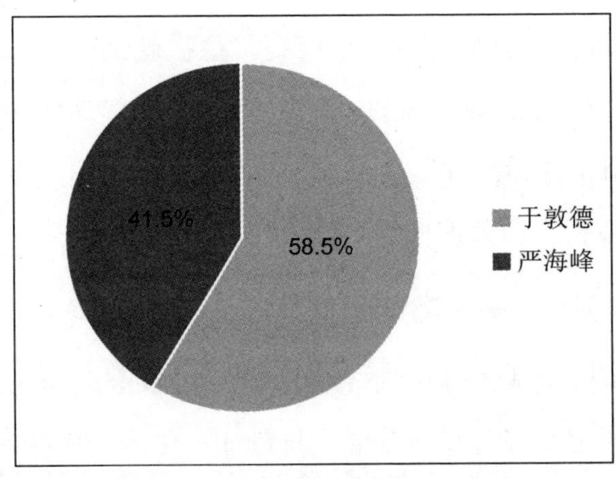

图 3-4　途牛股权比例

3. 唯品会(见图 3-5)：沈亚 56.5%/洪晓波 43.5%

沈亚和洪晓波在唯品会成立之前，已经有长达 10 年的合作经历。2008 年两人决定一起创办唯品会。他们是传统企业的温州商人。当唯品会上市时，沈亚拥有 17721358 股，洪晓波拥有 13563810 股，沈亚和洪晓波分别拥有 56.51%和 43.49%的股权。

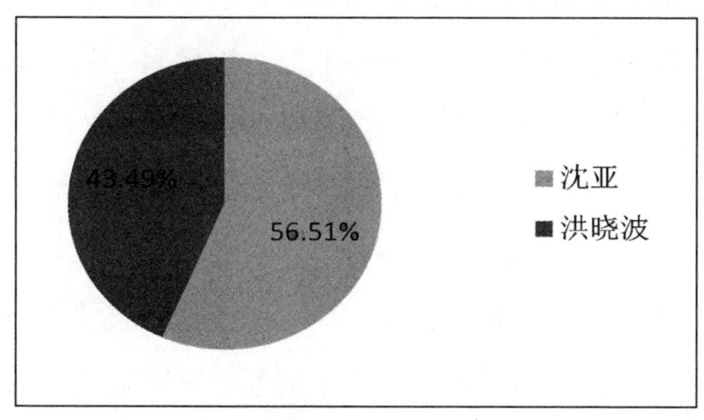

图 3-5 唯品会股权比例

从以上成功企业的案例中，我们可以盘点成功率最大的股权比例的基本模式：创始人的数量通常是一人创业、两人合作或者三个伙伴一起创业，人数更多的也有，但并不常见，一般情况下是 2～3 人。

当许多人一起创业时，股权结构通常有两种类型，一种是“核心创始人联合其他创始人”模式，另一种是“创始人相对平等”模式。在第一种类型中，核心创始人股权的份额远高于其他创始人的股权总数，超过股权总额的 70%。在“创始人相对平等”的模式中，各创始人之间的股权比例差异很小。成功的合伙企业股权结构分布不会存在股权均分的情况，即便创业合伙人的持股比例相差都不大，也仍然有一位合伙人的股权比例相对较高。

3.4 权、责、利分配：合伙人职权划分与股权分配脱离技巧

职权也可以叫作企业的经营管理权，而股权则代表企业的所有权，职权与股权的分离，其实就是企业经营权与所有权的分离。企业的职权与股权分离多见于股权高度分散的企业，这种企业股东数量多，但并非都将注意力放在企业的经营管理上，更多的是以瓜分利益为主要目的。企业的经营权掌握在董事会手中，通过提升业绩获得高薪收入，股东和经营者的分工形成职权与股权分离。

国际上有一个著名的“两权分离”理论。根据相关的经济学理论，伴随着企业的扩张，管理技能的要求也在不断提高，拥有财富的股东开始寻找专业的企业管理人，帮助企业进一步创造财富，通过合同的形式，把最初的财产所有权(占有、处置、管理、收益、运营)等权利中的经营、管理权出让给职业经理人，形成一种代理关系。

一方面，随着业务的发展和企业内部组织系统复杂性的增强，股东与企业的距离越来越远，控制权也越来越弱。另一方面，市场上的职业经理人制度不断完善，这也导致经营权与所有权加速分离，“两权分离”作为企业内部的一种分工形式，使资本的运营效率得到了极大的提高。

这种职权与股权分离的现象引起了有关专家的困惑、怀疑和争议。其中最有名、分析极具深度和概括性的是 1932 年 Berle(伯力)和 Means(米恩斯)出版的 *The Modern Corporation and Private Property*(《现代公司与私有财产》)一书。伯力和米恩斯基于对 20 世纪 20 年代前的股市观察，在书中提出了著名的“两权分离”学说。伯力和米恩斯认为，现代企业由大量的股东共同拥有，由不持有股权的人员代为管理。股东是委托人，管理者是代理人。他们认为“没有财富的所有权和对财富没有控制权似乎是企业发展的一个合乎逻

辑的结果”。

伯力和米恩斯的“两权分离”学说不断完善，逐步发展为一种委托代理理论。合伙企业在搭建股权合伙机制时，一定要明确合伙人的职权与股权分离，甚至可以将其作为企业章程。另外，现代企业职权与股权的分离对企业的发展是有好处的，具体如下所述。

(1) 投资人为了分散资本投资的风险，不愿意把钱全部投入一家企业。投资人的精力和管理能力有限，需要更加专业化和职业化的经理人来管理大规模的企业，职权和股权分离有利于企业的制度化发展。

(2) 根据社会分工的需要，雇主管理投资项目并选择管理者，以实现资本的增值。

(3) 随着我国市场经济的不断发展，员工股权激励等分配机制不断涌现。在职权与股权分离的同时，利用股权激励机制给予管理者一部分所有权，这种职权与股权的分分合合，可以实现管理者和企业所有者的利益共赢。

在我国的合伙制企业中，“两权分离”理论在学术界非常流行。它既是所有制理论研究的创新成果，也是指导国有企业改革的理论基础。目前，国内多数经济学家认为，所有权与经营权的分离是现代企业制度的核心所在，也是股份合伙制企业的一个重要特征。

下面以晋商为例，看一下繁荣了近百年的晋商是如何运用“两权分离”理论，明确股东的权、责、利，并且将其进行有效分离的。

当年的晋商有两个特点：第一个特点是“大”，也就是晋商的发展规模非常大。比如，曹家分号高达 640 多家，在长江以北的范围频繁活动，职员数量高达 2 万以上，总资本不少于千万两白银。又如大盛魁这家票号，在发展高峰期时，雇员数量在 6000～7000 人，当时的运输工具——商队骆驼的数量接近 2 万头，并且在科布多、乌里雅苏台、内蒙古各盟族、新疆乌鲁木齐甚至西伯利亚、莫斯科等地活动。

第二个特点是“久”，如上所述，晋商繁荣发展了近百年，许多票号都

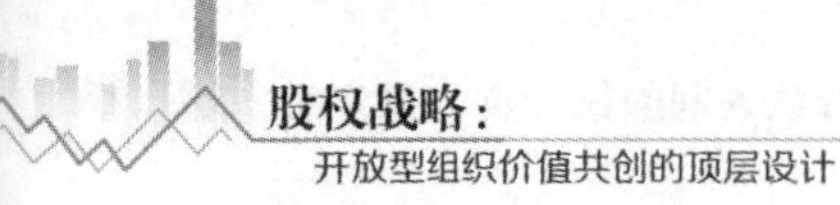

是百年老店。比如日升昌票号在1823年创立，发展了90余年，在1914年才闭店；而大盛魁却在17世纪末便已经开始创立，1929年关闭，发展时间长达两百多年。

更为难得的是，在繁荣发展的近百年间，几乎没有发生过内部人员携款逃跑、贪污或被诈骗等负面事件。众所周知，晋商主要从事的业务是长途贩运贸易以及票号服务，并且当时的交通条件十分艰苦。在这种背景下，一般商家将店铺或者资产交由外人管理，携款逃跑等现象几乎是没有的。

晋商之所以能够做到这一点，恰恰是因为其"两权分离"的经营特点，也就是"身股制"。"身股制"就是将票号的股份分为两种类型，一种是出资而获得的"银股"，往往是东家所持有；另一种是掌柜、伙计等员工通过出力而获得的"身股"，出钱的人不出力，出力的人不出钱。

东家所投入的资金全部交由掌柜管理，而在此之后往往不会再过问相关事项。而掌柜在获得经营权以及人事权的基础上，还能够获得投资权。除此之外，东家的一些活动也会受到限制。比如，商号应当由具备才干的人来经营，因此不能以公谋私、安排亲信；或者不能以商号的名义在外进行一些与商号经营无关的活动，进而损坏商号名声。另外，也不可以在商号中寄宿或者借钱等。

正是由于"两权分离"，晋商才得以长期发展，做大做强，很少会出现相互损害对方利益的情况。在这种模式下，晋商的票号分布全国，甚至还涉及其他国家，比如日本、朝鲜、俄罗斯等。

晋商的掌柜就相当于现在的职业经理人。双方之所以能够保持一种融洽的相处状态，是因为晋商的"两权分离"从本质上来说，属于一套比较完善的信用制度，而在这一制度下，员工不得不做好自己的本职工作，股东的权责利得以明晰。下面来看看晋商的具体做法。

第一，"双本"策略。

晋商对于人才的选拔非常严格，主要以"双本"策略为选拔原则。"双本”策略具体来说就是选人与用人的策略，如图 3-6 所示。

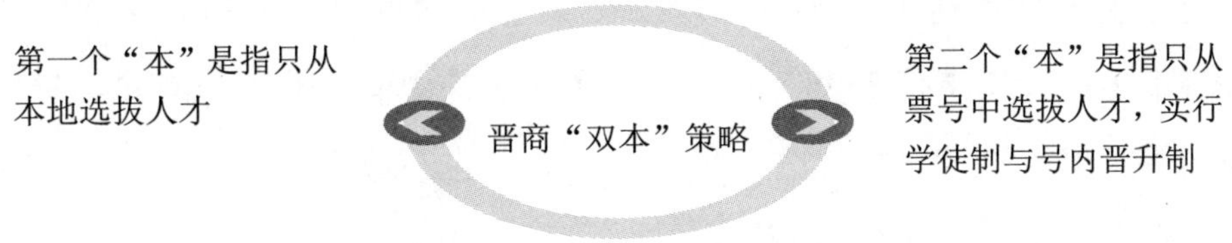

第一个“本”是指只从本地选拔人才

晋商“双本”策略

第二个“本”是指只从票号中选拔人才，实行学徒制与号内晋升制

图 3-6　晋商“双本”策略

“双本”策略的具体操作是先从本乡本土的十四五岁少年中挑选优秀的人才，并且要求其从学徒这一职位开始。值得一提的是，能够被选中的人才不一定优秀即可，还需要有名望、有实力的人士进行担保。当优秀的人才成为学徒之后，将会被遣往条件艰苦的分号进行锻炼，熟悉店规并提升技术，并且还会通过各种方式来考验学徒各方面的能力。学徒晋升方面，时间短的要 3～5 年，长的可能要 7～8 年，在不尽如人意的情况下，可能还要更久。因此，曾经对晋商的学徒制度的描述，出现过这样一句话“十年寒窗考状元，十年学商信加难”。

在学徒期间，吃住都在店内，因此对于所有人的表现都可以全天候、近距离地进行观察。在被派遣到条件艰苦的分号进行锻炼的时候，既需要完成分号的工作，还需要端“三壶”。与此同时，通过各种方式考验学徒，能够对学徒的各个方面进行清晰全面的判断。在准确判断之后，再晋升优秀的学徒并且予以重用，一步一步提拔，使其最后成为掌柜。通过这样的方式来选拔人才，最后能够管理票号的人，其业务能力往往不会差；而在道德素养方面存在瑕疵的人，就无法成为掌柜。从管理角度来看，“双本”策略既是一种信用机制，也是成功的约束体系。

(1) 用本地人的策略。

从信用机制的层面上来看，晋商选用本地人作学徒，相当于从小看到大，对于每一位员工的能力、德行等了如指掌，能够有效地防止品行恶劣的、对票号不利的人成为管理者。

正是由于是本地人，若被辞退，在其他企业也很难再找到工作。毕竟“好事不出门，坏事传千里”，如果员工在店铺中偷过东西或者贪污钱财、吃回扣等，都会迅速传播出去，导致其他企业也不敢重用。因此，这种机制在一定程度上约束了员工的行为。

值得一提的是，晋商选择掌柜，考察的不仅仅是掌柜本人，还会对其家族以及祖上进行考察，在确认没有重大污点之后才能入选。也就是说，如果自己因行为不轨而被辞退，断送的不仅仅是自己的前途，还会拖累整个家族以及后代。若自己因为诚信、道德等方面的问题而被辞退，则许多与自己存在直接联系的亲属的前程也会受到牵连，后代也会由于自己犯下的错误而付出代价。严重的情况下，由于自己的过错，子孙后代可能很难找到工作。由此可见，晋商的掌柜是用自己、家族以及子孙后代作为担保来进行管理工作的，也正因如此，东家才敢于放权，让掌柜对票号进行管理。

当然，在现代社会中，仅仅使用本地人作员工的方式已经不再可取，既不会起到相应的约束作用，甚至还会在一定程度上阻碍企业的发展。如今人员流动性在不断扩大，每一个人面临的选择都越来越多，许多人已经开始走出家乡，前往更广阔的地方去发展，本地可供选择的人才也因此而减少。即使某个企业愿意仅仅使用本地人，这些人也已经不再像晋商的时代一样会对企业有那么强的忠诚度。

地球由于互联网的发展而逐渐形成了“地球村”，从这个维度来看，大家都是“本地人”。在这一背景之下，企业选人、用人都可以通过互联网来查看对方的资料，了解是否存在重大道德隐患。这样一来，那些曾经对企业做过不利事项的人便可以被排除在管理者的行列之外。

(2) 学徒制和号内晋升制。

从十几岁开始进入票号成为学徒，历经多年才会被安排到正式业务岗位上。如果是特别优秀的话，还有可能会被安排到更加重要的岗位上。这种职位晋升轨迹，一方面说明了掌柜对员工的信任程度，另一方面也可以证明这一岗位来之不易。

员工每晋升一个级别，往往都需要付出十多年的工夫，如果想要做到票号总号的大掌柜，那么需要付出的时间成本则更高。如果由于自身问题而被逐出票号，那么自己之前所付出的努力则功亏一篑。由此可见，员工不讲信用所需要付出的成本较高，这在一定程度上约束了员工的行为，保证了员工的忠诚度。

第二，身股制：激励加约束的双重机制。

身股制是晋商进行权、责、利分配的重要工具。在一开始时，银股所占的比重比较大，也就是出资的人会比较多；但发展到后期，许多票号的身股所占比例远远高于银股。当然，也不是所有员工都能够获得身股。通常来说，学徒在获得晋升后，再通过数年的努力工作，才有获得身股的资格，而身股也将会根据员工的工作能力、业绩等各方面的提升而不断增加。

两种股份的性质并不一样。持有银股的是真正的东家，对票号需要承担无限责任。身股则是主要负责人对员工所进行的一种奖励，只是这种奖励通过股权的形式来发放，让员工有了成为企业中一分子的感觉。从本质上来说，持有身股的人只需要负责盈利，不需要对亏损负责。与此同时，身股也不能继承与转让，只是在死亡后还可以享受一定比例的分红。

在利益分配上，两种股份没有差别。一些发展得比较好的票号，每个账期每股可分利润达到上万两银子。因为身股与掌柜二者之间是紧密相连的，一旦掌柜做出不轨行为，被票号辞退以后，掌柜多年来努力所获得的身股，也会因此而永远消失，所以许多人为了能够享受分红，也不会去弄虚作假，导致出现假公济私等情况。由此可见，身股不仅仅能够激励员工努力工作，更重要的是能对每个人起到重要的约束作用，持有身股比例越大的员工，受到的约束力也越强。

第三，同乡会和会馆。

晋商业务的发展范围比较广，也有离乡背井的无奈之举，因此对于乡亲情谊尤其重视。对此，晋商组织了许多同乡会让同乡进行聚会，增进友谊。

另外，晋商还将关公视为保护神，在会馆中为其修殿盖宇。借助关公的震慑力量，每位员工都能感受到自己的一举一动都会被神灵看到，进而增强每个人的自我约束力。虽然这一点具有一定的迷信色彩，但是在当时的社会背景下，对员工们产生的影响还是非常大的。

这样一来，每位加入同乡会的员工，既能在定期或不定期的聚会中体验到家的感觉，也会感受到来自关公的约束力。如果自己损害票号的利益，那么就会被同乡唾弃，也会遭到神灵的惩罚，这种约束力远远要比制度的约束力强大。

3.5 远离人群：再倚重也不能引进为股权合伙人的 4 类人群

初创企业、中小企业在发展的过程中，合伙人的重要性不言而喻。但是合伙人并不是越多越好，也不是谁都可以合作。由于企业正处于一个比较特殊、比较敏感的阶段，有些合伙人即使拥有大量财力、资源，企业也要坚决将其拒之门外，这主要包括以下 4 类合伙人，如图 3-7 所示。

第一，兼职合伙人。

兼职合伙人是目前合伙人人数非常多的一种类型，尤其是在互联网领域。他们的初衷是既想继续拿着原企业的高薪，又想得到额外的收入，从一些创业公司、中小公司拿点股份。

这样的合伙人客观上讲是不错的人选，也许资金雄厚，也许技术精湛，也许有其他资源，至少可以解企业刚刚起步时的燃眉之急，甚至还可以帮助初创企业解决大部分问题。从长期来讲，这类合伙人对企业的发展极为不利，因为随着企业的发展，他们参与企业的业务越来越少，甚至变得不再参与。他们入股的企业发展得不错，在不参与管理的情况下却可以每年享受分红，以后上市了，轻轻松松就成为千万富翁，甚至是亿万富翁。

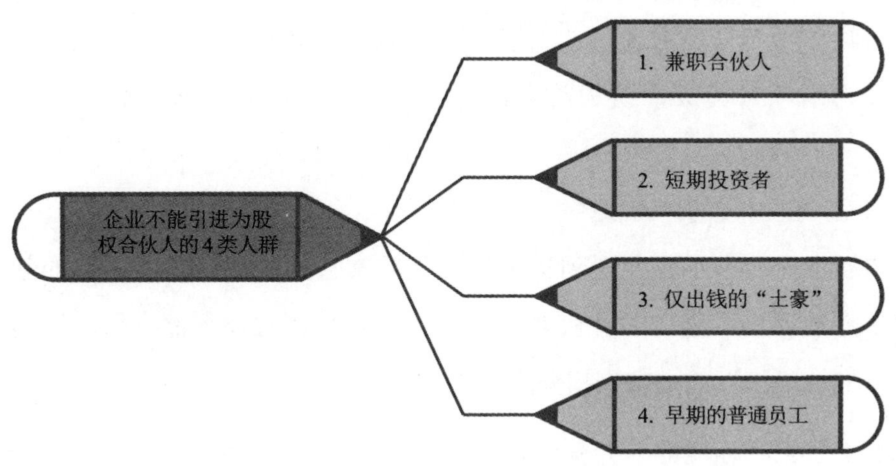

图 3-7 企业不能引进为股权合伙人的 4 类人群

然而，对于初创企业、中小企业来讲，这相当于花大价钱只请了个短期顾问。这样做，得不偿失，还可能会闹得内部成员心理不平衡。对于这一类合伙人，最好的合伙方式就是支付一定的报酬。如果创业初期资金不太宽裕，可以发放很少量的期权而不是实股的方式，以此来吸引合伙人。

第二，短期投资者。

很多创业者常常因企业各种各样的资源紧张，包括资金、关系、客户资源、供应商等，非常渴望能够获得帮助。此时，如果有人伸出援手，可以为企业提供资源，甚至打通关系，很多创业者极有可能会失去理智，轻易以股权作为回报。

然而，创业者需要分清伸出援手的“救世主”是否是短期投资者。如果是短期投资者，上述情况表面上是雪中送炭，但在发展过程中却并非想象的那么顺畅。暂且不说其手中的资源、人脉质量等，能否对企业发展起到支持作用。仅仅是这类合伙人的心态就值得担忧，因为这类人做的是生意，是交易，并不是与创业者同甘共苦创业，一直向前走的人。他们要的是更多的利益，创业者提供的利益一旦满足不了对方，对方便会停止合伙，最终创业者非常容易吃哑巴亏。

因此，对于只是承诺投入短期资源，但不全职参与创业的短期投资者，要优先考虑项目提成，谈利益合作，一事一结，而不是通过股权长期深度绑定。

第三，仅出钱的“土豪”。

初创企业、中小企业遇到资金问题是非常普遍的事，因此，有的创业者只想单纯地寻找资金上的合伙人，并抱着“有了钱就什么都有了，谁出钱就给谁 50%的股权”的心态来招募合伙人。

小罗创业的时候由于需要启动资金 100 万元，在与几个合伙人拼凑后，还差 50 万元。于是，便向“土豪”朋友小林求助，小林早期投资了多家企业，现在高位套现，手上持有大把现金。

当小罗把这件事告诉小林时，小林很快就答应了，并且两人迅速将这件事情定下来了。根据协议，小林出资 50 万元，不参与企业的任何经营，获取 50%的股权。

小罗、小林第二天就去工商局登记，小林占 50%的股权，小罗的创业团队占 50%。可是，随着企业的发展，小罗心里开始出现不平衡：有钱的“土豪”小林什么都不干，便可以获得 50%的收益，而自己拼命干活的创业团队却只能获利 50%。更严重的是，这一股权分配结构还影响到了后期的风险投资，投资人通过尽职调查后，发现企业是由一个什么也不参与的“土豪”说了算的时候，纷纷表示不敢投资。

上述案例告诉我们，创业不能唯资金至上，资金只是创业的一个方面，任何时候都不能认为只要有资金，就可以有一切。在股权分配上，仅出钱的合伙人不能拥有绝对控股权。在创业过程中，为了获取资金支持，可以接受一部分只出资、不参与企业经营管理的合伙人，但一定要与创业团队区分开，其所占股权最好不超过 15%。出钱的合伙人只出钱不出力，创业团队既出钱又出力，创业团队理所应当比只出钱的合伙人重要，这样才合理，才是创业投资的逻辑。

第四，早期的普通员工。

初创企业为了激励员工，常常会给跟随自己创业的员工每人分一定额度的股份。这样做看起来似乎很人性化，但效果不一定好。因为大多数普通员工并非最佳合伙人，他们关注的也许就是自己的工资，能得多少分红，对股权的价值缺乏认识，或根本就不看重。再加上早期员工的流动性比较大，而员工股权的管理成本很高，对方一旦离职，造成的损失也很大。

已经有很多事实证明，对于初创期企业，给早期普通员工股权，其激励作用非常有限，甚至有的员工可能会因为分配不均而与创始人分手。因此，企业可以在发展初具规模、业务明朗之后，再考虑普通员工层面的股权激励。创业初期的股权价值很高，不能随意分配，应该用在真正可以为企业未来创造价值的核心员工身上。

3.6 隐性要素：合伙人是否与配偶间存在创业股权分离协议

出资并且参与企业运营管理的股东又可以称为合伙人，然而，合伙人的配偶往往容易被忽视，事实上这也是企业的隐形合伙人。根据我国《婚姻法》第十七条的规定：“夫妻在婚姻关系存续期间所得的下列财产，归夫妻共同所有：(一)工资、奖金；(二)生产、经营的收益；(三)知识产权的收益；(四)继承或赠与所得的财产，但本法第十八条第三项规定的除外(即遗嘱或赠与合同中确定只归夫或妻一方的财产)；(五)其他应当归共同所有的财产。”其中也包含股权，除非夫妻间另有约定。

根据中国民政网公布的近些年的婚姻数据显示，我国的离婚率逐年上升，而创业群体的离婚率更是比平均水平要高。创业群体离婚将会直接导致企业股权的结构发生变化，比如土豆网创始人王薇正是由于离婚事件而导致土豆网的上市时机受到影响，最后造成严重后果。

不仅仅是创始人，合伙人也会受到影响。因此，为了保障企业股权架构的稳定，可以考虑通过以下 4 种方式来处理合伙人离婚时的股权情况，如图 3-8 所示。

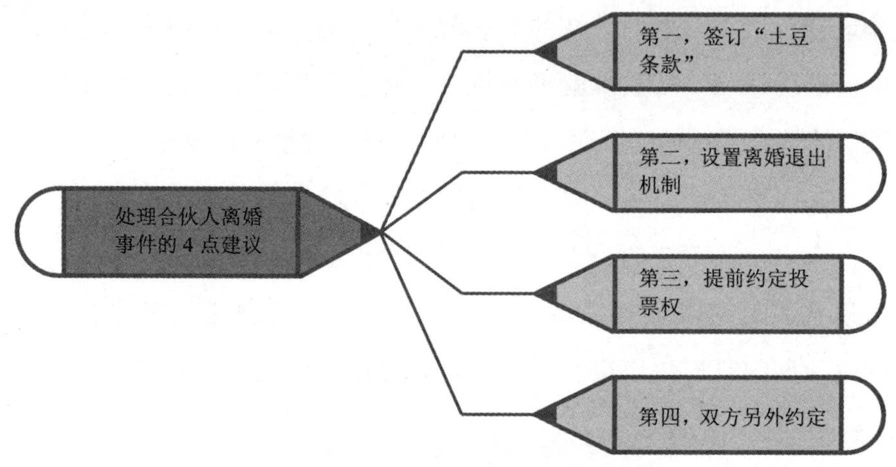

图 3-8　处理合伙人离婚事件的 4 点建议

第一，签订“土豆条款”。

在土豆创始人离婚事件发生后，许多企业都要求合伙人签订“土豆条款”，也就是配偶签署同意函，要求另一半放弃企业股权权益。根据实际情况来看，不少合伙人都签订过。从情理上不得不承认，这一条款对配偶并不公平，因此能够签下来这一条款，背后其实也需要付出某些代价的。

第二，设置离婚退出机制。

也就是说，在合伙人离婚时，相当于触发退出条款，企业可以根据双方事先约定的价格将股份回购。一般来说，如果企业属于有限合伙持股平台，而且约定回购的价格相对合理，这一机制的设置还是具备操作性的。如果设置离婚退出机制，需要考虑两方面的问题。

一方面，离婚其实也属于私事，无论合伙人是主动离婚还是被动离婚，有的合伙人还具备很强的经营管理能力与心态，如果因为离婚而被动退伙，是否值得？

另一方面，如果想让合伙人离婚后再回归，让其离婚后再买入，那么这些要求是不方便直接在书面上签订的。另外，还会存在配偶之间恶意串通的可能性。

因此，回购价格应当如何设置，是一个很复杂的问题。退出定价在后续章节会详细介绍，而在此强调的重点在于，由于设置离婚退出机制会涉及配偶这一第三方利益，因此不排除配偶之间恶意串通的风险。

第三，提前约定投票权。

也就是说，配偶在可以享有股票的情况下，也仅能获取相应的收益权，投票权作废或另行约定。

如果选择提前约定投票权，在此提出建议，约定的股票分配权应当是限定于婚内股权的价值。举个例子，小 A 投入 10 万元到 B 公司，并且持有股份 10%。两年后，小 A 与其配偶离婚，当时企业的市值已经达到了 1000 万元。又过了两年，企业市值达到 1 亿元，小 A 选择在此时抛售股票。这种情况下，如果没有约定明确的分配时间，那么小 A 应该分给配偶 50 万元(刚离婚时的市值决定)还是 500 万元(抛售时的市值决定)？这很难界定。

第四，双方另外约定。

原则上来说，股权也属于夫妻双方共同财产，但合伙人与配偶也有另外约定财产归属的权利。因此，双方可以提前约定能够共同接受且不影响企业股权结构的条款。

另外，还有一点值得提一下，很有可能夫妻双方都持有企业股份。这种情况下，双方协商后可以各自处理相应的股份。如果协商失败，那么委托评估机构来对股份进行估值，再由法院判定，也是一种可行的方式。

3.7 案例——李国庆夫妻共同创业与当当网的失势

作为中国电商的首批优秀代表，当当在近几年来的声势可谓是一潭死水，甚至在 2018 年曝出将被海航云集市收购的消息。李国庆夫妻作为当当的创始人，曾经被誉为最佳创业夫妻代表，然而实际情况却未必如此。

频频拒绝巨头进入

李国庆是北大高材生，1996 年与俞渝相识，并且迅速闪婚结为夫妻。1999 年，两人创立了网上书店当当，李国庆任职 CEO，俞渝任职董事长。

随着当当的发展壮大，不断有专业机构想要入股，其中包括一些行业巨头，但李国庆夫妇都没有同意，理由是二人想要把握住当当的控制权。

比如，在 2004 年 1 月，亚马逊提出收购当当 70%～90%的股份，并且价格区间在 1 亿～10 亿美元，只要求对当当持有绝对的控制权，但李国庆夫妇拒绝了。

对此，李国庆曾表示："2004 年我们的销售才 1 亿元，亚马逊要收购我们，说我们值 1.5 亿到 2 亿美元。当时我们两口子在当当占有 50%的股份，卖了就能套现 5 亿人民币。俞渝兴奋地在厨房里来回走，我们很纠结。后来我决定不卖，想着再做三四年以三四亿美元再卖给亚马逊。"

美国时间 2010 年 12 月 8 日，当当以中国 B2C 第一股的成就在美国上市，股价从 13.91 美元迅速上升到 29.91 美元，市值也因此而达到 23 亿美元。这种情况下，李国庆庆幸自己当初没有将股权卖给亚马逊。

然而，成功上市却不代表能够顺风顺水，反而是让有心人看到了这一赛道的价值，加剧了该领域的市场竞争。最后，京东通过持续加码，最后反超当当，而当当市值严重缩水，无奈之下，在 2015 年选择私有化退市。

除了亚马逊，百度也曾经想要投资当当，但最终在占股比例、交易价格方面没有协商好，双方无疾而终。2014 年，当当再次获得巨头的青睐。腾讯提出要入股当当，如果李国庆夫妇选择接受，或许当当的命运发展将会不一样。腾讯收购当当 33%的股份，并且将好乐买交由李国庆夫妇管理，但李国庆无意接收好乐买，也仅愿意出让 25%的股权，并且还希望腾讯将提供 2 年的免费流量这一项目写到合同中。当然，腾讯最后也没有进入当当。

虽然与当当没有谈妥，但是腾讯随后用 2.14 亿美元入股京东，占普通股的 15%，同时将拍拍网和易迅网交由京东打理，而京东现在获得的发展自不必多言。

俞渝的优势是擅长资本运作，因此在当当内部的融资等事项由其处理，然而她却没能充分发挥自己的优势。因为在竞争对手不断融资、壮大自己的过程中，俞渝反其道而行之，常常“躲着”融资的到来。有人分析表示，这主要是因为李国庆夫妇怕丧失对当当的控制权。

夫妻共同创业，苦不堪言

当当曾经的发展可谓是风头无量，然而当前可以说是“无人问津”。相关专家表示，当当在当前虽然尚未跌入谷底，但也不远了。

根据相关数据显示，在上市之初，当当在 B2C 领域的市场占有率高达 9.2%，然而发展到 2017 年第三季度，这一比例仅为 0.4%。

当当的市场占有率不断减少，其中的重要因素便是高层决策缓慢，使曾经具备的竞争优势丢失了。

电商分析师鲁振旺分析道：“当当掉队最大的原因是李国庆和俞渝分权导致的，两人在一些重大决策上，容易出现分歧，造成内耗，错失了发展黄金期，也就失去了机会，目前的当当看不见任何希望。”

另外，也有已经离职的当当中层员工针对当当的没落而发表意见：“每一个公司都有创始人的特征，每个创始人都有年代的思维模式，李国庆和俞渝是 60 后，在战略制定上有一定的滞后。内部一有创新的想法，就要通过层层讨论，考虑多长时间能盈利，如果失败了怎么办，最后就拖没了，很多事情都是这样，卡在管理层意见不统一。”

事实上，不仅仅是外界评论，李国庆夫妇也对二者的合作创业表示，如果还能重新选择，两位是不会再合作共同创业的。对于他们来说，夫妻创业带来了很多问题。李国庆表示：“我们弄了一堆规则，回到卧室不谈工作，结果没说完，又回到厨房重新谈。谈得激烈的时候又回卧室睡觉，我倒头就睡，她半夜三更还在翻来覆去。有时候，我一翻身，她以为我醒了，又和我谈。”两个人的意见难以统一，并且都很强势，都难以说服对方。李国庆想要引进新业务或者与企业运营相关的事情，会花费很多时间与俞渝沟通，实在无法统一的情况下，就推迟三个月继续谈。

比如，李国庆想在当当加入服装品类，俞渝持反对态度，认为会影响财务表现。通过不断说服与磨合，最后采取了折中方法，即第一年亏损不能超过 1000 万元，俞渝才松口。然而，电商市场的花费是十分大的，服装品类更不用说，不投入足够的资金，很难达到相应的效果。一方面想要发展，另一方面又设限，这种情况只会导致当当虽然花了钱，但是花的钱不够，出现了没有效果的局面，即使在后来的原创文学、数字等业务上，也是一样的。无奈之下，李国庆夫妇开始分工合作，各管各的。

架构调整，俞渝掌权

针对双方的情况，李国庆夫妇的儿子建议让做事深思熟虑的俞渝来对当当进行运营，而开创性强的李国庆则主管新业务，李国庆夫妇最后确实也按照其建议来划分管理范围了。

2015 年，当当针对电商、数字阅读等领域成立创投基金，由李国庆掌权。李国庆也曾表示，创投基金相当于自己的二次创业。然而，接手的这几年来，李国庆并没有投到一些“好苗子”。

在当当内部，俞渝曾经是掌控财政的，划分业务后又加上了全面运营的权力。2018 年 1 月，当当对组织架构进行调整，部分情况如图 3-9 所示。

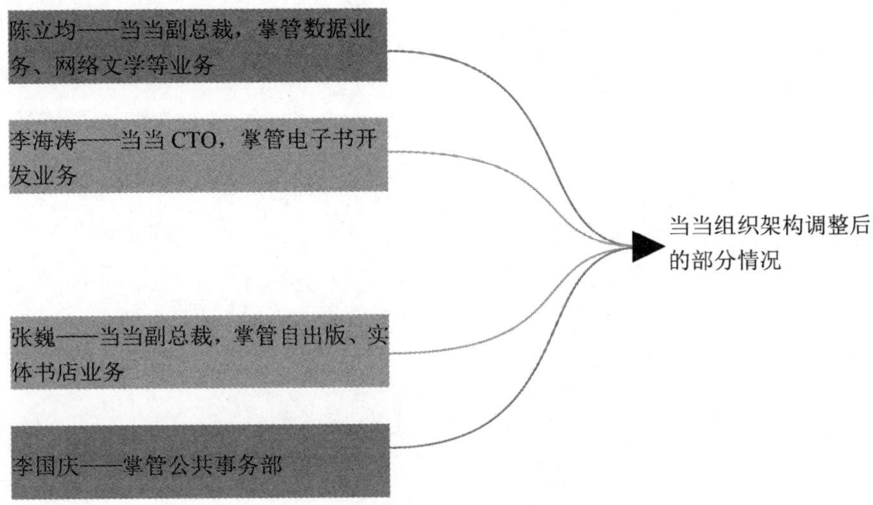

图 3-9 当当组织架构调整后的部分情况

从以上分配可以看出，李国庆曾经掌管的新事业群功能已经被分离了，李国庆在当当的话语权大幅度降低。从另一个角度来看，也就意味着俞渝大权独揽。

第 4 章

动态股权机制：长保开放型组织发展活力的法宝

人们常常将股权比作是企业的心脏，如果在一开始股权设置便已经出现问题，那么这一问题无疑是企业的“先天性心脏病”；如果企业能够在发展过程中针对不足而不断改进，那么“病”也有被治愈的可能性，这便要求企业充分熟悉和运用动态股权机制。

4.1　寻找合伙人：股权合伙人的常见类型与团队组盘

对于企业而言，合伙人既是所有者，又是管理者，同时还是企业的责任人，企业责任以及企业债务都需要合伙人来负责。

比如，2014 年，万科集团作为中国房地产业的龙头企业，召开了一场会议，这场会议相当亮眼——合伙人创世大会。在这场会议中，万科集团设置的万科事业合伙人共计 1320 人，这些人都是来自万科集团的中高级管理人员。在会议上，万科集团总裁郁亮喊出了一句铿锵有力的口号："职业经理人已死，事业合伙人时代诞生。"

与此同时，阿里巴巴之前一直在与香港证券交易所交涉，但因为阿里巴巴的"合伙人"制度，迟迟无法上市。最后，阿里巴巴因为不想放弃"合伙人"制度，从而放弃了在香港证券交易所上市的机会，转到美国的纽交所的怀抱并且实现上市。除此之外，新东方董事长俞敏洪在自述中也曾经表示："我是怎么被'中国合伙人'的。"

想要对合伙人制度有一个清晰、充分的认识，那么一定要深刻认识到以下 3 个问题，如图 4-1 所示。

在这里，我们为大家介绍最常见的 5 种合伙人制度，希望能够对大家认识以上问题有所帮助。

第一，内部业务合伙人+合伙人内部创业。

这种制度对公司来说是十分有利的，因为内部合伙人可以分担公司中的很多事务，他可以将公司的业务规划作为依据，去筹备相关的业务，甚至还能够去拓展相关的业务。内部合伙人还需要负责激励业务单元，以及负责监督业务单元能够完成目标，具体的规定可以参考《公司发展规划及内部创业计划》。

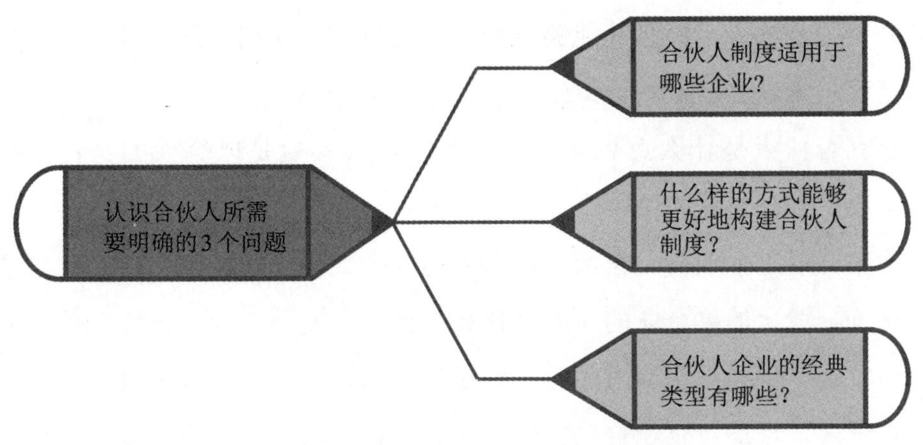

图 4-1 认识合伙人所需要明确的 3 个问题

另外，所谓合伙人内部创业，其实是一种合伙人鼓励机制，它指的是将某个经营平台作为基础，对合伙人进行鼓励，使其在独立的业务体系或是独立的业务单元之中进行创业，这种机制能够很好地实现“公司内部人才的创业型成长”。

第二，业务合伙人+创始合伙人。

这种制度对于那些轻资产类公司以及咨询公司较为合适，因为这类公司在运营方面不需要投入太多的资金，所以这类公司的合伙人最主要的竞争力其实是人才。在各合伙人都出钱的前提条件下，会根据合伙人自身的贡献值以及专业技能等情况换算成一定的股份，成为公司的原始股东，其实也就是创始合伙人。

业务合伙人+创始合伙人制度主要有两个方面的好处，一方面能够让组织具有更强大的战斗力，在项目运作以及业务发展方面，具有更强的凝聚力；另一方面，对于那些后来才加入企业，但是成为企业的核心人员来说，能够让他们享受到经营收益方面的红利，同时也能够让他们具有主人翁意识，更好地经营公司。

第三，分公司合伙人+独立合伙人。

这种制度较为特殊，随着公司的不断发展，内部合伙人可以转型成为连锁分公司的合伙人，并且其能够在分公司中持有一定的股份，分公司所在区域的经营业务都由分公司合伙人负责。

独立合伙人是什么意思呢？所谓独立，其实就是以个人的身份进行合作，不会受到公司过多的管束，但是在双方合作的项目中，需要通过公司化的方式来开展这个项目。在项目收入方面，个人与公司之间会通过比例的方式来进行分成。如果企业的内部合伙人想要自己发展，那么内部合伙人可以与公司签订一份独立合伙人的协议，在这之后，内部合伙人的身份就转变成独立合伙人，直接对企业最高领导者负责，自负盈亏，双方通过平等协商的方式来开展工作。

以酒类行业为例，当前使用这种分公司合伙人模式的典型案例是 1919 的省级分公司合伙人。这种模式有两个方面的好处，一方面能够将合伙人区域资源释放出来，另一方面能够通过双方共同努力，使得平台能够做大。不仅如此，这种模式还能够将更多的独立自主的经营空间赋予分公司合伙人，还可以借助总部职能来帮助提升分公司的管理水平；让总部能够与各个分公司相互协调，共同组成一个统一的经营架构；省级分公司的合伙人还能够借助出让股权的方式，将分公司区域范围内的社会资源整合起来，从而帮助分公司的二级、三级合伙人得到更大的发展，将所有的资源整合起来，一起对公司进行管理，共同经营公司，使得公司的经营架构能够成为经营核心层全体合伙人的模式，进一步将公司所有人的心凝聚在一起，共同努力，使公司得到更大的发展。

第四，发展二、三级合伙人。

这种模式是由公司合伙人负责对业务团队进行核算，在获得合伙人会议批准之后，公司合伙人能够在自己的股权范围内去发展二、三级合伙人。从某种程度上来说，这种发展模式能够发展成为全员合伙人的模式来对公司进行经营，在不同的股权架构中，每个合伙人都能够得到与自己的合伙人等级相对应的收益。

第五，“合伙人制+天使投资+股权众筹”。

只要时代发生了巨大的变革，那么肯定会有全新的制度诞生。上一次时代的巨大变革是工业时代的出现，随之而来的是股份制的诞生以及蒸汽机的诞生。前者是制度上的创新，后者是技术上的创新。如今这个时代的巨大变革，是新经济时代的出现，随之而来的是大数据、互联网、云计算方面取得的巨大突破，尤其是新一代信息技术取得了很大的发展，并且还一直在突破。除了技术方面的创新外，制度方面的创新更为重要，这个时代出现了一种全新的股权众筹模式。

我们大胆猜测，在未来的创业模式中，“合伙人制+天使投资+股权众筹”是最主流的模式。为什么我们会做出这样的猜测？为什么敢肯定这种模式会成为主流呢？下面来为大家一一解答。

我们可以将自然生态系统比作创业生态系统，前者的营养层以及腐殖层越好，植物就能够生长得越好。天使投资在后者中就相当于“营养层以及腐殖层”。在我国的中关村，活跃的天使投资人有1万多人，这其中还包括275家上市公司的中层员工、高层管理人员，甚至是公司的创始人。正是这些人的存在，才使得中关村到今天为止依然能够保持着十分活跃的创业激情。

实际上，这个数量其实还是不足的。在美国，天使投资人的数量高达35万人，因此首先应该希望我国的天使投资人数量能够提高，有更多的天使投资人出现在中国的这片土地上，尤其是那些高校教授，大家渴望他们能够成为天使投资人，去帮助学生进行创业。其实对于现代公司治理理论来说，合伙人制的诞生也引起了一场革命。

中国的许多创业企业都是如此，其中还包括上市公司，比如京东这家公司，该公司的第一大股东其实是腾讯，但是腾讯将它的投票权赋予了刘强东。除此之外，还有很大一批企业也是同样的情况，投资方为公司提供了大量的资金，支持企业的创新发展，但是投资方并不掌握表决权，而是将其赋予创始人或合伙人。

4.2 动态股权：动态股权相比于静态股权的绝佳优势

动态化股权架构模型是在预先划定企业利益相关者所持有的静态股权比例的基础上，综合考虑利益相关者各方面的表现，对静态股权比例进行增减，总体来说是按资分配与按绩分配相结合的架构模型。动态化股权架构模型每年都根据利益相关者的综合表现进行计算，是一种直接对利益相关者做出的贡献的回馈，很好地保证了其经营业绩与其收益挂钩。

进行股权激励一定要奉行一个原则——长期动态优化原则。因为有太多的不合理因素存在于静态股权的操作过程中。在公司的发展过程中，如果没有一个有效的激励机制，那么很有可能会出现各种各样的障碍。在这里，我们为大家介绍一些静态股权方面的问题，以及动态股权对这些问题的解决方法，以供大家参考。

第一，动态股权解决静态股权中所存在的控制权风险以及没有从长远的角度来考虑股权结构等问题。

某生物科技公司是由三人共同创立的，他们的持股情况分别是陆某持有该公司 75%的股份，杨某持有该公司 20%的股份，韩某持有该公司 5%的股份。这三人中，陆某与杨某是夫妻关系。自成立以来，公司一直高速发展，前途一片光明。在公司不断发展的过程中，公司的创始团队也做出了很大的贡献，因此陆某、杨某、韩某三人共同决定通过股权激励的方式，对创始团队中的 7～8 名员工进行激励，释放的股权为 15%，当时他们选择使用自然人持股的方式。

好景不长，在经过了一段时间后，陆某以及杨某夫妻之间因为一些琐事，导致感情方面出了一些问题，最终离婚。就算如此，陆某对于公司仍然是尽心尽责，一直想着公司的发展，他想将国外的几个代理品牌生产线引入国内，从而使生产力得到提高。但是这件事情必须投入很多的资金才能够完成，为此陆某可谓是煞费苦心，最终他决定通过融资的方式获取这笔资金。陆某亲自与经销商进行谈判，在一番讨价还价之后经销商决定为陆某提供这笔资金。

陆某以为这件事情大功告成，但令他意想不到的是，因为自己与杨某离婚，杨某心里一直有怨恨，所以杨某在公司中煽风点火，她跟员工说，如果引进经销商的融资，就会导致员工手里的股权被稀释，从而使得员工们的利益受到影响。她还告诉员工们，在员工大会中否决陆某融资的提议。

因为杨某在公司中具有一定的地位以及威望，员工们就听信了杨某的话。在股东大会中，韩某放弃了投票权，投否决票的股东比例达到了 35%。由于增资属于重大决策，我国的公司法规定重大决策必须经代表三分之二以上表决权的股东通过方可执行，最终结果就是，陆某的这个计划只能被暂时搁置了。

假如在最开始的时候，陆某对员工进行股权激励，并没有将这 15%的股权一次性赋予员工，而是通过分阶段、动态的方式将这 15%的股权赋予员工，或者是通过别的方式将公司的股份间接授予激励对象，例如建立持股平台等方式，那么像这样的情况就绝对不可能出现，也可以将控制权牢牢掌握在自己手中。

第二，静态股权中所存在的分配不公的问题可以通过动态股权的方式得以解决。

“各自为政”这个成语出自《左传·宣公二年》。公元前 607 年，宋国和郑国打仗，宋国主帅华元在作战之前杀羊犒赏部下，但没有赏给他的御者。这个御者怀恨在心，等到作战的时候，他为华元驾车，说：那时赏羊是你为政，今天赶车就是我为政了。说着就把车赶进了郑国的阵地，使华元成为郑国的俘虏。

各自为政这个成语的意思就是人们各自根据自己的想法来做事，不考虑全局，也不考虑合作。从这个故事中可以感受到一定的道理，从而引出一个问题：通过静态股权的方式激励员工是否公平？有没有可能导致好心做坏事？如果通过静态股权的方式将股权分配给员工，将3000股、5000股直接授予某一个员工，其他员工是不是有可能会感到不满意？这个问题是肯定的，因为其他的员工没有一个明确的标准，他们不知道要通过什么样的方式才能够得到这些股份，也不知道达到了什么样的标准才能够得到这些股份，也不明白为什么那位员工可以得到如此多的股份，自己什么都没有。这种情况下，最终可能会导致公司出现内斗，也就是我们所说的好心做坏事。

如果企业使用动态股权的方式来对员工进行激励，结果可能会完全不一样，因为这种方式所追求的并不是某个时点的公平，动态股权所追求的是在某个时段的公平；前者其实是存在着很大争议的，而且相当不合理，后者相对来说较为合理。如果将这个时间段设置为一年、三年、五年甚至是十年，那么在这个时间段中，我们可以通过各种灵活的方式进行调整以及完善，就算是最开始的时候的确有些地方是不公平的，但是可以通过一些方式去弥补，去进行动态调整，确保在设置的这个时间段中是相对公平的。

第三，静态股权中所存在的激励过度或者激励不足的问题也能够被动态股权解决。

曾经有两个渔夫，他们决定一起去湖上捕鱼，两个渔夫各带着一只鱼鹰，渔夫套了个环在鱼鹰的脖子上，其中一个渔夫把环套得很松，另一个渔夫则套得很紧。结果如何呢？前者的鱼鹰在捕到了一只大鱼过后，就不再捕鱼了，因为它已经吃饱了。后者的鱼鹰因为环过紧，从而导致大鱼小鱼都没有办法吞下去，从而使得这只鱼鹰因为吃不到鱼，活生生地饿死了。

静态股权激励的方式就和故事内容差不多，如果激励过度，就会导致员工手持股权，坐等分红；如果激励不足，就会导致员工没有积极性。例如，员工们在拿到股权一段时间后，仍然努力干活。又过了一段时间，员工们干起活来变得十分随意，但仍然能拿到分红。过了很长一段时间后，员工们直接就不干活了，但是他们依然可以得到分红。

实际上，通过股权激励的方式，已经将股份发给了员工，员工也得到了分红，自然十分高兴，但是对于企业来说没有任何好处，甚至还会倒退，导致这种情况的原因就是只有激励而没有约束。使用动态股权激励的方式就不会有这样的情况，因为这种方式是将多个不同的维度作为依据来确定激励的员工的标准，如职能等级、岗位价值以及综合能力等方面。

除此之外，动态股权激励还会进行动态调整，在不同阶段使用不同的激励方式，确保激励能够达到很好的效果，这个优势是静态股权没有的，静态股权无法起到约束作用。动态股权激励的出发点是公司的实际情况，通过建立动态股权机制的方式可以帮助企业在不同的发展阶段将人力资本的价值给最大限度地发挥出来。

4.3 机制设计：动态股权分配机制设计实战方法

从本质上来讲，期权与股权是具有很大差别的。前者是属于未来业务增长的成长收益，而后者体现的是公司先前发展的结果。实际上，将股权赋予员工其实并不属于激励，而是奖励，将期权赋予员工才属于激励，合理分配期权就是动态股权的关键之处。

在设置动态股权分配机制之前，企业需要知道以下 4 个创业股权中的“坑”是一定要避开的。

第一，将未来的期望作为依据来对股权进行分配。

在创业的时候，这个“坑”是最有可能陷入的。在公司刚刚创立的时候，就根据未来的规划来对股权进行分配，从而导致在公司稳定了之后，股东之间的股权难以进行调整，甚至是根本不能调整或者是因为股东之间进行调整产生了较高的成本。例如，在最开始的时候，公司的股权结构为 35%、33%、32%，即“三足鼎立”形。在经营过程中，持有 33%股份的股东对于经营公司十分懈怠，甚至是根本不管，在这个时候，别的合伙人想要让这个股东退出的难度不言而喻。

第二，占便宜的事情是不可行的。

举个例子，由于宋某为某个朋友提出了一些建议，使这位朋友在创业的时候，极力邀请宋某参与其中，并且承诺将公司 10%的股权授予宋某。然而，宋某觉得自己是不可能全身心地参与到创业中的。

如果单单是因为一个人提出了几个建议就拿到了公司 10%的股权，那么肯定会导致创始人创业的成功率较低。从表面上来看，宋某轻而易举就拿到了该公司 10%的股权，捡了个大便宜，如果这件事情导致别的合伙人的积极性受到影响，就会进一步使得该公司创业的成功率受到影响，是得不偿失的，也是不可行的。

第三，静态股权分配其实并不科学。

在企业刚刚创立的时候，发展情况是极不稳定的，如果想要通过一劳永逸的方式对股权进行分配，那么很可能会对后进股东以及贡献度逐渐提高的股东造成一定的损害，也有可能导致对新合伙人以及新股东的吸引力降低。

第四，没有真正理解谁是创业核心。

通常情况下，一个商业创意就能够诞生出一个公司，大多数情况下是由该商业创意的提出者发出号召，吸引合伙人来共同成立公司。然而实际上提出这个商业创意的人与企业最终的实际管理者以及精神领袖有可能并不是同一个人，导致这种情况的根本原因是，在刚刚成立公司的时候，该公司的领导者是谁、创业核心股东是谁，没有一个人知道。

在实际操作中，动态股权分配机制的程序，主要由以下 7 个步骤组成，如图 4-2 所示。

第一步，必须有一位明确的初始团队领导，并由其负责牵头来组织大家进行协商，除此之外，还需要这位初始团队领导来建立动态股权分配机制。

第二步，开始注册公司，并决定公司的股权结构。

第三步，设立一个股权里程碑。

第四步，对各个环节进行分解，找出关键之处，并确定贡献值计算标准，确定贡献点。

第五步，制定回购机制和相关的细节，从而确定“计算模型”以及“契约”。

第六步，不断地将贡献值记录下来，并公布于众。

第七步，将阶段性成果展现出来，把贡献值变为股权。

图 4-2　动态股权分配机制的程序的 7 个步骤

另外，动态股权分配设计机制必须遵循一定的原则来进行，否则很容易功亏一篑，具体表述如下。

第一，能够做到可进可退。

实施动态股权分配方案能够做到随时让具备真材实料的人参与进来，也能够做到随时让那些能力不足或是时间精力不充沛的合伙人或者股东退出，即可进可退，确保初创企业保持公平以及提高效率，使得创业的成功率得到提高。

第二，保证公平公正。

实施动态股权分配方案的主要目的就是能够将公司的所有员工为公司做出的贡献公平地体现出来，否则很有可能陷入“不患贫而患不均”的死循环中。股权动态调整要做到让公司中的每一位员工切实体会到公司文化的公平，只有这样才能够将每一位员工的发展积极性激发并充分调动起来。

第三，要能够将阶段性成果展现出来。

对股东来说，他们付出后肯定是要有回报的。公司所处的发展阶段不一样，存在的风险也不一样。如果公司获得了阶段性成果，应该要给予股东一定的回报，从而能够对股东进行激励，使他们能够继续保持创业的激情。

第四，可以充分体现出各种资源的价值。

如果一个初创企业想要成功，就必须做到天时、地利、人和。一个初创企业不仅仅要有启动资金，还需要具备一定的执行力以及技术能力，除此之外，还需要有良好的团队配合以及充分的时间投入。这些都是资源，都是能够帮助企业发展的基础资源，所有实施的动态股权分配应该体现出各种资源的价值，从而对股东进行激励。

第五，要具有一定的可操作性，千万不要过于复杂。

初创企业应该将效率作为重中之重，要把效率放在第一位。如果设计过于复杂的动态股权分配方案，就会导致效率降低，最终导致方案无法实施，甚至有可能导致创业合伙人的负担更重。

第六，要有回购机制。

这是为了让动态股权分配方案实现可进可退而做出的特殊规定，主要目的就是帮助公司中存在着的部分持有股权，却无法为公司做出任何贡献，甚至对公司经营不管不顾的合伙人实现退出。因此，一定要建立一个回购机制，并且还需要有明确的回购时点、回购条件以及回购价格。

第七，不要出现不必要的费用。

通常情况下，股权设计机制会涉及许许多多的费用，如税费等。初创企业并没有太多的资源，因此在设计股权分配方案的时候，千万不要有太多不必要的费用产生。

第八，要做到合法化、契约化。

动态股权设计方案必须通过书面的形式记录下来，使得该方案成为一份契约，每一位合伙人自愿签署，从而做到契约化，并且一定要合法化，也就是一定要符合我国相关的法律法规。

第九，动态分配工作其实是动态调整的过程。

每个企业的情况都是不一样的，每一个阶段的情况也是不一样的，因此，从短时间来看，股权分配是稳定的，但是从长时间来看，股权分配其实是动态调整的，因为动态调整才能够满足企业的不断变化，确保股权分配的科学性以及合理性。

第十，一定要有人牵头。

一定要有人牵头，并且一定要每一位创始人都参与其中，还需要达成共识。每一位创始人都参与其中并且达成共识是最基础的，这样才能够使设计出来的股权分配方案合理、科学。亲自参与并取得共识是制定一套科学合理的股权分配方案的思想基础，这里需要强调的是所有创始人均须参与。

第十一，股权分配机制一定要及时更新，并且要做到公开透明。

一个优秀的股权设计方案绝对是公开透明的，对此，我们可以参考一些著名的股权设计案例，如慧聪、华为等公司的股权设计案例。如果分配方案不能做到公开透明，那么很难对股权的价值进行衡量。

4.4 成员退出：合伙人退出机制设计的关键点

企业在发展过程中，难免会遇到合伙人出现波动的现象，尤其是对持有企业较多股份的合伙人而言，如何将其手中股份进行处理、无缝对接其业务等，才是更重要的问题，以此来进一步避免合伙人股权问题导致企业经营发生波动的现象，这便要求企业提前设计好完善的合伙人退出机制。

第一，及早落地股权兑现。

在初创企业融资的早期，分阶段兑现股权以确保团队的稳定性，是促进公司发展的有效手段。在我国当前的市场上，最常见的兑现手段是合伙人持有的股权在 4 年内分 4 次兑现。也就是说，每当合伙人在初创公司工作满一年，他所持有的四分之一的股票就会被解锁，成为普通股，从而得以兑现。

股权分期兑现限制了合伙人的股权处置权限，但不影响合伙人的投票权与股息红利。如果合伙人提前退出公司，公司将收回尚未兑现的股权，对于已经兑现的股权，视合伙人的离职原因，不同企业也有不同的处置方法。

除了合伙人的股权分配外，股权分期兑现的条款还常常出现在企业和风投机构的融资文件中。一些创业者认为，这种条款是为了保护投资者，事实并非如此，股权分期兑现的最大受益人其实是企业和创业团队。如果一家企业有多个联合创始人，并且有创始人在中途想要退出公司，除非有股权回购机制，否则离开的创始人带着股权走了，留下的创始人还要为他无偿工作，这明显是不公平的。

例如，一家食品公司最初的注册资金只有 50 万元人民币，其中一位出资 20 万元的合伙人占了公司股权的 40%。6 个月后，该合伙人退出了公司。由于该公司尚未制定分阶段兑现的股权分期和回购机制，《公司法》中也没有具体的规定，导致该公司无法以合理的价格回购股权。

以上是一个没有股权分期兑现机制的创业团队的案例，这种情况将给企业发展造成重大损失。在当前的市场条件下，大多数的初创企业规模较小，注册资本普遍不高，50 万元左右便可以成立一个企业。初期的资本贡献只能解决企业最基础的资本问题，管理团队则为企业的发展做出了更加重要的贡献，创业团队的经营管理是项目取得工作成果的主要因素。为此，初创企业要发放限制性股权，并设立股权的分期兑现机制，将限制性股权的兑现条件和服务年限挂钩。

创业合伙人之间需要签署书面协议。预先设计好股权的分期兑现机制，一旦有创始人中途退伙的情况发生，企业的剩余股东可以以预先商定的价格回购离职者的股权，防止企业人财两空，也防止创始人股东过早离开，不劳而获。

大多数情况下，根据企业的商业模式和行业领域的不同，股权分期兑现的方式也不尽相同。总体来看，有以下 4 种通用的分期兑现方式，如图 4-3 所示。

以上 4 种兑现方式的前提条件，是合伙人在企业的服务年限最低也要满足一年。为企业服务的时间越长，获得的股权收益也就越多。利用这种股权分期兑现的方式，将创业合伙人和企业的发展牢牢地绑在了一起。

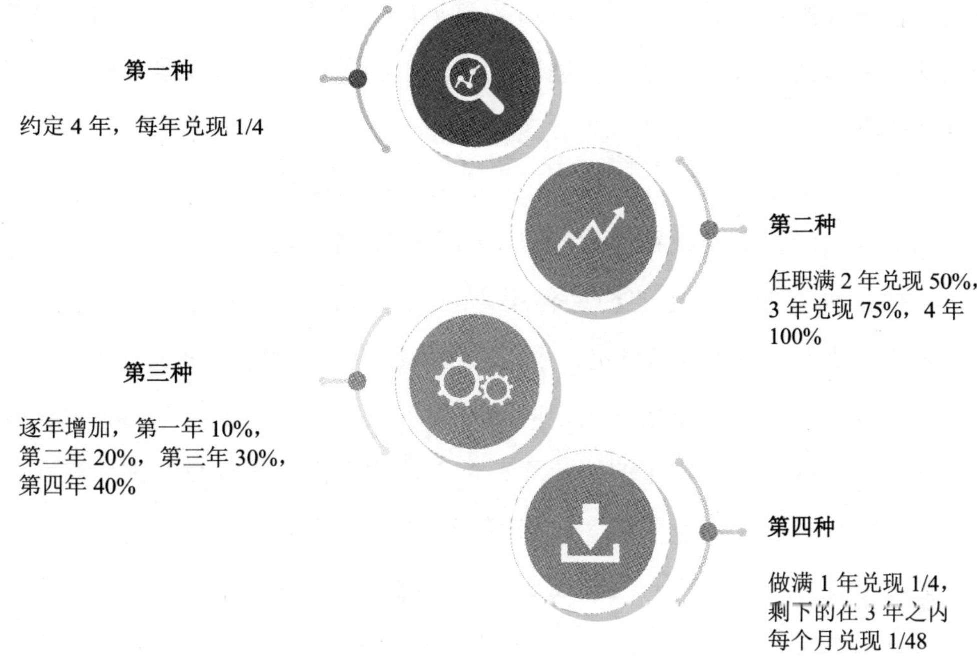

图 4-3 股权分期兑现的 4 种方式

此外，股权分期兑现的另一个重要作用是，避免因创始人离职而引起不必要的股权纠纷。无论是好聚好散，还是对簿公堂的争执，限制性股权的分期兑现都将最大限度地保证对企业的影响降到最小。

第二，设定合伙期限及高额违约金。

根据《合伙企业登记管理办法》的规定："合伙协议约定合伙期限的，合伙企业的登记事项应当包括合伙期限。"当然，这也意味着我国对于合伙企业的合伙期限并不是强制要求设定的，但是为了保险起见，合伙企业在创立之初，最好还是设定一个合伙期限。

原则上来说，企业合伙人是不能轻易退出的，但是难免会有一些意外情况，因此至少需要设定一个合伙期限，无论是 3 年还是 5 年，都需要将这一期限在合伙协议中进行明确约定。

通常情况下，如果在合伙期限内，企业合伙人是由于自身过错或者其他违反合伙协议规定等导致退出的，那么企业有权要求仅退还企业合伙人当初在入伙时所缴纳的本金，并且根据当时的银行利率予以利息补偿，但是不享有分红的权利。

如果在约定好合伙协议的情况下，企业合伙人不是由于自身过错或者企业过错等退出的，却不履行合伙协议中的合伙期限条款，那么这种情况下，高额违约金便能起到一定的约束作用。也就是说，除了约定合伙期限条款外，企业合伙人之间还应当设定一个更加重要的事项，也就是高额违约金。

在具体实践中，企业合伙人之间虽然约定了合伙期限条款，由于合伙人的不配合、不遵守当初约定的协议而产生争议的案例并不少见。因此，在企业的合伙协议中，必须有关于违约情况的条款。

也就是说，企业合伙人之间需要约定清楚，当合伙人不履行合伙期限条款、不执行约定退出价格时，合伙人必须对企业创始人、其他合伙人等负责，承担违约责任，赔偿企业创始人、其他合伙人等因其不遵守约定而遭受的损失。比如，根据折算损失情况，赔偿企业创始人、其他合伙人等 1000 万元等。

对绝大多数合伙人而言，高额的违约金能够起到非常不错的约束与震慑的作用，能够有效保证合伙人按照约定的合伙协议来进入实际操作层面。高额的违约金不仅能够有效防止合伙人中途无缘无故退出的情况发生，还能够帮助不符合企业发展要求的合伙人实现退出。

事实上，不少创始团队在发展的过程中，合作到某一阶段时，便出现了某一位合伙人由于种种原因与创始团队的契合度不足，其工作能力、资源等方面都没有达到预期。在这种情况下，通过合理的退出机制来帮助该合伙人实现退出，以此来达到双方满意的结果。通常情况下，合伙人的退出机制是针对个人制定的条款，对某位合伙人的分工、职责、工作目标等各方面来设定考核标准，并且通过合伙人是否达到考核标准来确定其是否应该退出。如果合伙人在没有达到标准的情况下，坚决不肯退出，那么高额的违约金在此时便可以起到一定的辅助作用，能最大限度地保证团队的正常发展。

第三，收购合伙人股权。

企业通过合理的价格回购分配给合伙人的股权，属于股权回购的范围，股权回购机制通常也适用于中途离职的合伙人。为了确保企业的稳定发展，维护企业创始人、其他合伙人的合法权益，我国的《公司法》对股权回购有严格的管理机制，要求出现以下情形的企业才可以进行股权回购，如图 4-4 所示。

《公司法》第七十四条

有下列情形之一的，对股东会该项决议投反对票的股东可以请求公司按照合理的价格收购其股权：

（一）公司连续五年不向股东分配利润，而公司该五年连续盈利，并且符合本法规定的分配利润条件的；

（二）公司合并、分立、转让主要财产的；

（三）公司章程规定的营业期限届满或者章程规定的其他解散事由出现，股东会会议通过决议修改章程使公司存续的。

图 4-4 《公司法》中关于股权回购的要求

以上法律规定主要维护的是异议股东的权利，但是企业的权利同样需要保护。在企业发展过程中，由于某些合伙人与企业的发展战略等存在异议，长期下去必然会影响企业内部的凝聚力，进一步影响企业发展。因此，在必要情况下，企业方可以与合伙人通过合理的股权回购机制来帮助双方达到一个较为理想的目的，通常情况下可根据以下 4 种划分依据划分为不同的股权回购方法，如图 4-5 所示。

1. 场内公开收购、场外协议收购

场内公开收购是将上市企业也看作投资人，由证券交易所的证券企业代替企业，根据企业股票的市价回购股权，这实际上是一种自我回购。

图 4-5　4 种划分依据可划分为不同的股权回购方法

场外协议收购是指企业通过与特定投资人的协商直接满足特定类型(如国有股票)或特定类型投资者的回购方法，协议的内容包括每股价格和回购数量的确定。这种方法的缺点是，其透明度相对较低，这与股票市场的“三公”原则不符。

2. 举债回购、现金回购和混合回购

举债回购是企业向银行等金融机构借款回购本企业的股权，现金回购是指使用盈余资金回购企业股票。如果企业既使用了剩余资金，又从银行或其他金融机构借款购回企业股权，则称为混合回购。

3. 债务股权置换

债务股权置换是购买与企业股票具有相同市场价值的企业债券进行股权回购。比如在 1986 年，Owens Corning(欧文斯科宁)以 52 美元现金和 35 美元的债券组合回购企业的股权。

4. 固定价格要约回购、荷兰式拍卖回购

固定价格要约回购是指企业在特定时间内以高于当前股票市场价格的售价回购股权。为了在短时间内回购大量股权，资金充沛的企业可以宣布固定价格要约回购，这样做的好处是，为企业的所有股东提供了出售股权的平等机会。如果回购金额不足，企业可以取消回购计划或者延长回购的有效期。固定价格回购是比公开收购更积极的信号，因为它的报价高于当前市价。然而，溢价的存在也增加了企业的回购成本。

第一次荷兰式拍卖回购出现在 Todd(托德)造船企业 1981 年的股权回购中。采用这种类型的回购方式，企业可以灵活地确定回购价格。在荷兰式拍卖股票回购中，企业首先指定回购价格的范围和回购的股票数量，股东竞拍，最后对全体股东提交的价格和数量进行汇总，确定股票回购实际购买数量和购买价格。

需要注意的是，企业在进行股权回购时是要承担风险的，在股权回购中，企业将使用现金资本或其他形式的资本回购发行在外的股权，回购结束后会导致股份持股结构的变化和股权资本的所有权变化。企业可能会加入新的股东，或原股东的控股力度有所增强。这种变化都会或多或少地影响到企业的平稳运营。

4.5 协议范本：经典股权合伙人进入、退出协议模板

合伙人进入协议模板

公司合伙人协议书

姓名：____________

住址：__________________

身份证号码：__________________

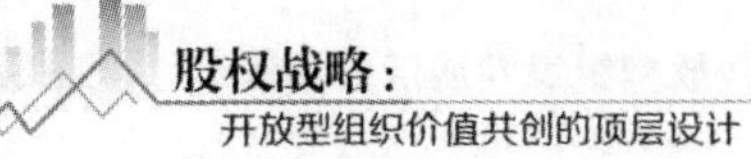

第一条 合伙宗旨：

第二条 合伙经营项目和范围：

第三条 合伙期限

合伙期限为__年，自__年__月__日起，至__年__月__日止。

第四条 出资额、方式、期限

1. 合伙人以__方式出资，计人民币____元。

2. 各合伙人的出资，于_年_月_日以前缴交至____。逾期不交或未足额缴交的，对应交而未交金额数按银行同期贷款利率计息并赔偿由此造成的损失。

3. 本合伙出资共计人民币_元。合伙期间各合伙人的出资为共有财产，不得随意请示分割。

合伙终止后，各合伙人的出资仍为个人所有，届时予以返还。

第五条 盈余分配与债务承担(公司合伙人协议书范本)

1. 盈余分配，以____为依据，按比例分配。

2. 债务承担：合伙债务先由合伙财产偿还，合伙财产不足清偿时，以各合伙人的__为据，按比例承担。

第六条 入伙、退伙，出资的转让

1. 入伙条件：①全体合伙人同意；②认可本合同约定的条款；③同意执行本合同规定的权利和义务。

2. 退伙条件：①有正当理由；②不得在合伙经营困难时退伙；③退伙需提前__个月书面告知其他合伙人并经全体合伙人同意；④以退伙时的财产状况进行结算，不论何种方式出资，均以金钱结算；⑤未经合伙人同意而自行退伙，给合伙企业造成损失的，应承担赔偿责任。

3. 出资的转让：转让合伙份额时，其他合伙人有优先受让权，如转让合伙人以外的第三人，须其他合伙人同意，第三人应按入伙对待，否则以退伙对待转让人。

第七条 合伙负责人及其他合伙人的权利

1. ____为合伙负责人。其权限是：

(1) 对外开展业务，订立合同;

(2) 对合伙事务进行日常管理;

(3) 出售合伙的产品(货物)、购进常用货物;

(4) 支付合伙债务;

(5) 其他。

2. 其他合伙人的权利:

(1) 参与合伙事业的管理;

(2) 听取合伙负责人开展业务情况的报告;

(3) 检查合伙账册及经营情况;

(4) 共同决定合伙重大事项。

第八条 禁止行为

1. 未经全体合伙人同意，禁止任何合伙人私自以合伙企业名义进行业务活动；如其业务获得利益，归合伙组织，造成损失据实赔偿。

2. 禁止合伙人经营与合伙组织竞争的业务。

3. 禁止合伙人再加入其他合伙。

4. 未经全体合伙人同意，禁止合伙人与本合伙签订合同。

5. 如合伙人违反上述各条，应按合伙实际损失赔偿。劝阻不听者，可由全体合伙人决定除名。

第九条 合伙的终止及终止后的事项

1. 合伙因以下事由之一的终止:

(1) 合伙期届满;

(2) 全体合伙人同意终止合伙关系;

(3) 合伙事业已经完成或不能完成;

(4) 合伙事业违反法律被撤销;

(5) 法院根据有关当事人请求判决解散。

2. 合伙终止后的事项：

(1) 即行推举清算人，并邀请中间人参与清算;

(2) 清算后如有盈余，则按收取债权、清偿债务、返还出资、按比例分配剩余财产的顺序进行。固定资产和不可分物，可作价卖给合伙人或第三人，其价款参与分配;

(3) 清算后如有亏损，不论合伙人出资多少，先以合伙共同财产偿还，合伙财产不足清偿部分，由合伙人按出资比例承担。

第十条 纠纷的解决

合伙人之间如发生纠纷，应共同协商，本着有利于合伙事业发展的原则予以解决。如协商不成，可以诉诸法院。

第十一条 本合同自签订之日起生效。

第十二条 本合同如有未尽事宜，应由合伙人集体讨论补充或修改。补充和修改的内容与本合同具有同等效力。

第十三条 本合同正本一式_份，合伙人各执一份，送___各存一份。

合伙人：(签章)

合同签订时间：

合伙人退出协议模板

合伙人退出协议

××有限公司(以下简称××)于××年×月×日正式注册成立。法定代表人：×××，注册资金为人民币：伍拾万元整(¥：500000.00 元)。××××是由××、××、××三位股东合资创办，股东××：占股份总额的××%；股东××：占股份总额的××%；股东××：占股份总额的××%。

公司自成立以来，由于经营管理不善，目前累计亏损×万元，由于自身原因×××提出退股请求，经股东会议研究，同意其退股，经协商达成如下协议：

1. 股东××自愿放弃所持有的所有股份，并按亏损比例拿出××万元弥补公司亏损。

2. ×××退股后，公司股东×××持有公司 51%的股份；××持有公司××%的股份，公司盈亏由股东××及股东××负责，与××不再有任何关系。

3. ××为公司法定代表人，××负责技术。公司盈亏及所需资金按投资比例分担。

4. 本协议一式三份，由××、××、××各持一份。

5. 本协议由××、××、××三人共同签字后生效。

6. 未尽事宜协商解决。

创始股东协议

甲方：____________________身份证号码：____________________

地址：____________________

手机号码：____________________电邮：____________________

乙方：____________________身份证号码：____________________

地址：____________________

手机号码：____________________电邮：____________________

丙方：____________________身份证号码：____________________

地址：____________________

手机号码：____________________电邮：____________________

(以上一方，以下单称“创始股东”或“股东”，合称“全体创始股东”或“全体股东”或“协议各方”)

全体股东经自愿、平等和充分协商，就共同投资设立本协议项下公司，启动本协议项下项目的有关事宜，依据我国《公司法》《合同法》等有关法律规定，达成如下协议，以资各方信守执行。

第一条 公司及项目概况

1. 公司概况

公司名称：____________________

注册资本为人民币(币种下同)：____________________万元

公司住所：____________________

法定代表人：____________________

经营范围：____________________

经营期限：____________________

(注：包括主体基本信息情况，并且以公司章程约定且经工商登记规定为准)

2. 项目概况

项目是____________________致力于____________________发展愿景是成为____________________。

第二条 股东出资和股权结构

1. 股权比例协议经各方协商，对出资方式、认缴注册资本、股权比例分配如下：

甲方：以现金方式出资，认缴注册资本××万元，持有公司××%股权。

乙方：以现金方式出资，认缴注册资本××万元，持有公司××%股权。

丙方：以现金方式出资，认缴注册资本××万元，持有公司××%股权。

2. 如任一股东决定以专利、商标、著作权、不动产等法定其他出资形式出资的，应依法办理相关评估、交付或转让手续。

3. 全体股东一致同意按公司章程约定，按时履行出资义务，否则，其股权比例自动调整为实际出资金额占公司注册资本金的比例。

4. 公司注册资本金到位后，如仍不能满足公司资金需要，则全体股东应按各自股权比例追加投资，不愿意出资的，则其股权比例调整为实际出资金额占追加投资后公司的注册资金的比例。

第三条 股权稀释

1. 如因引进新股东需出让股权，则由协议各方按股权比例稀释。

2. 如因融资或设立股权激励池需稀释股权的，由全体股东按股权比例稀释。

第四条 分工

甲方：出任____________________主要负责____________________；

乙方：出任____________________主要负责____________________；

丙方：出任____________________主要负责____________________。

第五条 表决

1. 专业事务(非重大事务)

对于股东负责的专业事务，公司实行“专业负责制”原则，由负责股东提出意见和方案，如其余股东无反对意见的，则由负责的股东执行；如其余股东均不同意，公司 CEO 仍不投反对票的，负责股东可继续执行方案，但 CEO 应就负责股东提出的方案执行后果承担连带责任。

2. 公司重大事项

对于公司重大事项，全体股东如无法达成一致意见，在不损害公司利益的原则下，由占公司 2/3 以上表决权的创始股东一致同意后做出决议。

第六条 财务及盈亏承担

1. 财务管理

公司应当按照有关法律、法规和公司章程规定，规范财务和会计制度，特别是资金收支均需经公司账户，并由公司财务人员处理，任一股东不得擅自动用公司资金。

2. 盈亏分配

公司盈余分配、依公司章程约定。

3. 亏损承担

公司以其全部财产对公司债务承担责任，全体股东以各自认缴的出资额为限，对公司债务承担有限责任。

第七条 股权成熟及回购

1. 全体股东同意各自所持有的公司股权自本协议签署之日起分年按月成熟，每月成熟××%，满×年成熟100%。

2. 未成熟的股权，仍享有股东的分红权、表决权及其他相关股东权利，但不能进行任何形式的股权处分行为。

3. 任一股东如发生以下情况之一的，应以一元的价格(如法律就转让的最低价格另有强制性规定的，从其规定)，将其未成熟的股权依其余股东各自持股比例转让给其余股东。

4. 主动从公司离职的。

5. 因自身原因不能履行职务的。

6. 因故意或重大过失而被解职。

7. 违反本协议约定的竞业禁止义务。

8. 任一股东的股权在未成熟前，发生因婚姻关系解除而导致股权分割，或股权继承，或被认定为丧失行为能力的，参照上述第7.3款执行。

9. 回购。

如发生上述第7.3款任一约定情形的，其余股东有权要求发生该等情形的股东，以最近一轮新融资估值的×%的价格，将已成熟的股权按其余股东各自股权比例进行转让。其余全部或部分股东决定行使本条款权利的，发生该等情形的股东，应按公司章程约定履行出资义务，并无条件予以配合。

第八条 股权锁定和处分

1. 股权锁定。

为保证创业项目的稳定，全体股东一致同意：公司在合格资本市场首次公开发行股票前或申请股票在全国中小企业股份转让系统挂牌并公开转让前，任何一方未经其他股东一致同意的，不得向本协议外任何人以转让、赠与、质押、信托或其他任何方式，对其所持有的公司股权进行处置或在其上设置第三人权利。

2. 股权转让。

任一股东，在不退出公司的情况下，如需要对外转让已成熟的股权的，其余股东按所持股权比例享有优先受让权；如确实需要转让给第三方的，则该第三方应取得其他股东的一致认可，且对项目的所能给到的支持和贡献不能低于转让方。

3. 股权分割

创业项目存续期间，任一股东离婚，其已成熟的股权被认定为夫妻共同财产的，其配偶不能取得股东地位。已成熟的股权，交由公司指定的评估机构进行评估(评估费用由该股东承担)，并由该股东对其配偶进行分配补偿，否则，其余全部或部分股东有权代为向其配偶进行补偿，并按补偿金额比例取得相应比例的股权。

4. 股权继承。

5. 全体股东一致同意在本协议及公司章程约定：创业项目存续期间，如任一股东去世，则其继承人不能继承取得股东资格地位，仅继承股东财产权益；针对已成熟的股权遗产财产权益，交由公司指定的评估机构进行评估(评估费用由公司承担)，其余全部或部分股东有权按评估价格受让，并按向该股东继承人支付的转让款金额比例取得相应比例的股权。

6. 未成熟的股权，参照本协议第 7.3 款约定处理。

第九条 非投资人股东的引入

如因项目发展需要引入非投资人股东的，必须满足以下条件。

(1) 该股东专业技能与现有股东互补而不重叠。

(2) 该股东需经过全体股东一致认同。

(3) 所需出让的股权比例由全体股东一致决议。

(4) 该股东认可本协议条款约定。

第十条 股东退出

创始股东，经其余股东一致同意后，方可退出，其已成熟的股权应按本协议第 7.5 款约定，全部转让给公司现有其余股东或其余股东一致认可的第三方。

第十一条 一致行动

1. 在公司引入投资人股东后，当涉及如下决议事项时，协议各方应做出相同的表决决定。

2. 公司发展规划、经营方案、投资计划。

3. 公司财务预决算方案，盈亏分配和弥补方案。

4. 修改公司章程，增加或减少公司注册资本，变更公司组织形式或主营业务。

5. 制订、批准或实施任何股权激励计划。

6. 董事会规模的扩大或缩小。

7. 聘任或解聘公司财务负责人。

8. 公司合并、分立、并购、重组、清算、解散、终止公司经营业务。

9. 其余全体股东认为的重要事项。

10. 如全体股东无法达成一致意见的，其余股东应做出与 CEO 一样的投票决定。

第十二条 全职工作

协议各方相互保证，自本协议签署之日起，全身心投入公司经营和管理事务，不再存有任何其他业务或工作关系。

第十三条 竞业禁止及限制和禁止劝诱

1. 协议各方相互保证：在职期间及离职后×年内，不得以自营、合作、投资、被雇佣、为他人经营等任何方式，从事与公司相同或类似或有竞争关系的产品或服务的行为。

2. 任一股东，如违反上述约定，所获得的利益无偿归公司所有，如仍持有公司股权的，应将已成熟的股权，应以一元的价格(如法律就转让的最低价格另有强制性规定的，从其规定)转让给其余股东。

3. 协议各方相互保证：自离职之日起×年内，非经公司其他股东书面同意，其不会劝诱、聘用在本协议签署之日及以后受聘于公司的员工，并保证其关联方不会从事上述行为。

第十四条 项目终止、公司清算

1. 如因政府、法律、政策等不可抗力因素导致本项目终止，协议各方互不承担法律责任。

2. 经全体股东表决通过后可终止公司经营，协议各方互不承担法律责任。

3. 本协议终止后，由全体股东共同对公司进行清算，必要时可聘请中立方参与清算。

4. 若清算后有剩余，全体股东须在公司清偿全部债务后，方可要求返还出资，按出资比例分配剩余财产。

5. 若清算后有亏损，全体股东决议不破产的，协议各方以出资比例分担。

第十五条 约束力

本协议是全体股东的真实意思表示，如与公司章程及修正案约定不一致的，在全体股东范围内以本协议约定为准。

第十六条 违约责任

全体股东违反或不履行本协议、公司章程约定的义务，须向守约方承担违约责任，并赔偿公司与守约方的一切经济损失。

第十七条 争议解决

如因本协议及本项目发生之争议，协商不成的，任一股东有权向本公司注册地所在法院提起诉讼。

第十八条 通知

协议各方一致确认：各自在本协议载明的地址、手机号码、电邮均为有效联系方式，向对方所发出的书面通知自发出之日起 7 天内视为送达，所发出的手机短信或电邮，自发出之时，视为送达。

第十九条 生效及其他

1. 本协议经协议各方签署后生效。

2. 未尽事宜，由协议各方另行协商，所达成的补充协议与本协议具有同等法律效力。

3. 本协议一式四份，协议各方各持一份，公司成立后，报公司备案一份，每份具有同等法律效力。

甲方：__________乙方：__________丙方：__________

签署日期：××年 ××月××日

4.6 案例——因股权分配机制缺陷导致的真功夫、西少爷之殇

1994 年，真功夫创立。真功夫主要创始人有 3 位，分别是蔡达标，其妻子潘敏峰以及潘敏峰的弟弟潘宇海，而蔡达标是一个经营奇才，花了十多年时间，将真功夫从一个路边的小餐饮店，发展成为数一数二的中式快餐连锁企业，甚至在全球范围内都有连锁店。

在 2007 年，真功夫接受风投，之后更是进入了高速发展阶段。然而，在 2009 年，真功夫爆发了一场史无前例的股东大战，使真功夫发展危在旦夕。

在 2006 年，蔡达标与其妻子潘敏峰离婚，夫妻共有的真功夫 50%的股权归蔡达标所有。在 2009 年，一位女士召开记者会，表示自己与蔡达标有一个九岁的孩子，潘敏峰以此为理由将蔡达标告上法庭，起诉蔡达标犯了重婚罪，并且要求重新分割夫妻共有的真功夫股权。除此之外，潘宇海与蔡达标矛盾激化，双方明争暗斗，真功夫内部陷入混乱。

事实上，真功夫本来已经计划在 2009 年收购福记食品，以此来实现借壳

上市，然而直到 2019 年，真功夫仍然没有上市。因为股权斗争问题，真功夫的月纯利润从 800 多万元急剧下降到 6 万元。与此同时，蔡达标因为股权斗争问题，被爆出职务侵占罪、挪用资金罪以及抽逃注册资本罪，在 2011 年 4 月被捕，并且判处有期徒刑 14 年。

今日资本与中山联动是真功夫进入的风险投资机构，他们无论如何都没有想到他们所投资的真功夫会濒临破产，不是因为企业战略问题，不是因为产品问题，不是因为竞争对手挤压问题，而是由于股东内部的消耗与斗争。

真功夫事件在我国引起了很大的轰动，抛开事件中的个人恩怨等问题不谈，我们从股权的角度出发，深层次分析真功夫股权所存在的致命问题。

事实上，在 2007 年以前，真功夫的股东只有蔡达标与潘宇海，二者各占 50%，也就是比较常见的平衡股权结构，同时也是危害非常大的一种股权结构。企业采取平衡股权结构，股东之间股份相当，在进行企业决策时，只要其中一方反对，而且双方各执己见，互不相让，那么便难以通过并且执行决策，这种情况严重阻碍了企业的发展。当双方态度都比较消极时，又有可能互相观望不做决定，将问题抛出去："反正赔了就大家一起赔"，形成了没有人真正对企业负责的状态。

在 2007 年，真功夫引入了今日资本与中山联动两家风险投资机构以后，股权发生变化：蔡达标和潘宇海各占 47%，两家风险投资机构各占 3%。然而，从总体上来说，还是维持了平衡股权架构，大股东之间依然不相上下。在这样的股权架构之下，蔡达标和潘宇海一旦反目成仇，真功夫不被拖累才显得不正常。

真功夫的事件，主要反映了股权结构设置的弊端。我们就真功夫所采取的平衡股权架构进行分析，所谓平衡股权，便是指企业存在大股东所持股份不相上下的股权结构状况，比如 50%+50%、47%+47%+3%+3%，甚至是 51%+49%。为什么 51%+49%也算？从某种意义上进行分析，51%虽然在控股上占据了绝对权，但是 49%无论是对分红的渴求还是亏本的恐惧，与 51%相比都相差无几，很容易形成抓住机会来进行反击的局面，仍然有可能造成内部斗争的情况。

然而，纵观我国各行各业，尤其是在初创企业中，平衡股权架构却十分常见。两个相互熟悉的人一起创业，股权谁拿多了都不合适，于是便一人一半。然而，在平衡股权架构下，二者股份不相上下，对企业的影响也是相同的。与此同时，二者在企业的利益上还有可能存在冲突，进而加大风险。于是便出现了上述提到的二者争执不下或者是相互观望的局面，形成了严重的企业僵局。在这种情况之下，任何决定都无法做出。企业不仅无法发展，还会因此而被逐渐拖垮。

或许有人认为，到了这一步，那就索性将企业解散吧，然而，根据各大案例的情况来看，当出现严重的企业僵局时，解散企业这一决定都无法执行。根据规定，解散企业要召开股东大会，并且由大多数股东赞同的情况下才可以进行。然而，在严重的企业僵局下，企业解散的决议根本无法实现。更何况，很少有人会愿意将自己所付出的心血毁于一旦，都更希望看到对方妥协退出。由此可见，处在严重僵局下的企业，相当于得了不治之症，无力回天。

当然，针对企业解散这一点，2005 年我国的《公司法》已经进行了相应规定，即当出现企业僵局时，股东可以依法提出申请，通过司法介入来进行解散。然而，当一家企业必须通过司法介入来进行解散决策时，只能说明这一家企业中已经没有谁会胜出了。

无独有偶，因为股权分配机制缺陷而导致重大问题的还有西少爷。2016年，西少爷宣布 B 轮融资获得 1150 万美元，创下餐饮业融资年度最高纪录。西少爷的 CEO 孟兵在接受媒体采访时坦言，合伙人的决裂是创业遇到的最大难题。早已离开西少爷的合伙人宋鑫也称，再度创办企业时会找专业人士设计企业的股权架构，保证自己的绝对控股权。对此，我们可以回顾一下西少爷合伙人的股权决裂之争。

2013年，孟兵、宋鑫和罗高景成立了注册资本为53万元的奇点兄弟。孟兵持股37.6%，宋鑫持股28.2%，罗高景持股28.2%，李德忠持股6%。2014年，西少爷打算申请融资，企业估值4000万元。

首席执行官孟兵在与投资者面谈后，要求三倍的投票权并设定需要耗费50万美元的VIE(可变利益实体)被宋鑫拒绝。

然而，正式的投资条约上已经表明将孟兵的投票权增加了三倍，孟、宋二人对此有很大的争议，宋鑫拒绝签署投资条约。

孟兵向宋鑫提出收购其28%的股份，宋鑫担心孟兵拥有超过50%的投票权会将自己踢出局，不同意转让股权。还有一种说法是，宋鑫要求获得4000万估值的四分之一被孟兵拒绝。最终，宋鑫被除名，转而建立了自己的“新西少”。

孟兵认为，在西少爷的合伙人中，自己是理所当然的老大，可是初期的持股比例却与自己的贡献不相符。创始人控制权的重要性是不言自明的，但孟兵似乎没有考虑那么多。是因为朋友之间不好斤斤计较还是不了解股票？前者可能有一定的影响，但是后者的因素更多。

孟宋之间的决裂是在见到了投资人之后逐渐恶化的，也许是投资人的建议和指导，让孟兵对股权有了更加深入的认识，转而要求三倍的投票权。在股权结构设计之初，创始人应该考虑控制权的掌握，而不是等企业更有价值后再开始调整。

西少爷的估值达到了4000万元，再想调整股权比例，肯定会遭到合伙人的反对。因为大多数合作伙伴都误解了评估，并高估了股权的作用。

孟兵在纷争之后接受媒体的采访，他认为，核心创始人一定要牢牢掌握控制权，持股比例必须大于或等于50%，其他的合作伙伴股权之和不得超过50%。

创业合伙人分手，想过商标的重要性吗？孟兵提出收购股权时曾告知宋鑫，如果不接受协议，他会注册一个新企业，将西少爷的核心商标转到新企业名下，宋鑫手中的股权将成为一个空壳。

散伙后，宋鑫曾因为商标的使用权问题将孟兵等人告上法庭。他认为，孟兵的奇点同舟使用奇点兄弟的西少爷商标，侵犯了自己的股东知情权。也有人说，转移商标也是孟兵的投资人支着儿，真相究竟如何，我们已经无从考证。

宋鑫的北京林之泉餐饮企业拥有不同类别的“西少爷”商标共 16 个，“新西少”商标 3 个。孟兵的奇点同舟餐饮企业注册“西少爷”“北少爷”“东少爷”“新西少”“小少爷”等诸如此类的商标更是高达 164 个。西少爷合伙人股权决裂的背后又引发了一场商标的暗战。

西少爷合伙人的决裂给创业者们带来了深刻的教训，从中可以获得一些清醒的认识。一方面，股权架构早设计早受益，尤其要关注投票权的设计。另一方面，在创业之初签订股东合伙协议时，对企业商标的申请、使用等都要做出明确约定。比如使用商标作为出资，评估后的关键是按约定将所有权或使用权转入创业企业；如果企业成立后申请商标，要以企业的名义申请，千万不可以控股股东的个人名义申请，增强商标风险的法律防范意识。

第 5 章

企业控制：开放但绝不丧失控制权的股权制度预设

许多案例告诉我们，资本永远都是逐利的。企业在不断发展的过程中，如果选择了借助资本的力量，那么应该承担相应的风险。不管企业在刚刚创立的时候有多么缺钱，都一定要认识到这样的一个道理：投资既能够帮助企业发展壮大，也能够“毁灭”企业。因此，企业创始人一定要想方设法，牢牢把握控制权。

5.1 股东会：创始人利用股东会保有企业控制权的 3 种方式

在推行股权战略时，许多人会思考这样一个问题：如何通过股权及其他方式实现对企业的控制，确保企业按照创始人定下的长远发展战略前进呢？

公司控制权是指企业家掌握公司的根本权利，对公司的命运起着决定性作用。正如美国世达律师事务所联合创始人约瑟夫·弗洛姆(Joseph Flom)所说："如果有一项权利，企业家非争不可的话，我想只能是控制权了。"而事实也的确如此，近一个世纪西方国家经济发展中，公司研究及行为最核心的问题就是如何掌握公司的控制权。

现如今，中国有关公司控制权的案例更是数不胜数。当然，有许多成功的案例。例如，阿里巴巴的创始人马云、百度的创始人李彦宏等，从开始创业到现在，他们都是公司的核心人物、灵魂人物、掌舵者，牢牢掌握着公司的控制权，把握公司前进的方向。

与之相反，也有不少失败案例，如雷士照明创始人吴长江、俏江南创始人张兰、1 号店创始人于刚，虽然他们是企业的创始人，但是并不在公司董事会，也不在管理岗位，甚至有的在公司中没有股权，这对企业和创始人而言是非常严重的问题。

身处"互联网+"创业时代，创业者维持对公司的控制权很有必要。诚如天使投资人徐小平所说："如果创业者一开始就把主权让出去，给出去 60% 的股份，再伟大的企业也做不下去；创业者只要把事情做起来，股份多少不重要，这是错误的，凡是不以股份为目的的创业都是耍流氓。"而马云曾经为了保住其控制权，更是放弃了在中国香港上市的机会，转向美国上市。

阿里巴巴的成长历程，可谓是马云的奋斗史。人们只沉浸在对他的励志故事中，羡慕一个"草根"英语老师艰苦创业，奇迹般成为商界巨擘。但是有多少人看到了他背后的艰辛，他为掌控阿里巴巴的控制权，不断与股东、董事会和资本博弈，如履薄冰。

以阿里集团上市为例，阿里巴巴作为最大的电子商务交易平台，本应是各大证券交易所争抢的对象，却两次吃香港证券交易所的闭门羹。其原因就是香港证券交易所“同股同权”的原则，而马云在阿里只有 8.9%的股份，却是阿里的实际决策者，保持着对阿里巴巴的控制权，享有高比例的投票权。

2014 年，阿里巴巴向纽交所递交了招股说明书，阐明了其合伙人制度。内容为，阿里巴巴合伙人制度于 2010 年正式确立，其中马云和蔡崇信为永久合伙人，其他合伙人一旦离开阿里巴巴集团公司或关联公司，即从阿里巴巴合伙人中“退休”。

合伙人每年都可以提名选举新合伙人的候选人，但是新合伙人必须满足以下条件：对公司发展有积极的贡献；在阿里巴巴集团公司或关联公司工作 5 年以上；高度认同公司文化，愿意为公司愿景、使命和价值观竭尽全力等。

在担任合伙人期间，每个合伙人都必须持有一定比例的公司股份，享有董事提名权和奖金分配权。关于合伙人享有董事提名权，也是阿里巴巴合伙人制度引发争议的焦点。

招股说明书中有这样一点，“依据公司章程，阿里巴巴集团上市后，阿里巴巴合伙人有权提名阿里巴巴过半数董事，提名董事需经股东会投票过半数支持方可生效。”其意思为，根据公司章程的规定，阿里合伙人有权提名过半数董事，进而控制阿里巴巴集团董事会。

这样阿里巴巴合伙人制度看起来与“同股不同权”的股权架构有着异曲同工之妙，阿里巴巴是通过章程规定董事会席位的多数来保留对公司的控制权，同股不同权则是将股权集中到少数创业者手中，以保证管理层对公司的控制权。两者与香港联交所的规则都是冲突的，香港联交所的规则可以理解为，谁持有公司股权的过半数或最多，谁就拥有公司的控制权。

正因为与香港证监会“同股同权”原则相悖，而且香港特区政府及港交所均已明确表态，不会为阿里巴巴“合伙人制度”开绿灯。阿里巴巴团队与马云坚持自身原则，不得不放弃在香港上市，转而选择在美国上市，以求掌握对公司的控制权。

许多人可能会有这样的疑问：创始人如何才能牢牢掌握公司的控股权呢？首先要明确公司的治理机制和组织形式，并在决策机制上做有关的安排和设计，巩固或者维持对公司的控制权。

企业的重大表决都要通过股东会，因为企业的表决原则为资本多数表决，即持股量直接影响股东表决权和股东本人对企业的控制权。股东的股权比例越高，其表决权越大，在企业的话语权也越大，公司章程有特别规定的除外。因此，想要在股东会上保有企业的控制权，不妨参考以下 3 种方式。

第一，尽可能保持绝对控股权。

关于股东的表决权，《公司法》规定了 5 条重要且敏感的股权比例红线，其中持有 2/3 以上的股份比例为绝对控股股东。

通常，公司最重要的事情就是修改公司章程，增加或者减少注册资本，公司合并、分立、解散或者变更公司形式，而这些都需要持有 2/3 以上表决权的股东通过。

第二，签订一致行动人协议。

一致行动是指股东之间通过签署协议，增加核心创始人可以控制的表决权数量。其实质是将表决权委托给公司的核心创始人行使，以便公司核心创始人在股权众筹后、被融资稀释时维持 50%以上的表决权。

第三，设置一票否决权。

这一点可以参考“亚投行”的设计，重大决策的通过率需达到 75%，中国的投票权占 26.06%。这样中国就拥有了一票否决权，否决于己不利的决策。创业企业可以设置一票否决权作为被稀释后的最终保障。

5.2 董事会：股权融资完成后董事会的变化与应对方法

股权融资必然引来股权结构发生重大变化，如果企业能够针对这些变化及时进行动态调整，那么股权融资行为相当于如虎添翼，可以帮助企业实现更好的运转。与之相反，如果企业没有做好准备，那么极有可能导致企业内部陷入一片混乱，企业运转甚至会因此而停滞。

企业想要融资，就不得不设置董事会，毕竟投资者投入大笔资金，也希望能够获取部分控制权，了解企业的决策是否能够给自己带来利益。董事会是根据法律法规、企业内部章程来设立的执行机构，是企业创始团队与投资者共存的常设机关。企业董事会通常具备两种职能，分别是经营(管理)与控制(监督)，也因此成为企业最高决策者与内部监督者。

通常情况下，企业融资后，其董事会的发展方向也会随着职能发生变化。有的企业将经营权与控制权结合起来，实行单一董事会制度，与之相应的便是将这两个职能分开，实行双重董事会制度。接下来，我们首先来了解一下股权融资后董事会的两种可能变化。

第一，单一董事会制度方向。

投资者投资后不直接参与企业的经营权与监督权，而是将其统一交给董事会，由董事会全权代理股东权利，主要特征如图 5-1 所示。

第二，双重董事会制度方向。

这是较为传统的董事会模式。双重董事会制度将管理者与监督者分开，能有效避免利益冲突，其特征如图 5-2 所示。

另外，下面对单一董事会制度与双重董事会制度进行对比，如表 5-1 所示。

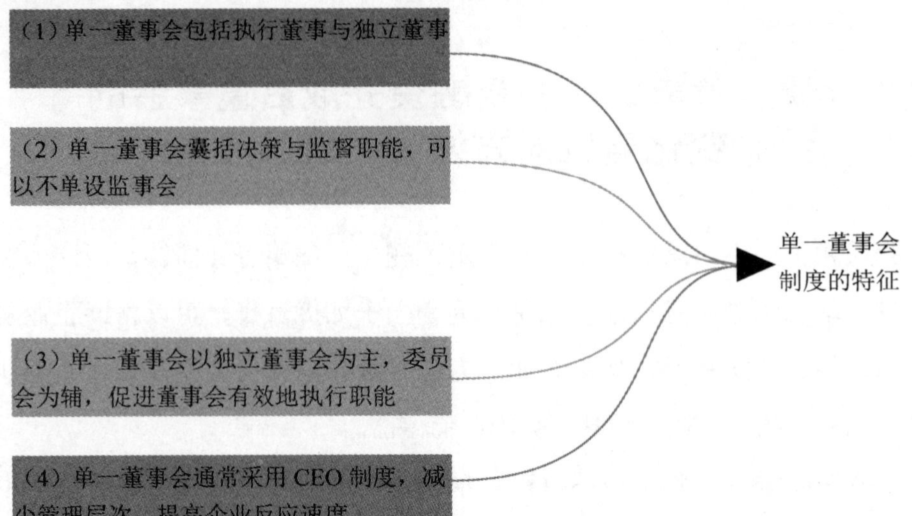

图 5-1 单一董事会制度的特征

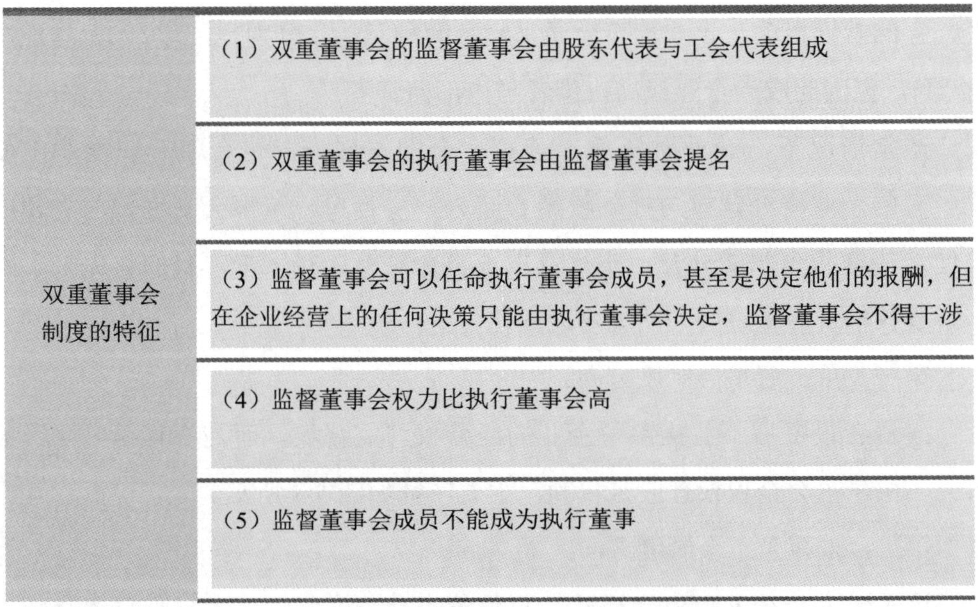

图 5-2 双重董事会制度的特征

表 5-1 单一董事会制度与双重董事会制度的对比

特征	单一董事会制度	双重董事会制度
代表国家	英、美、加、澳	德、奥、荷

续表

监督者	外部董事或独立董事	监督董事会
导向类型	股东导向型	社会导向型
董事会成员	执行董事与独立董事	监督董事与执行董事完全分离
董事的任命	股东大会选举	监督董事任命
特点	重决策，轻监督	重监督，轻决策
优点	有利于企业经营者集中精力，提高其工作积极性，进而提高企业业绩	经营决策者与控制监督者各司其职，保证双方之间相互制约，整体而言效率较高
缺点	(1)对企业各大高管人员监督不力，容易出现玩忽职守、谋取私利等现象；(2)高管人员流动性大，影响企业发展的连续性	(1)监督董事会与执行董事接触较少，远离实际业务，履行职能的效率因信息不足而低下；(2)执行董事会由监督董事会提名这一程序官僚气氛浓重，阻碍企业发展

综上所述，企业融资后，董事会可往单一董事会制度方向发展，也可实行双重董事会制度，两方向各有所长，企业应该做的是取长补短，让董事会设定得更为合理。

根据融资后董事会的变化方向，可以把董事会的制度分为 3 种，分别是外部股东主导型、内部职工主导型以及共同主导型。

第一，外部股东主导型制度。

外部股东主导型制度是指由投资者占据董事会主导地位的，并且为了避免投资者与经理人员的角色冲突，旗下的经理人员都由董事会聘任，直接对董事会负责。外部股东主导型制度能够保证董事会独立于管理层进行决策，进而维护股东利益。外部股东主导型制度主要在英美两国实行，因此又称为“英美模式”，其特征主要体现在 4 个方面，如图 5-3 所示。

第二，内部职工主导型制度。

内部职工主导型制度中，企业的董事会将由内部员工掌握控制权，外部股东仅为被动的股票持有者。内部职工主导型制度在德国与日本发展得最为兴盛，因此又称为“德日模式”。在德国、日本等国家，虽然股票市场发达，但是企业能够获得融资的数量非常有限，银行也可以成为企业股东之一。在一般情况下，内部职工主导型制度的经营者决策权较大，股东很少能够干预其中。内部职工主导型制度股权相对集中，但是股东、员工等都可以通过董事会来发挥监督作用。整体而言，其主要特征体现在 3 个方面，如图 5-4 所示。

外部股东主导型制度的特征	
	股权高度分散：投资者投资通常会按照“谨慎人规则”，以此造成股权分散，而股权比例也会受到限制
	股权流动性强：在资本市场中，有一个专业名词叫作“用脚投票”，是指投资者在对企业失望之后，将会售卖其手中所持有的全部股票，导致股权流动性强
	外部市场控制严格：通过两方面体现出来，一是股东之间争夺企业控制权，二是披露证券市场信息机制
	独立董事会监督执行董事、经营管理层

图 5-3　外部股东主导型制度的特征

内部职工主导型制度的特征	
	商业银行是企业股东之一，双方存在“主银行制度”，银行作为债务人的同时，也可以充当有效的监督者
	法人持股或法人相互持股。通过创建子公司来实现垂直持股，在生产、技术、服务等方面相互协作，或者是通过环状持股方式来构建稳定的经营关系
	严密的股东监控机制。股东虽然不能失去董事会的掌控权，但是可以通过中介、组织等来监督企业经营。与外部股东主导型制度不同的是，内部职工主导型制度采取的是“用手发言”模式

图 5-4　内部职工主导型制度的特征

第三，共同主导型制度。

共同主导型制度是指由企业的内部职工与投资者共同组成的董事会制度，双方之间势均力敌，并且共同监督经营者的决策问题。

以上 3 种制度不分伯仲，企业可以结合自身情况做好相应准备，以防在融资后建立董事会时手足无措，让投资者抢占先机。

5.3 关键资源：通过保有手上关键资源实现经营控制

企业关键资源是指企业中使用价值高、使用效果好并且不容易被替换的资源，一般情况下，具有以下 5 个基本特征，如图 5-5 所示。

1. 企业关键资源是企业具有竞争优势的重要来源。
2. 垄断性。企业关键资源必然是稀缺资源，也自然而然地具有垄断的资本。因此，企业稀缺资源是企业获得超额利润的重要条件，垄断性越强，则企业在竞争中呈现的优势越明显；垄断性持续时间越长，企业能够获得高利润的时间也越久。
3. 相对性。企业关键资源是在相应时期、技术水平以及范围内而呈现出来的特色和重要程度，而不是绝对性的重要。
4. 动态性。企业关键资源的相对性决定了动态性，说明其价值、效果将会随着条件的变化而变化，有可能不断升高，也有可能随之下降，一直处于动态变化中。
5. 来源多向性。企业关键资源的来源是多渠道的，可以通过外部纵向或横向联合的方式获得，也可以在内部通过直接或间接的方式获得。

图 5-5　企业关键资源的 5 个基本特征

企业关键资源具有差异性，即每家企业发展到不同阶段将会要求不一样的关键能力，因此也会对投资者在企业中的影响力与控制力产生正面或负面的影响。根据企业关键资源的差异性，我们可以将其总结为 3 种类型。

1. 有形资源

有形资源是指能够看见的、能够直接用货币计量的企业资源，主要休现在物质资源与财务资源上。物质资源包括普通设备、厂房、原材料等实物资源，财务资源包括应收账款、有价证券等可用于投资或生产的资源。

通常情况下，有形资源是企业关键资源类型中占比最小的，但是通过低成本所获得的关键资源能够提高企业的竞争优势。需要注意的是，在企业财务报表的资产负债表中，账面所记录的价值并不能将有形资源的价值充分体现出来。

2. 无形资源

无形资源是指企业长期占有、并且不可见(缺乏实物形态的)、有可能还无法通过货币直接计量的资源，比如品牌、商誉、技术、专利、商标、企业文化以及组织经验等。尤其是技术资源，这在企业竞争中往往起着举足轻重的作用，具有先进性、独创性以及独享性等特征，像我们常常听说的专利、版权以及商业秘密等都属于无形资源。

鉴于缺乏实物形态以及独有的技术能力，无形资源在一般情况下不容易被企业的竞争对手所剽窃、模仿、购买甚至替代。也正因为如此，无形资源往往代表着企业的核心竞争力。当然，无形资产也不能凭借资产负债表中的无形资产项目将其充分体现出来。

3. 人力资源

如上所述，有形资源与无形资源都是物质性的一种表现，而企业的关键资源也有非物质性的一面，如企业的人力资源、管理制度、决策能力等，统称为人力资源。企业优秀的人力资源、科学的管理制度、出色的技能知识能够带动企业整体走向一个新的高度，但是需要与企业在某方面扩张之后的能力相匹配，才能最大限度地发挥自己的作用。

以上的 3 种关键资源都是企业发展中不可或缺的要素，创始团队将这 3 类关键资源牢牢把控，相当于将企业的财务、人才、生产力等都握在手上，企业的实际控制权自然而然能够得到保证。另外，企业要对其价值链上的资源要素进行有效整合，从而确定关键资源，并以此来创造更具竞争力的企业资源。

5.4 融资协议：融资协议中可能损害团队控制权的5个陷阱

在股权融资项目中，投资方会对企业进行初步调查，并且与其控股股东或实际控制人进行谈判，并就估值、业绩要求、退出计划等重点内容进行谈判，在签订投资意向书后，再聘请律师、会计师等专业机构进行尽职调查，随之而来的便是作为约束投融资双方的核心法律文件的股权融资协议。通常情况下，股权融资协议中有 5 个陷阱是不可忽视的，我们对其进行总结，以供大家参考。

第一，公司治理条款陷阱。

投资方可以与企业方就公司治理的各方面内容进行约定，以此来规范或约束企业方原股东或经营者的行为，通常情况下包括但不限于以下 3 点内容。

(1) 一票否决权条款。

也就是说，投资方指派相关人员从事企业高管职位，对于企业的重大决策、股权或组织架构变动等方面享有一票否决权，以此来保证企业的规范运行。

(2) 优先分红权条款。

《公司法》第三十四条规定："股东按照实缴的出资比例分取红利……但是，全体股东约定不按照出资比例分取红利或者不按照出资比例优先认缴出资的除外。"

另外，《公司法》第一百六十六条规定："公司弥补亏损和提取公积金后所余税后利润……股份有限公司按照股东持有的股份比例分配，但股份有限公司章程规定不按持股比例分配的除外。”因此，股东之间可以约定不按持股比例分配红利，为保护投资方的利益，可以约定投资方的分红比例高于其持股比例。

优先分红权是指在企业派发股息、红利时，投资者可以优先于其他股东获得的年优先股息。这一条款的设置并不是为了让投资者提早获得回报，而是希望企业能够将有限的资金优先发展业务，而不是被初创团队早早分掉。

(3) 信息披露条款。

为了保障投资方的知情权，股权融资协议中最好约定信息披露条款，要求企业方定期向投资方提供重大事项的内容披露。

第二，反稀释条款陷阱。

一般情况下，投资者为了获得优先权，投资时通常是购买企业的优先股，但这些优先股在符合某些条件的情况下是可以按照约定的价格将其转换为普通股。投资者为了保障自己的利益，避免创业者或其他关联方采取低价注资的手段来将自己的股份稀释，从而导致自己所获得的利益减少，甚至被淘汰出局，通常会在投资协议中设定反稀释条款。

但是在正常情况下，企业每一轮融资估值都会比上一轮高。如果出现估值比上一轮低的情况，很有可能是由于企业经营不当，这种情况之下，投资者将有可能放弃反稀释条款，因此这也是投资者签订投资条款清单的一大重要标准条款。具体来说，签订反稀释条款的原因可总结为两方面。

一方面，反稀释条款可以有效激励企业在后续融资中拟定更高的融资额度，否则，反稀释条款将会损害原有普通股投资者的利益。反稀释条款要求创业者对创业团队、商业计划等负责，同时需要承担因经营不当而导致的后果。

一般情况下，创业者会接受反稀释条款。如果创业者对企业经营不当，导致后续融资额度低于上一轮融资，创业者的股份将会被稀释，权益也因此而减少。创业者在遇到后续融资额度较低的情况下，有可能会放弃融资。

另一方面，如果投资者缺乏反稀释条款的保护，很有可能会导致其被“淘汰”出局。比如，创业者通过采取手段来稀释投资者的股权，并通过折中的方式来拿回企业控制权。

由此可见，签订反稀释条款不可避免，创业者预先设定反稀释条款，将其了解透彻，也可将其弊端转换为利处。

第三，估值调整条款陷阱。

估值调整条款又称为对赌条款(Valuation Adjustment Mechanism，VAM)。对赌是融资过程中常见的条款之一，企业想完全不参与其中其实并不容易。投资者提出这一要求也情有可原，毕竟投资者对企业的估值是基于企业所提供的商业计划书所进行的。在商业计划书中，往往包括盈利、上市的时间等重要预测。如果企业能够如实做到商业计划书中的预测内容，那么便是企业估值无误，否则投资者可以对估值金额进行调整。

对赌的内容有很多，可以赌企业在某一期间内的业绩，也可以赌企业上市时间，又或者是赌后续融资中的企业估值等。对赌的资本可以是股份，也可以是资金，在投资者赌赢的情况下，对赌股份是指投资者投资金额不变，所占股份比例增加；对赌资金是指投资者股份不变，但资金连本带利退回来。

企业与投资者具体如何赌，还是要根据双方具体情况而定。需要注意的是，创始股东在初创阶段切勿与投资者对赌资金。因为根据中国的法律规定，对赌只能是股东之间的博弈(包括创始股东)，股东与企业对赌有可能会损害企业以及债权人的利益，这是无效行为。也就是说，如果没有达到目标，创始股东就要承担还钱的责任。在融资时，投资者的资金是为企业所用，创始股东并没有获取资金。如果对赌输了，创始股东就必须将自己的资金偿还给投资者，这无疑是不公平的。初创企业的创业者在还没有将企业做大做强的时候就欠了那么多债，实在是难以承担。

第四，出售权条款陷阱。

投资方为了能够在企业价值下降甚至是失去价值的时候顺利退出，也会要求在股权融资协议中约定出售股权的保护性条款，通常情况下，包括但不限于以下两点内容。

(1) 随售权/共同出售权条款(Tag-Along Rights)。如果企业方打算将其全部或部分股权转让给第三方，投资方有权在同等条件下优先于企业方将其持有的相应数量的股权转让给第三方。

(2) 拖售权/强制随售权条款(Drag-Along Rights)。是指在满足一定条件的情况下，如果投资者同意出售公司，企业创始人、其他股东也必须同意该决定。强制随售权十分强势，企业经营者可以通过添加限制条件来提升门槛。通常情况下，企业经营者会添加以下条件，来缓冲强制随售权的行使，如图 5-6 所示。

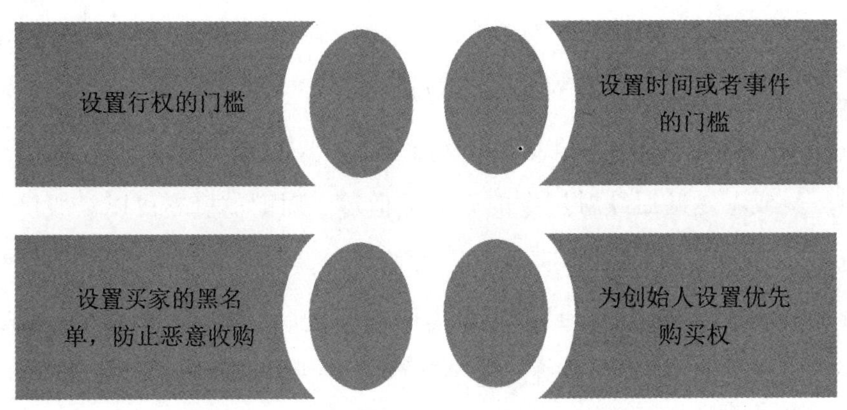

图 5-6　企业经营者缓冲强制随售权的限制条件

第五，清算优先权条款陷阱。

在选择股票类型时，大部分投资者会选择可转换优先股的投资方式，主要原因是可转换优先股拥有清算优先权。清算优先权是投资条款清单中投资者最为看重的条款，能够直接影响企业清算分配结果。如果企业发生破产或者被收购，在将债务偿还完毕后进行财产分配时，资金将会优先分配给某些特定股东，随后再将剩余资金分配给其他股东。

清算优先权是投资者在面临企业融资中出现意外而导致破产的情况时，

与创业者达成约定来最大限度地挽回自己投资损失的一种做法。比如，有的创业者在融资之后恶意关闭企业，投资者就可以通过清算优先权来保障自己的权益。

某旅游公司在启动 A 轮融资后，与投资者交涉规定，在回报分配问题时，A 轮投资者的优先股股东在普通股股东之前获取收益。与之相对应的是，该旅游公司在随后的 B 轮、C 轮、D 轮等融资过程中发行的优先股将会优于 A 轮融资中的优先股获得回报。总体而言，投资者将会比创业团队收回资金要早。

由此可见，清算优先权对于投资者而言，与投资者在 IPO 成功退出的重要性等量齐观。

需要注意的是，2016 年 8 月 8 日，全国股转系统发布《挂牌公司股票发行常见问题解答(三)——募集资金管理、认购协议中特殊条款、特殊类型挂牌公司融资》文件。根据这一文件的第 2 条第 3 款第 6 项的规定，认购协议需存在“不符合相关法律法规规定的清算优先权条款”。也就是说，如果企业属于新三板企业，那么投资者将不能使用清算优先权规则。

5.5　法律工具：妨害保有控制权的常见法律风险与应对工具

随着“大众创业，万众创新”的口号的号召，再加上新公司法的发布，这些年来我国创业大潮迅猛，出现了许许多多的企业。与此同时，我国还有一句老话，叫“打江山易，守江山难”，这句话同样适用于创业。想要建立一个新企业是十分容易的，但是想要守住企业是十分困难的。

企业的控制权属于一种经济性权利，它是股东所有权衍生出来的一种权利。从本质上来讲，企业的控制权既是利益冲突的产物，又是新型的利益体现方式。对于企业控制权，人们通常认为它具有 4 种权利，如图 5-7 所示。

图 5-7　控制权的权利

从本质上来说，企业的“控制权”之争实际上就是利益的争夺，因此我们一定要弄清楚究竟是什么原因导致了企业“控制权”的纠纷。如果想要对企业的法律风险进行防范，最好的方式就是从源头上进行防范。通过总结，最为常见的与控制权相关的法律风险有以下 6 个方面。

第一，企业的大股东滥用其权利，导致企业的小股东利益受损。比如，没有经过股东会进行讨论，就自作主张做出损害企业以及中小股东权利的决策；或者是企业的财务账目不公开给企业的中小股东，甚至是弄虚作假，向企业中的中小股东公布一份假的财务账目，对他们进行欺瞒；或者是企业的大股东与某些企业进行交易，导致企业的利益受到损害等。

第二，在实施了新公司法之后，股东出资采用的是认缴制度，企业的大股东出资不足，甚至是根本不出资，但是能够掌握着企业的控制权，企业的小股东出资到位了，却不能掌握企业的控制权，导致大股东与小股东之间产生利益方面的冲突。

第三，企业的权益以及企业股东的权益有可能会受到企业高级管理人员的侵害。

第四，企业没有一个明确的权值划分，没有完善的规章制度。例如，由谁来负责管理以及持有企业的财务证照以及公章；或者是通过什么样的方式来产生、任免以及监管企业的高级管理人员；或者是通过什么样的方式来召开企业的董事会以及股东大会等。

第五，我国的法律法规并不完善，在保护股东权益方面，没有明确的法律支持，从而使得违法成本很低。法院在立案的时候，只看公章，如果没有公章，不管是谁来都没有用，而且经济纠纷通常情况下不属于公安机关的管理范围。

第六，其他风险。合理合法使用企业的控制权，有多个方面的好处，能够帮助企业提高效率，能够让企业的股东之间相互信任；能够推动企业的发展。然而，企业的“控制权”是一把双刃剑，如果没有合理合法地使用企业的控制权，就会有很多风险，例如给企业埋下隐患，给股东造成损失等。像这样的纠纷，绝大部分是不可能在短时间内借助诉讼的手段来解决的。

针对这些风险，如果你是一个企业家，你要通过什么样的方式才能够成功地应对并且拿到企业的“控制权”呢？下面提供了4种应对方式。

第一，需要进行“自我救赎”。

所谓自我救赎，就是在出现纠纷的时候，创始人一定要用尽一切手段将企业的人、物、财牢牢控制在自己手中。怎么样才能控制其他人呢？当产生纠纷的时候，一定要以最快的速度召开董事会或股东会，想尽一切办法罢免对方股东的权利，这样就能够将人牢牢控制在自己的手中；而在物、财方面，当产生纠纷的时候，一定要以最快的速度控制企业的公章、其他印鉴、财务资料、办公场所以及营业执照等。除此之外，还需要根据实际情况修改企业的规章制度，甚至删除那些与控制权屏障相关的制度以及条款，借助各种手段取得有利地位，进而成功争取到企业的控制权。

第二，诉讼是非常重要的方式。

大部分企业在争夺控制权的时候，最为常见的诉讼类型如图5-8所示。

在进行诉讼之前，创始人一定要做好充分的准备来应对这场战争，争夺企业“控制权”的战争不是一朝一夕就能够结束的，这是一场持久战，因此我们一定要制定好相应的策略来打好这一场旷日持久的战争。

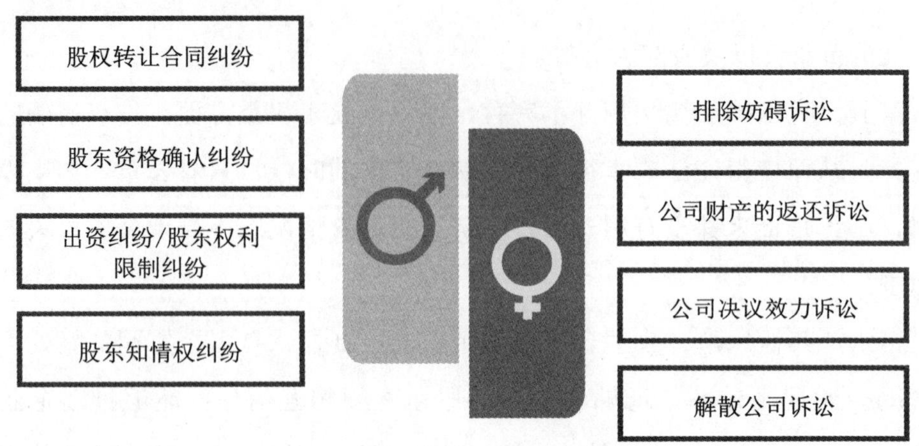

图 5-8　争夺控制权最为常见的诉讼类型

第三，非诉手段也是不能够缺少的。

除了前面所讲的两种方式之外，还可以通过一些非诉讼手段来争夺企业的控制权，例如行政协调、调解和谈、媒体曝光、刑事举报等。

第四，律师也是必不可少的。

在争夺企业“控制权”的战争中，律师以及企业的法务有着至关重要的作用，他们就犹如军队中的军师，出谋划策，运筹帷幄。在企业设立之前就做好相应的准备进行防范，在经营企业的过程中，通过相应的手段进行控制，在产生纠纷后，“军师”能够通过一定的手段“亡羊补牢”。有了这位“军师”的帮助，再进行合理规划，并且保证经营合法合规，只有这样，才能够帮助企业打赢这场战争，使得企业以及股东的合法权益能够从根本上得到保障。

总而言之，想要成功地取得企业的“控制权”，应该充分理解上面所讲的 4 种方法以及策略并能够合理地利用，这样才能够赢下这一场战争。

5.6 案例——马云以个位数股份占比保有对阿里的控制权

根据相关数据显示，阿里巴巴集团在 2019 年颁布的《财富》世界 500 强中排名第 182 位。阿里巴巴集团经过多年的发展，现在已经是全世界最大的电商企业了。另外，阿里巴巴 2019 财年商品成交金额(GMV)已经高达 57270 亿元，如图 5-9 所示；截至 2019 年 3 月底，阿里巴巴的年度活跃消费者人数高达 6.54 亿，如图 5-10 所示。

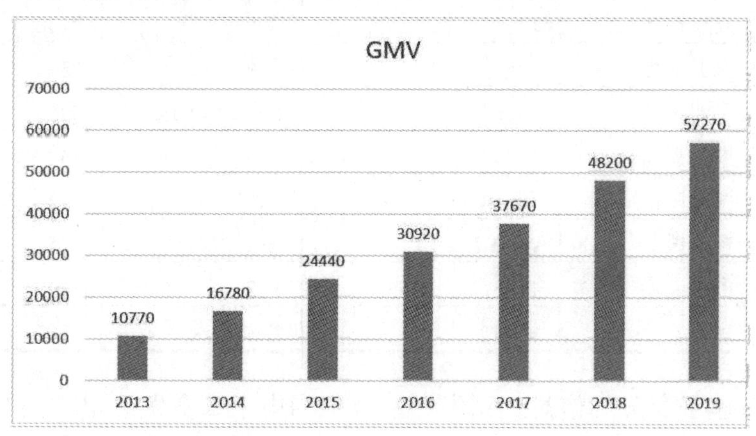

图 5-9　阿里巴巴年度商品成交金额(亿元)

图 5-10　阿里巴巴年度活跃消费者人数(亿)

根据相关数据显示，截至 2019 年 7 月 1 日，阿里巴巴市值已经达到了 4417 亿美元，在美国股市排名第 6。工商银行是中国市值最大的公司，但是相较于阿里巴巴来说，还是差了不少，阿里巴巴的市值比它高出了 1 万亿元人民币，如表 5-2 所示。

表 5-2　2019 年 7 月中美市值最大的 10 家企业

序　号	中国 A 股		美国股市	
	公　司	市值(亿元人民币)	公　司	市值(亿美元)
1	工商银行	20285	微软	10496
2	中国平安	15665	亚马逊	9410
3	建设银行	14561	苹果	9146
4	农业银行	12505	谷歌	7813
5	贵州茅台	12264	FACEBOOK	5456
6	中国石油	12190	阿里巴巴	4417
7	中国银行	10344	强生公司	3773
8	招商银行	9472	摩根大通	3550
9	中国人寿	7145	VISA	3442
10	中国石化	6364	埃克森美孚	3287

商务部电子商务和信息化司发布的《中国电子商务发展报告 ST》显示，中国电子商务就业人员共计 4250 万，其中阿里生态创造了 3681 万个就业岗位，占比接近 87%。

胡润研究院在 2019 年 2 月发布了《2019 胡润全球富豪榜》，其中坐在全球华人首富位置上的正是阿里巴巴的创始人马云，财产总值为 390 亿美元。

阿里巴巴集团成立于 1999 年，在开始创立的时候，阿里巴巴的发展并不是一帆风顺的。在那个年代，互联网技术并没有现在这么发达，全中国范围内的网民只有 890 万人。相对于中国的庞大人口数量来说，网民所占比例是极小的。正是因为这样，导致了互联网企业连最基本的生存问题都很难解决，发展更是举步维艰。当时，阿里巴巴面临着绝大多数小企业都存在的一个问题：没钱。对马云来说，这个问题是不得不解决的，没有钱，连生存都难，何谈发展？因此，马云开始通过各种手段吸引融资。

马云最开始的时候并没有吸引到资金，但是他却吸引到了一个人——蔡崇信，蔡崇信是阿里巴巴的第一个贵人。蔡崇信拥有很强的能力，他是耶鲁大学的东亚研究学士、经济学士、法学博士，除此之外，他还是瑞典 AB 投资亚洲区负责人、纽约执业律师。

阿里巴巴一直计划推出一个英文网站，将阿里巴巴向全球推广，终于在 1999 年 3 月 10 日成功地推出了这个网站。一经推出，就受到了很多国际权威媒体的关注，像《新闻周刊》《福布斯》等媒体都争相报道。同年 5 月，蔡崇信从香港出发，来到了杭州，他此行的目的是代表公司到中国内地寻找投资项目，本次出行，他遇到了马云。

在见到了马云并进行了一番交谈之后，蔡崇信毅然决然地回到公司，辞掉了他当时的职务，蔡崇信当时的年薪达到了 70 万美元，在那个年代差不多是 580 万元人民币，这是一笔不小的数目。辞职后，他来到了阿里巴巴，甘愿拿着 500 元人民币的月薪，甚至他还将当时已经怀孕的妻子一起带到了杭州。谈及这件事情，马云开玩笑地说："蔡崇信当时的收入已经能够买下数十个阿里巴巴了。"因此，阿里巴巴日后创立的合伙人制度中，马云和蔡崇信两人是永久合伙人。

蔡崇信当时的人脉是十分广泛的，他开始借助他此前积累下来的各种关系，帮助阿里巴巴吸引融资。在 1999 年的时候，阿里巴巴成功吸引到了 500 万美元的融资，这笔资金是由高盛牵头，联合亚洲、美国、欧洲等地的投资机构，以及瑞典的 AB 公司、新加坡的 TDF 基金共同投资的。

阿里巴巴在 2000 年成功获取到了第二轮融资，金额为 2500 万美元，其中 2000 万美元来自软银的孙正义，其余 500 万美元来自汇亚资金、富达、日本亚洲投资公司以及 Investor AB、TDF 等公司。

对阿里巴巴来说，这两笔融资简直就是救命稻草。因为在那个时候，互联网的狂热泡沫逐渐破碎，互联网行业的热度以飞快的速度降了下来，阿里巴巴因为这根“救命稻草”，成功地度过了这个低谷时期。

阿里巴巴在得到了这两笔融资后，就开始以火箭般的速度发展。阿里巴巴在 2003 年 7 月的时候决定正式进军 C2C 行业，成立了淘宝网。同年年底，阿里巴巴又推出了支付宝，开始抢夺 C2C 市场这块大蛋糕。

eBay 在 2002 年的时候，借助入股易趣网的方式，进入了中国市场，企图和阿里巴巴抢夺 C2C 市场的蛋糕，但是 eBay 是当时全世界范围内最大的 C2C 电子商务平台，是阿里巴巴的强大对手。eBay 在 2003 年的时候全资收购了易趣网，在中国的 C2C 市场中，eBay 的市场占有率高达 79%。淘宝想方设法，成功地将许多的新生卖家给“拐走了”，这个计策就是完全免费。淘宝的这个策略成功地扭转了局面，在 2005 年的时候，淘宝的市场占有率大幅度上升，达到 57%。它的竞争对手 eBay 的市场占有率遭遇了滑铁卢，由先前的 79%降低到 24%。淘宝之所以能够成功地扭转局面、战胜 eBay，完全免费的策略是最关键的地方，但是想要做到完全免费，就必须有巨额资金的支持。

阿里巴巴在 2003 年的时候得到了第三轮融资，金额为 8200 万美元，这笔资金在那个时代是一笔巨大的财富，并且还是中国互联网历史上融资最大的一笔资金。其中的 6000 万美元来自软银，另外的 2200 万美元由富达、GGV 以及 TDF 共同出资，软银给予的 6000 万美元融资尽数用在了淘宝的这个项目上。

阿里巴巴在进行了第三轮融资后，它的第一大股东依然是马云以及他的创业团队，持股比例为 47%，第二大股东是软银，持股比例为 20%，富达是第三大股东，持股比例为 18%，剩下的 15%股权由其余股东共同持有。

对于阿里巴巴来说，2005 年是一个十分重要的年份，同时也是一个转折点。当年阿里巴巴将雅虎中国的全部资产收入囊中，雅虎中国获得的 10 亿美元投资也包括在内。本次的交易过程十分复杂，详细内容可以参考表 5-3。

表 5-3　雅虎与阿里巴巴的交易内容

交易一	雅虎以 3.6 亿美元收购软银所持有的全部淘宝股权
交易二	软银从套现淘宝股权所得的 3.6 亿美元中拿出 1.8 亿美元，用于接手阿里巴巴前三轮投资人所转让的 2770 万股阿里巴巴股票
交易三	雅虎以 3.9 亿美元收购阿里巴巴前三轮投资人(除软银外)所持有的剩余 6000 万股阿里巴巴股票
交易四	雅虎以 2.5 亿美元现金+从软银手上购得的淘宝股权+雅虎中国的全部资产，换取阿里巴巴集团向雅虎增发 2.016 亿股股票

除此之外，阿里巴巴与软银、雅虎、部分其他股东以及部分管理层人员一起签订了一份股东协议。这份协议的主要目的就是在 2010 年 10 月之前对马云的控制权进行强化，协议的详细内容如下。

第一，不管发生了什么情况，在 2010 年 10 月之前，董事会不能通过任何理由、任何方式罢免马云的阿里巴巴 CEO 职务。

第二，雅虎虽然持有 40%的股份，但在 2010 年 10 月之前，它的投票权只有 35%，剩余的 5%归马云团队所有。

第三，如果软银减持交易完成日所持股票为阿里巴巴的 50%，那么软银就不能够在董事会担任董事的职位，空缺的位置由雅虎派遣一位董事顶上。如果软银以及管理层选择不减持，那么在 2010 年 10 月后，雅虎增加一个董事会席位，董事会的席位变为阿里以及雅虎各占 2 席，软银占 1 席。

第四，如果马云仍然持有阿里巴巴的股票，即使只有一股，他也仍然能够在公司的董事会中占有一个席位。

在本次交易过后，阿里巴巴集团的股东结构变为“三足鼎立”型。集团 40%的股份归雅虎所有，集团 30.7%的股份归马云团队所有，集团 29.3%的股份归软银所有。前面提到过雅虎虽然持有 40%的股份，但在 2010 年 10 月之前，它的投票权只有 35%，剩余的 5%归马云团队所有，因此马云团队的投票权为 35.7%，马云及其团队依然是阿里巴巴集团的“控制者”(见表 5-4)。

表 5-4　交易完成后阿里巴巴的股权与投票权结构

	股　权	投 票 权
雅虎	40%	35%
马云及其团队	30.7%	35.7%
软银	29.3%	29.3%

随着雅虎的入股，阿里巴巴集团获得了巨大的推动力，发展进入一个全新的阶段。雅虎集团给阿里巴巴带来的是全球品牌的影响力以及优秀的搜索技术，这是十分重要的。不仅如此，雅虎还为淘宝网后续的发展提供了资金方面的支持，使得前面几轮融资中的投资人套现退出的问题得到了完美解决。

在这个时候，马云不得不面对一个问题：由于雅虎持有阿里巴巴 40%的股份，使得自己失去了大股东的身份，并且自己对企业的控制权可能也保不住了。因为先前签署的协议中规定，雅虎虽然持有 40%的股份，但在 2010 年 10 月之前，它的投票权只有 35%，剩余的 5%归马云团队所有。过了这个时间之后，雅虎的投票权就会恢复为原来的 40%，马云团队也会失去这 5%的投票权，恢复到原来的 30.7%。而软银没有任何变动，股权以及投票权和先前一样。并且，在过了这个时间后，协议中的“不管发生了什么情况，在 2010 年 10 月之前，董事会不能通过任何理由、任何方式罢免马云的阿里巴巴 CEO 职务”也会被取消。

雅虎与阿里之间的良好合作关系，由于雅虎的 CEO 杨致远辞职之后就破碎了，马云与雅虎之间不断发生小摩擦。在发生了“支付宝”风波后，马云与雅虎之间的关系彻底破碎，他一直在寻找着机会，想要将雅虎持有的阿里股权进行回购。

阿里与雅虎之间经过一番商讨，最终决定在 2012 年 5 月，签订一份协议，该协议的主要内容有：阿里以每股 13.5 美元的价格回购雅虎持有的将近一半的阿里股票，共计 5.23 亿股，总计 71 亿美元。如果阿里巴巴集团进行

IPO(首次公开募股)的时候，阿里有权将雅虎所持有的剩下的 50%股份以 IPO 价格回购，雅虎目前所持有的股份约占阿里巴巴集团股份的 10%。在回购之后，雅虎依然持有 10%的股票，这部分股票雅虎可以等到阿里巴巴集团上市禁售期过后进行出售。

通过这次交易，阿里巴巴集团的股份发生了变化，雅虎持有的股份下降到了 23%，马云团队及其他投资人所持有的股份上升到了 45.1%，软银的股份变动不大，持有 31.9%。雅虎决定放弃其先前拥有的委任第二名董事的权利。经过这次变动之后，马云及其团队推荐的董事人数有 2 席，雅虎和软银推荐的董事人数各占一席，如图 5-11 所示。

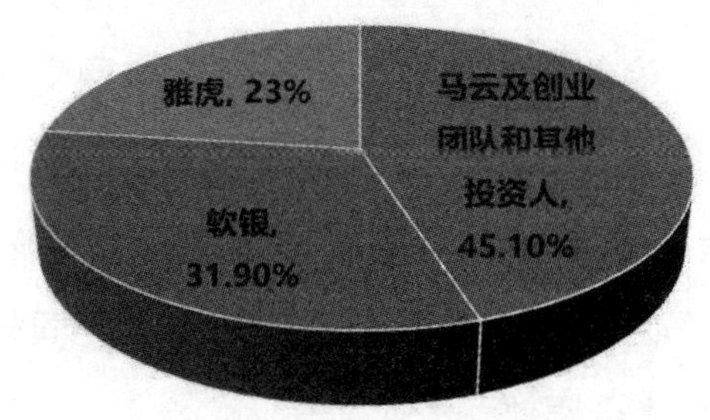

图 5-11　阿里巴巴回购雅虎股权后的股权结构

阿里巴巴集团在 2014 年 9 月 19 日，正式在美国纽约交易所上市，阿里巴巴集团的估值为 2314 亿美元，获取融资 218 亿美元。在上市后，阿里巴巴集团的股权结构再次发生变化，软银持有的股份比例为 32.4%，是第一大股东，雅虎、马云分别持股 15.6%和 7.8%。

从中可以看出，马云的持股比例仅为 7.8%，在阿里巴巴中是小股东。不过，马云早就与软银签订了一份协议，在进行 IPO 后，马云以及蔡崇信能够得到软银的 30%投票权，换句话说，马云团队拥有的投票权比例达到了 40%。借助这一份协议，马云依然能够在股东大会中占据着相当大的优势。如果软银减持阿里巴巴的股票，它的持股比例低于 15%的时候，软银就会失去提名董事的权利。

5.7 案例——李想如何一步步丧失了对汽车之家的控制权

李想(汽车之家创始人)以及秦致(汽车之家 CEO)在 2013 年年底的时候，在纽交所敲响市钟，当时汽车之家的管理层可谓是得意扬扬。此时，他们绝对不会想到，只不过两年的时间，他们就犹如坐过山车般，直接从最高处掉最低处，在自己耗费了大半辈子时间奋斗的战场上被淘汰……

“相敬如宾”的融洽关系

有些人对于汽车之家并不太了解，但是在互联网上买过车或者是热爱玩车的朋友们绝对是了解它的。汽车之家是全世界范围内访问量最大的汽车网站，该网站为消费者提供了一系列的购车服务，从选车，到买车，再到用车，甚至是换车，汽车之家能满足用户的一切需求。同样地，汽车之家在最开始创业的时候过得也十分艰难。

2005 年，李想成立了汽车之家。在刚刚成立的时候，没有任何名气，在两年后，秦致来到了“汽车之家”。在这个时候，“汽车之家”只不过是一个小公司，只有 20 多名员工，年营收也只有 1000 万元。到了 2008 年，汽车之家迎来了一个转折点：澳洲电讯这个“伯乐”看好了“汽车之家”这匹“马”，以 7600 万美元的金额入股汽车之家，持股比例为 55%。此后的一段时间内，澳洲电讯又陆陆续续地投资了共计 3700 万美元，持股比例也上升到了 71.5%。汽车之家由此开始进入了飞速发展的时期。

曾经有人问过李想，为什么会付出这么高的股权比例，李想说：在刚刚开始做汽车之家的时候，仅仅是感兴趣罢了，因为最初的利润很小，所以并没有太过于在意公司的控制权。这也是他第一次创业，没有什么经验，对于资本的意识并没有那么深刻。

不过，澳洲电讯虽然是汽车之家的第一大股东，但是它从不插手汽车之家的任何事，当个甩手掌柜，仿佛汽车之家根本就没有这个大股东似的。它一直都没有对汽车之家提出过任何要求，也从不干涉汽车之家的日常管理事务，由汽车之家的管理层负责打理公司的所有业务。澳洲电讯的这种态度被汽车之家的创始人团队以及公司管理层视为“相敬如宾”，在经营过程中，汽车之家慢慢地放下了他们的戒备心理。他们从来都没有想过，从澳洲电讯进入汽车之家的那一刻开始，汽车之家就没有话语权了，他们无法对自己的命运进行掌控。

突如其来的强势入侵

在2008年的时候，汽车之家的估值仅为1.5亿美元，到了2013年上市的时候，汽车之家的市值达到了30多亿美元。澳洲电讯从汽车之家的IPO中得到了数十亿美元的巨额财产，汽车之家拥有着巨大的发展前景。

汽车之家管理层一直沉浸在这份喜悦中，但是中国有句老话叫作“共患难易，共富贵难”，他们根本就没有想到澳洲电讯长期以来与他们一直都是相敬如宾的关系，但是在汽车之家上市之后，他们的“阴谋”就开始逐渐显露了出来，虽然这个“树袋熊”(李想对于澳洲电讯的称呼)看起来人畜无害，但是它却无情地将企业拖下了悬崖。

澳洲电讯在2016年4月15日，公开宣布将汽车之家47.7%的股权出售给中国平安，总价为16亿美元，但是在出售股份之前，澳洲电讯根本就没有和汽车之家的管理层进行过任何形式的沟通。在本次交易过后，中国平安直接就替代了澳洲电讯的地位，成为汽车之家的第一大股东。为什么澳洲电讯要做出这个举动呢？从相关数据来看，澳洲电讯的主营业务呈下滑的趋势，但是它要在2016年8月的时候公布一份新的年度财报，因此它必须将其他业务出手，通过现金的形式给其他股东分红。

澳洲电讯与中国平安之间的交易被公开后，中国平安发表了一封公开信，信中十分强势地表示，中国平安将通过各种方式帮助汽车之家进行转型以及战略升级，由先前的单一汽车媒体转变为全方位汽车服务。

汽车之家在这个时候才充分意识到，中国平安与澳洲电讯不同，它会对汽车之家的管理以及运营进行干预，公司的控制权将在这一刻开始逐渐地从他们手中脱离。对于中国平安成为汽车之家的第一大股东这件事情，秦致等人是十分抗拒的，他们通过各种努力阻挠中国平安掌控汽车之家。秦致等人认为，公司所追求的是长期发展，而中国平安有可能仅仅是为了短期套利，双方所追求的目标并不一致，中国平安可能会成为一大“阻碍”，使得汽车之家所追求的长期发展无法实现。就这样，双方展开了一场争夺汽车之家控股权的战役。

力量微小的绝地反击

秦致说：“走了树袋熊，来了大黑熊。”汽车之家的管理层以秦致为首，拼尽所有的力气，打响了一场绝地求生的战役。

澳洲电讯与中国平安之间完成了股权交易之后，仅仅过了数小时的时间，汽车之家的管理层就发布了一项声明，他们决定让汽车之家私有化，由CEO 秦致以及汽车之家管理层牵头，红杉、博裕以及高瓴资本等共同组成了买方团，通过每 ADS 31.50 美元的价格对汽车之家进行私有化，但是“树袋熊”这个时候跳了出来，公开表示反对这次私有化行动，对于秦致等人提出的私有化方案，他们并不认同，其认为对于汽车之家来说，中国平安能够帮助其获得巨大的发展，所以“树袋熊”与“大黑熊”之间的股权交割仍在进行。

但是秦致等人并不甘心放弃，此时，在遥远的开曼群东大法院里，持有汽车之家股份的一些小股东以及管理层正在发起绝地反击，这些人向法庭提出请求，将这笔交易暂停，他们的理由是，在汽车之家的董事会中，澳洲电讯代表有恶意违规的情况。对此，澳洲电讯也做出了回应，他们会对这场行动进行反击。这一系列的行为无疑在告诉人们，汽车之家内部董事会对于这次交易的意见并不统一，甚至存在着极大的分歧。汽车之家股权争夺的形式如图 5-12 所示。

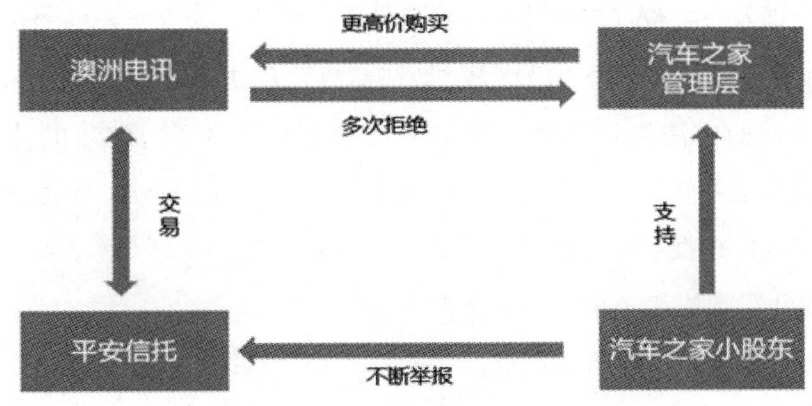

图 5-12 汽车之家股权争夺的形式示意图

即使汽车之家的小股东们全力支持管理层的行动，用尽了一切手段，例如“举报违反垄断法”“发起私有化”“CEO 公开炮轰”“闹到开曼法庭”等，这些手段也没有起到任何的作用，因为李想以及秦致在汽车之家的股份极少，仅为 5.5%，而反观澳洲电讯，即使在上市之后导致它所持有的股份被稀释了，它仍然占据着汽车之家 66.2%的股份。

在资本现实的世界中，秦致等人的举动太过于“理想化”了。在这个时候，汽车之家的第一控股股东仍然是澳洲电讯，凭借着这个优势，“树袋熊”召开了董事会，凭借其第一股东的地位推动了这次交易，即使董事会成员中有近一半的人反对这次交易，但“树袋熊”的手段并不是那么容易就能够反抗的，在董事会中，“树袋熊”当场提出要新增一名董事会成员，使得本次交易获得了足够的票数，通过强硬的手段推动了这笔交易的顺利完成。

无奈之下的黯然离场

澳洲电讯在 2016 年 6 月底的时候，正式宣布已经完成了与中国平安之间

的股权交易。“大黑熊”正式取代了“树袋熊”的地位，进入汽车之家，成了第一大股东。平安在接管了汽车之家之后，就犹如古代的君王登基一般，开始对身边的大臣进行“清洗”。汽车之家原先的全部管理层人员，包括秦致在内，以及 12 位汽车之家原先的总裁办公室人员，全部都被“清洗”掉了。即使是李想出面求情，仍然无法改变秦致等人被“清洗”的命运。

这一次的“清洗”过后，平安为汽车之家任命了一位新的董事长兼CEO，同时也将自己的“亲兵”安排到了汽车之家的管理层，全面接手汽车之家。在这场战役中，李想以及秦致被“推翻了”，平安“登基”，成为汽车之家真正的掌控者，开启了属于平安的时代。

对于这件事情，读者都能够从中明白一个道理：不管什么时候，资本就是资本，它永远都是现实的。马刚(汽车之家副总裁)满怀伤感，在博文中写下了这样一句话：“大股东离场，把股份和控制权交给了资本玩家，秦致团队的梦想即将破灭，汽车之家也可能将很快陨落。”隐藏在这一份伤感后面的，是理想在现实面前的无能为力。

这件事情，汽车之家的管理层人员可谓刻骨铭心，吸取到了一个能够铭记一辈子的教训，尽管这份教训的代价是巨大的。李想在之后的创业过程中，每一次融资都紧紧地将“控制权”掌握在自己的手中，他说：“可能再融三四轮，我们团队仍然是控股的。这方面，和汽车之家完全不一样，我至少要把汽车之家欠下的东西在这里慢慢补回来了。”

在现实中，有很多事情都能够给人们以较大的启示，特斯拉的投资人马斯克将创始人踢出公司，乔布斯曾经被踢出苹果董事会，这一系列的事情都在向我们阐明一个道理：理想就是理想，现实就是现实，两者不能混为一谈，如果不能够将两者牢牢地控制在自己的手里，就只能被现实牵着鼻子走。理想与情怀在自由市场中是没有任何话语权的，要想得到话语权，就必须拥有相应的实力。这个世界一直都是物竞天择，适者生存的！

第6章

构建防火墙：利用制度设计化解股权利益冲突

在资本市场中，巧妙地设计股权制度是相当重要的，它犹如一块跳板，企业可以通过这块“跳板”，跳到更高更远的地方，能够获取全中国甚至是全世界的资源，从而促进企业飞速发展。其实股权是一把双刃剑，用好了能使你所向披靡，用不好就会伤及自身。因此，创始人必须深入认识股权制度，并且利用股权制度设计化解股权利益冲突，规避风险。

6.1 性质差异：普通合伙企业与有限合伙企业的比较分析

合伙企业可分为普通合伙企业和有限合伙企业，二者均以《合伙企业法》作为活动依据，在某些方面存在相同点，但毕竟性质还是不一样的，因此二者也存在差异。根据《合伙企业法》的规定，我们将普通合伙企业和有限合伙企业的相关条款进行对比，以便大家更好地对其进行区分，如表 6-1 所示。

表 6-1 《合伙企业法》对普通合伙企业和有限合伙企业的不同要求

项　目	普通合伙企业	有限合伙企业
合伙人资格	(1)自然人、法人和其他组织均可成为合伙人。 (2)国有独资公司、国有企业、上市公司以及公益性的事业单位、社会团体不得成为普通合伙人	(1)自然人、法人和其他组织均可成为普通合伙人和有限合伙人。 (2)国有独资公司、国有企业、上市公司以及公益性的事业单位、社会团体不得成为普通合伙人
经营管理	合伙人对执行合伙事务享有同等的权利	由普通合伙人执行合伙事务。有限合伙人不执行合伙事务，不得对外代表有限合伙企业
风险承担	合伙人对合伙企业债务承担无限连带责任	普通合伙人对合伙企业债务承担无限连带责任，有限合伙人以其认缴的出资额为限对合伙企业债务承担责任
人数	2 人以上	2 人以上 50 人以下
出资形式	合伙人可以用货币、实物、知识产权、土地使用权或者其他财产权利出资，也可以用劳务出资	(1)普通合伙人可以用货币、实物、知识产权、土地使用权或者其他财产权利出资，也可以用劳务出资。 (2)有限合伙人可以用货币、实物、知识产权、土地使用权或者其他财产权利作价出资，但不得以劳务出资

续表

项 目	普通合伙企业	有限合伙企业
出资义务	合伙人应当按照合伙协议约定的出资方式、数额和缴付期限，履行出资义务	(1)普通合伙人应当按照合伙协议约定的出资方式、数额和缴付期限，履行出资义务。 (2)有限合伙人应当按照合伙协议的约定按期足额缴纳出资；未按期足额缴纳的，应当承担补缴义务，并对其他合伙人承担违约责任
利润分配	合伙协议不得约定将全部利润分配给部分合伙人或者由部分合伙人承担全部亏损	有限合伙企业不得将全部利润分配给部分合伙人，但是，合伙协议另有约定的除外
竞业禁止	合伙人不得自营或者同他人合作经营与本合伙企业相竞争的业务	(1)普通合伙人不得自营或者同他人合作经营与本合伙企业相竞争的业务。 (2)有限合伙人可以自营或者同他人合作经营与本有限合伙企业相竞争的业务，但是，合伙协议另有约定的除外
自相交易	除合伙协议另有约定或者经全体合伙人一致同意外，合伙人不得同本合伙企业进行交易	(1)普通合伙人除合伙协议另有约定或者经全体合伙人一致同意外，合伙人不得同本合伙企业进行交易。 (2)有限合伙人可以同本有限合伙企业进行交易，但是，合伙协议另有约定的除外
财产出质	合伙人以其在合伙企业中的财产份额出质的，须经其他合伙人一致同意；否则，其行为无效，由此给善意第三人造成损失的，由行为人依法承担赔偿责任	(1)普通合伙人以其在合伙企业中的财产份额出质的，须经其他合伙人一致同意；否则，其行为无效，由此给善意第三人造成损失的，由行为人依法承担赔偿责任。 (2)有限合伙人可以将其在有限合伙企业中的财产份额出质，但是，合伙协议另有约定的除外
财产转让	除合伙协议另有约定外，合伙人向合伙人以外的人转让其在合伙企业中的全部或者部分财产份额时，须经其他合伙人一致同意	(1)普通合伙人财产份额的转让除合伙协议另有约定外，合伙人向合伙人以外的人转让其在合伙企业中的全部或者部分财产份额时，须经其他合伙人一致同意。 (2)有限合伙人可按照合伙协议的约定向合伙人以外的人转让其在有限合伙企业中的财产份额，但应提前三十日通知其他合伙人

续表

项　目	普通合伙企业	有限合伙企业
合伙人债务的清偿	(1)合伙人的自有财产不足清偿其与合伙企业无关的债务的，该合伙人可以以其从合伙企业中分取的收益用于清偿；债权人也可以依法请求人民法院强制执行该合伙人在合伙企业中的财产份额用于清偿。 (2)人民法院强制执行合伙人的财产份额时，应当通知全体合伙人，其他合伙人有优先购买权；其他合伙人未购买，又不同意将该财产份额转让给他人的，依照本法第五十一条的规定，为该合伙人办理退伙结算，或者办理削减该合伙人相应财产份额的结算	(1)合伙人的自有财产不足清偿其与合伙企业无关的债务的，该合伙人可以以其从合伙企业中分取的收益用于清偿；债权人也可以依法请求人民法院强制执行该合伙人在合伙企业中的财产份额用于清偿。 人民法院强制执行合伙人的财产份额时，应当通知全体合伙人，其他合伙人有优先购买权；其他合伙人未购买，又不同意将该财产份额转让给他人的，依照本法第五十一条的规定为该合伙人办理退伙结算，或者办理削减该合伙人相应财产份额的结算。 (2)有限合伙人的自有财产不足清偿其与合伙企业无关的债务的，该合伙人可以以其从有限合伙企业中分取的收益用于清偿；债权人也可以依法请求人民法院强制执行该合伙人在有限合伙企业中的财产份额用于清偿。人民法院强制执行有限合伙人的财产份额时，应当通知全体合伙人。在同等条件下，其他合伙人有优先购买权
入伙责任	新合伙人对入伙前合伙企业的债务承担无限连带责任	(1)新入伙的普通合伙人对入伙前合伙企业的债务承担无限连带责任。 (2)新入伙的有限合伙人对入伙前有限合伙企业的债务，以其认缴的出资额为限承担责任

续表

项　目	普通合伙企业	有限合伙企业
退伙	(1)当然退伙的情形：①作为合伙人的自然人死亡或者被依法宣告死亡；②个人丧失偿债能力；③作为合伙人的法人或者其他组织依法被吊销营业执照、责令关闭、撤销，或者被宣告破产；④法律规定或者合伙协议约定合伙人必须具有相关资格而丧失该资格；⑤合伙人在合伙企业中的全部财产份额被人民法院强制执行。 (2)合伙人被依法认定为无民事行为能力人或者限制民事行为能力人的，经其他合伙人一致同意，可以依法转为有限合伙人，普通合伙企业依法转为有限合伙企业。其他合伙人未能一致同意的，该无民事行为能力或者限制民事行为能力的合伙人退伙。 (3)合伙人死亡或者被依法宣告死亡的，对该合伙人在合伙企业中的财产份额享有合法继承权的继承人，按照合伙协议的约定或者经全体合伙人一致同意，从继承开始之日起，取得该合伙企业的合伙人资格。 (4)退伙人对基于其退伙前的原因发生的合伙企业债务，承担无限连带责任	(1)有限合伙人当然退伙的情形中无个人丧失偿债能力的情形，其他情形与普通合伙一致。 (2)作为有限合伙人的自然人在有限合伙企业存续期间丧失民事行为能力的，其他合伙人不得因此要求其退伙。 (3)作为有限合伙人的自然人死亡、被依法宣告死亡或者作为有限合伙人的法人及其他组织终止时，其继承人或者权利承受人可以依法取得该有限合伙人在有限合伙企业中的资格。 (4)有限合伙人退伙后，对基于其退伙前的原因发生的有限合伙企业债务，以其退伙时从有限合伙企业中取回的财产承担责任

6.2 持股平台：搭建持股平台相较于直接持股的 6 个优势

在公司股权激励中，最常见的操作模式非持股平台莫属，持股平台是让母公司之外的被激励对象能够持有公司股权的一种持股方式。简单来说，就是先让被激励对象成立有限合伙企业或其他包含特殊含义的公司，然后让他们去持有公司股权。

一方面，企业能够从中受益，因为能够通过这种方式激励员工更加卖命工作；另一方面，员工受益，把个人前途和命运同企业发展紧密结合起来，能够实现双赢。正因为如此，这种方式越来越受欢迎，一跃成为国有企业混合制改革的“新宠”。通常情况下，非上市企业员工持股平台主要有以下 3 种形式。

第一，自然人直接持股。

这种方式最好理解，程序上最为简单，而且不需要额外设立持股平台。核心员工可以通过受让原股东股权的方式，也可以通过对拟上市主体增资扩股的方式，直接持有改制后企业的股权，但个人转让股权所得收入需要征收20%的个人所得税。

这里需要注意的是，如果员工持股的实施主体是有限公司，那么持股人数不得超过 50 人；如果是股份公司，不得超过 200 人。所以，对企业而言，自然人持股太多也不是好事，毕竟企业的决策管理会受影响。

第二，合伙企业形式间接持股。

和直接持股相对应的就是间接持股。间接持股分两种，一种是合伙企业形式间接持股，另一种是公司形式间接持股。二者的区别就在于核心员工出资成立的是有限合伙企业，还是有特殊目的的公司。

这里先讲合伙企业形式间接持股。这种持股方式一般是采取受让原股东股权或对拟上市主体增资扩股两种方式，让核心员工出资成立有限合伙企业。对企业来说，能够通过签订合伙协议来约束合伙人的行为，规定合伙人的权利和义务；对合伙人来说，可以只缴纳个人所得税，避免双重征税。但是弊端就在于股东有人数限制，不得超过 50 人。

第三，公司形式间接持股。

公司形式间接持股是指通过受让原股东股权或对拟上市主体增资扩股的

方式，使该企业成为拟上市主体的股东。这种公司本身运营就需要一定的成本，所以会适当降低员工自身的收益。

如果公司是有限责任公司，员工持股人数和合伙企业一样，不得超过 50 人，而且需要征收公司和个人双重所得税。如果是股份公司的话，公司持股人数不可以超过 200 人。

接下来，我们针对这 3 种持股形式的优劣进行对比，如表 6-2 所示。

表 6-2　3 种持股形式的优劣势对比

持股平台	优　势	劣　势
自然人直接持股	程序简单，个人所得税低	持股人数受限，不利于集中决策管理
合伙企业形式间接持股	约束合伙人行为，规定合伙人的权利义务，避免双重征税	有政策风险，持股人数受限
公司形式间接持股	规章更加健全，风险较小，更有利于股份管理	员工收益降低，需要双重征税

这些年来，持股平台已经成为众多企业进行股权激励的重要选择。与直接持股相比，搭建持股平台具备以下 6 个优势。

第一，增强创始人控制权。

公司的创始人对公司的控制权是创业公司在搭建持股平台时不得不考虑的一个问题，同时还是公司一定要关注的问题，一定要将该问题摆在第一位进行解决。

创始人以及他的团队在成功创立公司并且发展了一段时间后，团队中肯定会有核心人员的诞生，有的是技术方面的核心人员，有的是业务方面的核心人员。如果想要让这些核心人员留下来继续为公司效力，仅仅依靠工资是不可行的，创始人必须通过一些其他方式才能够让这些人继续全心全意地为公司效力，比如股权激励就是最好的方式，同时也是唯一的方式。在这个时候，公司的创始人以及他的团队就需要考虑一个问题：通过什么样的方式才能够做到既对员工起到激励的作用，又能够让自己仍然掌握着公司的控制权呢？对于这个问题，有一个十分完美的解决方案——搭建持股平台，尤其是有限合伙持股平台。

《合伙企业法》第六十七条规定："有限合伙企业由普通合伙人执行合伙事务。执行事务合伙人可以要求在合伙协议中确定执行事务的报酬及报酬提取方式。"

《合伙企业法》第六十八条第一款规定："有限合伙人不执行合伙事务，不得对外代表有限合伙企业。"

由企业的创始人来负责担任有限合伙平台中的GP(普通合伙人)，LP(有限合伙人)则由被激励的对象来负责担任。在上述的《合伙企业法》第六十七条以及第六十八条规定可以看出，执行事务合伙人是由GP也就是创始人来担任的，而LP也就是被激励的对象，是不执行合伙事务的。通过这样的方式，创始人仍然能够将合伙企业的全部表决权掌控在自己的手中。

创始人通过股权激励的方式对员工进行激励，员工开心了，创始人仍然能够掌控公司的表决权，创始人也开心，皆大欢喜。

站在公司经营在未来的发展及优化治理结构的角度来看，最好的选择就是让公司的控制权依然掌握在创始人以及他的团队手中。

第二，帮助税务筹划。

实际上，老板通过股权激励的方式对员工进行激励，其实是想将分红权授予员工，这也恰好与员工所想相吻合，钱正是员工想要的。通过分红的方式来进行分钱，就肯定会有个人所得产生，这样导致了需要交税，通过什么样的方式才能够减少交税的金额，这个问题相当专业。换个角度来说，如果对员工进行股权激励导致他们的税负增加了，那么员工会不会对此感到不满呢？

通过什么样的方式才能够做到合法合规地在分钱的过程中减少交税的金额，不管是对于公司来说还是对于员工来说，这件事情都是他们十分关注的。然而实际上，这个想法却是难以实现的。

(1) 有限合伙的筹划点。

《财政部、国家税务总局关于合伙企业合伙人所得税问题的通知》(财税〔2008〕159 号)规定：“……二、合伙企业以每一个合伙人为纳税义务人。合伙企业合伙人是自然人的，缴纳个人所得税；合伙人是法人和其他组织的，缴纳企业所得税。三、合伙企业生产经营所得和其他所得采取‘先分后税’的原则……”

《国家税务总局关于〈关于个人独资企业和合伙企业投资者征收个人所得税的规定〉执行口径的通知》(国税函〔2001〕84 号)(简称《通知》)第二条规定：个人独资企业和合伙企业对外投资分回的利息或者股息、红利，不并入企业的收入，而应单独作为投资者个人取得的利息、股息、红利所得，按“利息、股息、红利所得”应税项目计算缴纳个人所得税。以合伙企业名义对外投资分回利息或者股息、红利的，应按《通知》所附规定的第五条精神确定各个投资者的利息、股息、红利所得，分别按“利息、股息、红利所得”应税项目计算缴纳个人所得税。

绝大部分的情况下，合伙企业都是通过先分后税的方式来进行分红的，这也是人们一致同意的观点。根据上面的相关规定，可以看出，这种方式是属于税收透明实体的，所以税务筹划是有可能实现的。

如果我们换一个角度来看，就会发现其实通过在中间增加合伙企业的方式根本就无法节税，不过这种方式却能够使得税负不会增加。为什么税负不会增加呢？其实是因为合伙企业本身的税收就是透明的，根本就不需要征税。国税函〔2001〕84 号又做出了相关规定：“个人独资企业和合伙企业对外投资分回的利息或者股息、红利，不并入企业的收入，而应单独作为投资者个人取得的利息、股息、红利所得，按‘利息、股息、红利所得’应税项目计算缴纳个人所得税”，从而使得与自然人直接持股的税目、税率、税基是完全一致的。

在这里要解释一下投资的利息以及股息不并入合伙企业收入的主要原因

是假如并入合伙企业收入中，就有可能导致许多的合伙企业能够进行简易征收，并且合伙人还根据 5%～35%的五个级别来进行超额累计征收，就会导致仍然是有一定的筹划空间的。

(2) 有限责任公司的筹划点。

《企业所得税法》第二十六条规定：“企业的下列收入为免税收入……(二)符合条件的居民企业之间的股息、红利等权益性投资收益……”

《企业所得税法实施条例》第八十三条规定：“企业所得税法第二十六条第(二)项所称符合条件的居民企业之间的股息、红利等权益性投资收益，是指居民企业直接投资于其他居民企业取得的投资收益。企业所得税法第二十六条第(二)项和第(三)项所称股息、红利等权益性投资收益，不包括连续持有居民企业公开发行并上市流通的股票不足 12 个月取得的投资收益。”

根据上述《企业所得税法》的相关规定，可以看出，如果境内有限责任公司是一个持股平台，那么自经营实体(企业)得到的分红是不需要交税的。看起来比较复杂，下面举个例子以方便大家理解，假设分红的金额为 2000 万元，如果是持股平台的话，就可以免税，但是如果是个人持股，就不能免税，需要缴纳 20%的个人所得税，也就是 40 万元。

看到这里，可能会有人提出一个问题：虽然持股平台免税，但是钱最终进入个人口袋的时候，这 20%的个人所得税究竟还需不需要缴纳呢？答案是肯定的。所以，通过这个方式来进行节税，只对那些富有的人有效，并且是那些钱多到只能用来进行投资的人。

因此，通过持股平台的方式来进行税务筹划，实际上空间是有限的，这种方式唯一的意义可能就是税负不会增加了。

第三，突破人数限制。

《公司法》第二十四条规定：“有限责任公司由 50 个以下股东出资设立。”因为《公司法》规定限制了股东人数，但是对于一些公司来说，50 人这个数量比他们拟激励的员工数量少太多了，迫不得已，只能使用持股平台的方式来进行股权激励了。

第四，规避工商变更频繁。

因为受到激励的员工数量会变得越来越多，当人数达到一定程度的时候，就会出现许多诉求，出现特殊情况的概率也变高了，出现辞退员工、员工离职以及一些其他情况是不可避免的。如果没有使用持股平台的方式，而是使用直接持股的方式，那么肯定会使得经营实体的工商变更十分频繁。对于公司来说，这种频繁变更是不利于进行合规管理的，也会导致合规成本以及会议成本大大增加，在股权层面也有可能会出现许多不必要的问题，对于公司的其他资本运作以及后续融资是十分不利的。

第五，促进高效决策。

我们将公司型持股平台作为例子，它的治理结构中必须将董事会、股东会以及监事会包含其中，这样才能够算一个完整的治理结构。《公司法》第四十一条规定：开股东会会议，应当于会议召开 15 日前通知全体股东；但是，公司章程另有规定或者全体股东另有约定的除外。股东会应当对所议事项的决定做成会议记录，出席会议的股东应当在会议记录上签名。根据《公司法》的规定，在召开会议之前，一定要通知企业的全体股东。在颁布了《最高人民法院关于适用〈中华人民共和国公司法〉若干问题的规定<四>》之后，股东会决议面临着更为严格的要求，规范性必须大大提高。我们可以想象一下，不管公司做出什么决议，都必须通知公司的全体股东，并且还需要逐一签字。管理成本会提升到什么样的程度呢？

借助有限合伙的方式能够完美地躲开这种情况，治理结构十分精简，有利于公司能够更加高效地进行决策，能够更好地抓住转瞬即逝的商机，进而在竞争中占据优势地位。

第六，管理成本低。

合伙企业具有公司型企业不具备的优势，它更加灵活，更加简便，也没有很高的设立门槛。因此，它不仅仅能够让公司的决策变得更加高效，还能够大幅度地降低持股平台的管理成本，进一步让股权激励的可行性变得更强。

6.3 AB 股计划：上市前投票权委托与上市后 AB 股计划一脉相承

2015 年曾经发生过一件重大的事情，那就是“万宝之争”。这次事件过后，多数企业都开始意识到合理设计、安排股权结构是十分重要的。商场上危险重重，稍微一不小心就有可能“毙命”。在资本市场中，有很多鲜明的例子，既有创始人被迫离开企业的，如雷士照明将吴长江“赶了出去”、周航离开易到、俏江南将张兰无情踢出等，也有创始人借助合理的股权结构将公司的控制权牢牢掌控在自己手中的，比如刘强东(京东创始人)、李彦宏(百度创始人)等，这些公司是千亿级别的，但是他们仍然能掌控公司的话语权，可谓是本领高强。

刘强东、李彦宏等是通过什么样的方式来巧妙安排股权设计，使自己能够避免“出局”的命运？接下来我们就带大家来了解一下他们成功的方法——设置 AB 股计划。

首先介绍 AB 股计划，它又被称为同股不同权以及双重股权结构，指的是某家企业在发布股票的时候，会发布两种或以上的股票，只有其中的一种股票是具有投票权的，另外的股票只能拥有少量的投票权，甚至根本没有。

AB 股架构在美国十分盛行，绝大多数的美国公司使用的是这种结构，这主要得益于投资在美国是十分流行的，金融业发展得也相当早。就目前的中国 A 股市场的情况来看，并不适合使用这种 AB 股的结构，主要原因是中国金融监管机构认为这种股权设置的方式并不公平，会使得公司内部爆发出矛盾冲突，例如投资人的权益不能得到有效保护、公司创始人暴走等。之所以美国能够很好地使用这种结构是因为其金融业发展得早，发展到现在已经十分成熟，美国的监管机构认为，以他们现在的监管能力能够很好地控制 AB 股架构。我们需要了解一点，在 2004 年的时候，Google 的上市成为分水岭，从这个时候开始，美国高科技行业上市公司的股权结构发生了翻天覆地的变化。在这之前，例如微软、苹果以及亚马逊等高科技公司在美国上市的时候，几乎没有一家企业会使用 AB 股架构。在这之后，除了 Twitter 之外，大部分在美国上市的科技公司使用的是 AB 股架构。反观国内，较为出名的公司中只有京东以及百度使用的是 AB 股架构。接下来，以百度的牛卡计划为例，简单介绍一下相关内容。

百度的牛卡计划是什么？简单来说，该计划的主要内容就是：B 类股投票权是 A 类股的 10 倍。

百度在 2005 年 8 月 5 日上市，开盘的价格为 27 美元，在开盘当日股价一路攀升，最高达到了 150 美元，市值最高的时候达到了 50 亿美元。在收盘的时候，股价为 122 美元，市值为 40 亿美元，百度的这次上市掀起了一股中国互联网的浪潮。

有消息透露称，Google 在我国设立了一个办事处，Google 的 CEO 埃里克·舒密特(Eric Schmidt)曾经来到中国，目的是拜访百度公司。Google 的一系列行动已经表明了它想要踏入中国市场。有专业人士分析，Google 控股百度甚至是收购百度是他们进入中国市场最有效的办法。

百度之所以提出了所谓的牛卡计划就是为了防止恶意收购，尤其是针对 Google。这个计划的主要内容就是百度在上市之后，它的股份分为两类，一类是 A 股，另一类是 B 股。A 类股每股只有 1 票的表决权，而 B 类股每股有 10 票的表决权。在美国股市中发行的是 A 类股，而创始人所持有的股票则是 B 类股，说到这里大家已经明白了百度为什么要使用这种 AB 股的股权结构了，在这种情况下，在公开市场中 Google 想要收购百度无异于痴人说梦。专业人士分析：就理论上而言，就算 Google 收购了百度公司的绝大多数的股权，李彦宏等创始人手中持有的股份只要不低于 11.3%，公司的控制权仍然是被他们所掌控的。

Google 也因为百度的这个“牛卡计划”受到了极大的阻碍，为此它想要进军中国市场只能是另寻他路了。从这个时候开始，百度的命运被李彦宏牢牢掌握着，资本市场想要影响到百度的命运是十分困难的，很明显，李彦宏根本就不想将百度在中国市场占据的领先地位拱手让人。换句话说，百度拥有很大的野心，它想要牢牢地占据着中国搜索市场的霸主地位。

根据招股说明书中的内容可以看出，在 2004 年的时候，百度的收入就已经高达 1300 万美元。与 Google 比起来，虽然这个数据并不起眼，但是百度的“牛卡计划”就像是一根绳子，将百度与李彦宏紧紧地连接了起来，让李彦宏能够在中国市场施展拳脚，不受任何束缚。

AB 股计划最大的作用就是保证控制权能够握在自己手中。在双层股权的结构中，A 类股只占据了很少一部分的表决权，而 B 类股则占据了很大一部分的表决权，并且 A 类股是能够转让的，而 B 类股是无法转让的。企业的管理层、执行董事以及创始人等人手中所持有的 B 类股是无法进行转让的，如果不得不进行转让，唯一的方式就是先把 B 类股换成 A 类股。通过这种 AB 股的股权结构能够确保公司中的持有 B 类股的高层人员能够谨慎地做出公司决策，做出的决策能够保证公司中小股东的利益。

企业的创始人以及管理层股东手中所持有的股份在进行融资的时候肯定会被大量稀释。如果是在“一股一票”的股权结构中被稀释掉了股权，就相当于减少他们对公司的控制权了。那么在这个时候，他们就需要面临一个进退两难的问题：如果想要低成本上市，就肯定会导致控制权减少；如果依然想要掌控对公司的控制权，唯一的方式就是让融资的规模减小。如果使用双层股权结构，那么上述的问题就都不是问题，公司的创始人以及管理层股东在上市之后仍然可以有着较高的控制权，使得他们在上市的时候不需要有那么多的顾虑，他们上市的动力也会得到大大增强。

使用 AB 股计划的方式能够帮助企业有效应对竞争对手的恶意收购，因为各个公司的生产情况以及经营范围是不一样的，对于部分公司来说，尤其是娱乐业以及传媒业的公司，让公司的创始人以及管理层的股东紧紧地掌握着公司的控制权是最有利于公司发展的。在面对竞争对手恶意收购的时候，AB 股计划能够帮助企业构建起一道强有力的防线，能够有效“击退”对手，使得公司的控制权仍然掌握在创始人及管理层股东手上。犹如专题新闻一般，想要打造出一个与众不同的新闻栏目以及别具一格的价值取向，就需要有一个长期稳定的新闻解说以及幕后的团队。假如新闻解说每过一段时间就换一个，或是幕后的团队每过一段时间就发生一次变化，那么当发生变动的时候，风格以及价值取向也会发生变动，想要观众适应新的风格以及价值取向所花费的时间以及精力是无法估量的。从某种程度上来说，这种价值比公司本身的价值还要高很多，该类资产是属于公司的无形资产。这个道理对于某些投资基金行业也是适用的，部分投资基金行业对于个人经验以及判断的依赖性是极强的，如果一支团队极不稳定，就会使得公司的发展受阻，AB 股计划被大部分科技类公司所使用，也正是因为如此。

对绝大多数的高科技公司来说，创始人都是为了能够让企业得到更好的发展才进行融资的，但是这需要面对很大的风险，因为引入投资必然会导致创始人的股权被稀释，从而导致创始人对公司的控制权随之减弱。随着科创板的推出，如今导入 AB 股计划的企业也有机会在国内上市，让创始人仍然能够掌握着公司的控制权而不受到股权稀释的影响。

6.4 一致行动人：设置一致行动人的意义与协议要点

什么是“一致行动人”？从广义上来讲，一致行动人指的是借助协议或其他一些方式让各方的法人(包括社会组织、企业等)或自然人承诺在某件事情上行动保持一致，与之相对应的一致行动人协议指的就是将各方所承诺的内容记录下来的法律文书。

在对企业经营管理的过程中，创始团队也可以签订投票权委托或一致行动人协议，从而能够保证控制企业发展方向。创始团队成员之间可以形成行动一致协议，也就是遇到某些争执不下的问题时，给出一致答案并且进行投票。创始团队在某些事项中投票要一致，哪怕意见不一，也要根据一致行动人的要求来投票。加大创始团队的投票权权重，与投资者分庭抗礼。又或者说可以接受其他股东的投票权委托，进而获得其他股东的投票权。这些方式能够帮助企业更为高效地完成决策，被表决事项不需要通过重重征求意见，而是直接以投票权最大的股东的个人意志为准。但是，创始团队采取这一方式，前提是成员之间高度信任，并且投资者也比较容易接受这一方法。

也就是说，公司股东在股东会之外还可以通过签订一致行动人协议的方式，创立一个“小股东会”，这个“小股东会”是具有法律保障的。在执行协议中所约定的内容时，或是召开股东会要进行表决时，各个相关方可以先召开一次“小股东会”，在会议中进行讨论，并确定一个最终结果作为各个相关方对外的一致结果，在决定是否要进行某个事项或是股东会进行表决时，各个相关方的表态都是一致的。总而言之，就是抱团取暖，枪口对外。如果某个一致行动人违反了协议中的内容，也就是没有根据约定的内容来行动，那么这个人就会受到相应的惩罚。至于惩罚的内容是什么，就要看当初在签订协议时所约定的内容了，只要法律允许的惩罚方式都可以使用，例如赔偿股份、罚金等。

通常情况下，那些在公司中持有的股份加起来超过总股份 50%的股东被称为公司主要股东；另一种情况是，这些股东在公司的董事会或是股东会拥有超过 50%的投票权。假如这些股东联合起来，共同签订了一份一致行动人协议，那么这些股东所要表达的意思就是：这些联合起来的股东在面临重大决策的时候，绝对会讨论出一个统一的决定，并且是最终决定，代表着公司的意愿，公司中的其他股东可以提出自己的意见，但是也就仅仅是提出意见罢了。公司在面临重大事项时，仅仅 50%的股权是不足以代表公司的最终决定的，需要有三分之二的股权通过才行，具体情况需要视公司章程而定，这里不做详细说明。

如果公司的主要股东签订了一致行动人协议，那么对于公司的长远布局以及业务来说是相当有利的，能够让公司战略得到更好的发展，但是这样也有可能会导致出现一些不好的情况，例如，公司的其他中小股东可能会认为“什么事情都是你们这群人说了算，我说了没用”，从而导致他们胡乱投票，根本不用心。

从股东层面看，一致行动人协议约定的内容不同，也会出现不一样的情况，比如，进行决策的时候，如果是根据人头来进行投票的，就会有利于股份较少的股东；如果是根据股份比例来进行投票的，就会有利于股份较多的股东。

不管是对于新三板企业挂牌来说，还是对于主板上市来说，都应该将公司具体的实际控制人披露出来，除此之外，还应该明确控制权的稳定性。对于前面所说的这两个问题，如果公司有一个清晰的控股股东股权结构，那么能够很容易地解决；如果公司并没有绝对高持股或是股权结构较为分散，就难以解决这个问题，因为我们根本无法清晰地界定公司的实际控制人以及控制权的稳定性。

在实践的过程中，股东们为了能够成为一致行动人，从而签订一致行动人协议的主要目的就是能够取得公司的决策权、控制权或是能够更好地操作项目。这样就能够使得治理结构变得更加稳定，能够更加高效地确定公司的经营决策，并保证决策的科学性。

在实践的过程中，根据《上市公司收购管理办法》以及《公司法》的相关内容，公司股东可以通过签订协议的方式来共同成为公司的实际控制人，主要有两种协议，其中一种就是一致行动协议，通过公司股东形成一致行动人的方式来成为公司的实际控制人。另一种就是委托协议，公司股东签订这份协议后，可以委托其中的某一位股东来负责行使签订了协议的其他股东的权利。因此，一致行动人协议的另外一个作用就是明确公司的实际控制人以及明确控制权的稳定性。

根据《公司法》第二百一十六条第(三)的规定："实际控制人，是指虽不是公司的股东，但通过投资关系、协议或者其他安排，能够实际支配公司行为的人。"根据证监会《上市公司收购管理办法》(2014 年修订)第八十三条的规定："一致行动，是指投资者通过协议、其他安排，与其他投资者共同扩大其所能够支配的一个上市公司股份表决权数量的行为或者事实。"

从上述的相关法律法规可以看出，所谓一致行动人的意思就是通过合法途径(如合作、关联方关系、签订协议等)使得这些形成了一致行动人的股东在公司的控制地位更加巩固或是使得控制比例得到扩大。认定"一致行动人"，通常要基于以下 4 个基本点来进行，如图 6-1 所示。

认定"一致行动人"的4个基本点	形成"一致行动人"的这群人的通过"一致行动"的方式是为了能够更好地行使公司的表决权
	形成"一致行动人"的这群人的通过"一致行动"实现某种目的的时候，一定要合法合规，要有相关的法律依据，如合作、协议、关联方等方式
	形成"一致行动人"的这群人的借助"一致行动"的方式主要是为了能够使其在公司中的股份控制比例得到扩大
	形成"一致行动人"的这群人的通过"一致行动"的方式来表达出相同的意思

图 6-1　认定"一致行动人"的 4 个基本点

某些具有相关利益的人联合起来的目的，主要就是通过"一致行动"或者共同签订《一致行动人协议》，使得公司的控制权变得更加明确、更加稳定。所以，各方在签订《一致行动人协议》的时候，协议中的内容一般包括以下 4 个要点。

第一，签订《一致行动协议》，并确定参与到“一致行动”中的股东。

公司中的小股东也可以通过签订《一致行动协议》来确保他们在公司具有一定的影响力，并不是只有公司的第一大股东才能够签订《一致行动协议》。

以江海股份为例，该公司在进行 IPO 之前，公司就有一位股东持有 50%的总股本，共计 6000 万股，这个股东就是香港亿威投资有限公司。而剩下的50%总股本，也就是剩下的 6000 万股股份则分别由中方的 47 位股东所持有。从持股比例来看，香港亿威投资有限公司这一股东就能够与剩下的 47 位股东抗衡，但是它在公司并没有只手遮天，而是选择和剩下的 47 位股东一起控制公司。

为什么香港亿威投资有限公司“手握大权”，却甘愿与其他的股东“共享江山”呢？其实是因为股东们在进行协商后，决定共同签署一份《委托协议书》，也就是说 47 名股东已经统一战线，签署了《委托协议书》的股东们将其在股东大会中的提案权以及投票权全部委托给陈卫东(公司股东、董事长)先生行使。换句话说，在签署了《委托协议书》后，47 名股东已经凝聚成为一股强大的力量，以陈卫东为首，足以与香港亿威抗衡，香港亿威无法“只手遮天”，只能是与另外 47 名股东共同控制公司。无独有偶，类似的案例还有欧萨咨询(430319)。

第二，该部分股东持股数额。

在签署《一致行动协议》的时候，应该明确列出形成“一致行动人”的各个股东的持股份额，在计算一致行动人持股份额时，应该将所有参与一致行动人的股东的持股份额加起来。除此之外，在计算投资者持股份额时，还需要将该投资者登记在一致行动人名下的持股份额以及登记在该投资者名下的持股份额计算进去，通常是使用这种方式来认定一致行动协议的。

以星奥股份(430574)为例，公司的杨亚中持股比例为34%，李明勇持股比例为33%，陈斌持股比例为33%，三人持有的股份不相上下，因此在公司有重大事件需要进行投票时，不管是哪一个人在公司的董事会、股东会都没有办法凭一己之力对决议产生决定性的影响。然而就是因为这样的股权结构，导致了公司没有一个人能够掌握公司的绝对控制权。想要解决这个问题，签署一致行动协议，形成一致行动人是最好的方式。

第三，明确签署一致行动的目的。

在实际的应用中，为了能够让公司的控制权保持稳定，明确公司的控制权是《一致行动协议》的最主要作用。

上面提到的星奥股份(430574)，公司的其他股东为了能够获取到公司的控制权，共同签署了一份《一致行动协议》，形成一致行动人，从而能够在公司的股东会、董事会掌握一定的话语权。

除此之外，还有欧萨咨询(430319)，该公司的主要股东有国淳创投、王小兵、张朝一、伍波、夏志玲、国际创投，持股比例分别为30.71%、25.93%、25.93%、6.22%、6.22%、4.99%。从数据中可以看出，持有该公司30.71%股份的国淳创投是该公司的第一大股东，但是该公司的实际控制人并不是国淳创投，而是王小兵与张朝一，主要原因就是这二人共同签订了一份《一致行动协议》，两人相加的股份超过了国淳创投。

第四，一致行动所要表达的意思以及解决矛盾的方式。

所谓一致行动，指的就是签署了《一致行动协议》，形成了“一致行动人”的各个股东在公司的董事会以及股东会中，在表决、提案等方面的行为采取一致行动。简单来说，就是在公司召开董事会以及股东大会之前，一致行动人应该先召开一场“小股东会”，进行商讨，形成统一意见，从而在董事会以及股东会中保持一致。所以，在《一致行动协议》中一定要明确相关的内容，即通过什么样的方式来进行商讨，形成统一意见。另外，还需要明确解决矛盾的方式，避免在商讨的过程中出现矛盾，从而导致意见无法统一的情况。

上面提到过江海股份(002484)，47 位股东已经统一战线，签署了《委托协议书》，他们在股东大会中的提案权以及投票权全部委托给陈卫东(公司股东、董事长)先生行使。公司在召开董事会、股东大会时，这些一致行动人会先召开一场“小股东会”，在进行商讨后，形成统一意见，并确定最终的结果(在“小股东会”中，50%以上股东支持的意见为最终意见，如没有任何一个意见能够得到 50%的股东的支持，则选择支持比例最高的意见作为最后的统一意见)，由陈卫东先生在董事会、股东会中公布最终结果。

6.5 案例——京东管理层在企业上市前后所设置的制度防火墙

绝大部分的人认为在公司只能由一个人掌握控制权，整个公司都是由这个人说了算。但实际上并不是这样的，“有钱出钱，有力出力”是最典型的创业投资模式。想要创立一个公司，并且能够得到长远的发展，无论是创业者还是投资人，都不可能凭借一己之力完成这件事情。所以，大部分情况下是由公司的创始团队来掌握公司控制权的，虽然投资人出了很多钱，但是往往却只能得到一小部分的股份。在公司的日常运营中，几乎看不到投资人的身影，基本上没有什么影响力。这种情况下，投资人只是公司的小股东而已，但即使如此，我们也应该尽最大可能去保障他们的核心利益。例如，在进行那些与投资人核心利益有关的事项时(如分红、发行新股、清算等)，应该给予投资人一定的权利来否决这个事项，从而使得投资人的利益得到保障。所以，在融资的过程中，公司的创业者应该要掌握的是相对控制权，而不是绝对控制权，使得双方的利益得以平衡。

但是，也有不少“野心家”想要夺取创始人手中的权力，这在资本市场中也十分常见。那么，针对这种情况，京东是如何通过设置制度来构建相应的防火墙，保护自己的权益的呢？

如果创业者想要控制企业，最好的办法就是通过股权来进行控制。有些人认为创业其实就是在拼图。创业企业不断发展的过程犹如拼图被一片片拼接上去的过程，而这些“拼图”其实就是团队、资本、市场以及技术等社会资源。绝大多数的初创企业在最开始的时候往往只有一两片“拼图”。为了能够取得更大的发展，必须得到更多的“拼图块”。获取“拼图块”最好的方式，就是用公司的股权来进行交换。但是在利用公司的股权换取“拼图块”时，创业者一定要深思熟虑，在置换的过程中，自身的创业团队股权会被稀释到什么程度。大部分创业企业都需要进行 3 次以上融资才能够上市，融资的次数越多，股权被稀释的程度就越严重。

京东之所以能够在中国的电商行业中取得巨大的成功，主要是因为它得到了老虎基金、今日资本、红杉、DST 以及 KPCB 等机构的融资。但是想要得到这些融资是需要付出代价的，在进行融资的时候，刘强东的股权被稀释得十分严重，只剩下 18.8%，仅仅凭借这些股份，刘强东想要控制京东的难度是很大的。针对这种情况，京东设置了以下 3 种制度来保护自己的权益。

第一，设置一致行动人或是投票权委托。

公司中的部分股东通过签订一致行动人协议的方式，形成“一致行动人”，在遇到某些需要投票的事项时，“一致行动人”的意见都是统一的。如果公司的董事会、股东会无法形成统一意见，那么其中的部分股东可能会跟随一致行动人进行投票。例如，公司的创始股东与投资人之间或是各个创始股东之间可以通过签订协议的方式形成“一致行动人”，从而使得创始股东能够拥有更多的投票权。

所谓“投票权委托”指的是通过签订协议等方式，部分股东将其所拥有的投票权委托给某个特定的股东，让该股东行使他们的权利。比如说 DST，该投资基金的全称是 Digital Sky Technologies，很多的互联网明星企业曾经得到过它的投资，如 Groupon、Zynga、Facebook、阿里巴巴以及京东商城等。DST 一直以来都拥有一个传统，那就是给予被投资企业 CEO 最大的支持。一般情况下，DST 会将其所拥有的绝大多数投票权委托给被投资企业 CEO，让该 CEO 行使它的权利。

根据京东的招股书的内容披露，在上市前，虽然刘强东在公司的持股比例仅为 18.8%，但是京东的 11 名投资人签订了一份协议，将他们所拥有的投票权委托给刘强东，让刘强东来行使他们的权利。因此，京东 51.2%的投票权都掌握在刘强东的手中，刘强东虽然持股少，但掌握了公司超过一半的投票权。

第二，实行 AB 股计划。

根据京东招股说明书的内容，可以看出，京东在上市之前会将公司的股份分为两类，一类是 A 股(Class A common stock)，另一类是 B 股(Class B common stock)。A 类股每股只拥有 1 票的投票权，而 B 类股每股拥有 20 票的投票权。公司会对各个股东持有的股份进行重新认定，如机构投资人所持有的股份就会被认定为 A 类股，而刘强东持有的股份则会被认定为 B 类股。因此，刘强东即使失去了投资人先前委托给他的投票权，他持有的股份仅有 23.1%(含其代持的 4.3%激励股权)，但是在实行了 AB 股计划之后，它的投票权非但没有下降，反而得到了极大提高，甚至超过了先前 51.2%的投票权，因为 AB 股计划所采用的投票制度是 1∶20。因此，在腾讯入股后，京东的控制权仍然掌握在刘强东的手上。

京东这种划分 A 类股、B 类股的方式，就是人们常说的“AB 股计划”，又被称为“双股权结构”或“牛卡计划”(dual-class structure)。这个称呼看上去十分专业，其实就是“同股不同权”制度，关于该制度的补充表述如图 6-2 所示。

“AB 股计划”的补充表述	将公司的股票划分为两类，一类为 A 股(Class A common stock)，另一类则是 B 股(Class B common stock)
	公司中的公众股东或机构投资人通常持有的是 A 类股，而公司的创业团队持有的通常是 B 类股
	A 类股与 B 类股每股所持有的投票权数量是不一样的。例如百度、Google 以及 Facebook 等企业就将 A 类股与 B 类股每股所持有的投票权比例设置为 1∶10。但并不是所有的 B 类股每股都持有 10 票投票权，也可以是其他数量。例如 Zynga 的 B 类股每股就持有 70 票投票权
	A 类股是不能够转换为 B 类股的，但是 B 类股是可以转换为 A 类股的，只是流程较为麻烦

图 6-2 “AB 股计划”的补充表述

根据上述内容，可以看出，使用了“AB 股计划”后，企业既可以利用出让股权的方式去换取外部资源，又不会失去公司的控制权。在参考上述的方案前，希望创业者认真思考以下内容再做决定，如图 6-3 所示。

企业在实行“AB 股计划”之前需要考虑的因素	AB 股计划会限制投资人的权利，因此并不是所有的创业企业都会采用这种方式。实际上，绝大多数使用“AB 股计划”的企业是名气较大的企业，例如 Facebook、Google、Zynga、Linkedin、Groupon 以及伯克希尔等企业，还有 360 以及百度等在美国上市的企业同样使用了这种方式
	美国的资本市场较为适合这种制度，因为中国的 A 股市场以及香港资本市场都是奉行“同股同权”的原则，这种方式不符合这个原则，很难得到很好的应用，这也正是阿里巴巴想要通过合伙人制度在香港上市的原因
	并不是所有的情况都能够使用“AB 股计划”，如某些与投资人重大权利相关的事项都无法使用 AB 股的方式

图 6-3 企业在实行“AB 股计划”之前需要考虑的因素

第三，董事会组成安排。

一般情况下，是由公司的董事会来负责公司日常事务的。注意有两个方面的原因，一是大部分投资人不会插手公司的日常事务，二是最熟悉公司的往往都是公司的创始团队。因此，在公司的董事会中，创始团队应该具有更大的话语权，保证公司能够更好地进行决策，提高决策的效率。

根据京东招股书中的内容，可以看出，京东的董事会主要有三位董事，其中两位是独立董事，而另外一名则是由刘强东和腾讯委派的 Martin Chiping Lau 组成。在京东的董事会中，刘强东一人就占据了一半的席位。根据公开的信息，可以得知，刘强东在京东上市前，就一直掌握着委派董事会半数以上董事的权利。

总而言之，刘强东能够成功地控制京东，是由多个方面因素造成的，是无法复制的，主要包括以下这几个方面的原因：在电商领域中，京东取得了很好的业绩；刘强东的个人风格；京东的 11 个投资人，如红杉、DST、KPCB 等股东签署了投票权委托协议，将他们的投票权委托给刘强东，让其负责行使他们的投票权；京东的投资人全力支持刘强东等。

虽然无法复制这些内容，但是可以深入了解隐藏在背后的知识，并且寻求专业人士的帮助，设计一个科学、合理的制度来保证公司的控制权掌握在创始团队手中，能够对企业进行相对控制。

第 7 章

股权激励：如何以开放型股权激励留住核心人才

股权激励又被称为期权激励，是一种长期激励机制，目的是对核心人才进行激励，从而将他们留在公司，股权激励是最常见的激励方式之一。与此同时，股权激励还具备吸引外在优秀人才，将其转化为内部中坚力量的作用，在股权激励被实施得合理的情况下，能够有效推动企业的发展。

7.1 获得好处：企业对员工实施股权激励可获得的3个好处

一个企业，就算是已经发展成为一家集团公司或者是上市公司，如果没有通过股权激励的方式对员工进行激励，那么这个企业就无法得到发展，甚至是无法顺利经营下去。因此，对于为什么要实行股权激励这个问题，我们可以从以下5个方面来进行分析，如图7-1所示。

图7-1　分析实施股权激励的必要性的5个层面

第一，从人力资本理论方面看。

人力资本理论早已证明了实施股权激励的必要性。清华大学魏杰教授认为，所谓人力资本，其实就是指企业的技术创新人员以及职业经理人，换句话说，能够在市场竞争中获得出色的成绩，逐渐成为企业骨干人员，这些人同样也是企业的人力资本。

从某种程度上来说，人力资本其实也属于一种资本，与货币资本等其他资本具有相同的属性：具有一定的索取权，对企业的剩余价值进行索取。所以，企业一定要了解人力资本的重要性，并且在必要的时候，一定要通过股权激励的方式对员工进行激励，保证人力资本能够获得相应的利益回报。如果没有对员工进行激励，人力资本也能够产生极大的破坏力，会导致企业无法得到发展，甚至是无法生存！因此，一定要构建股权激励制度，确保企业能够长久地生存下去，并得到持续发展。

第二，从委托代理理论的角度来看。

股权的所有者是委托人，职业经理人则是代理人，如果企业的经营权与所有权是完全分离的，就会导致在利益方面，代理人与委托人是不一致的，在信息方面，双方是不对称的，并且双方没有一个完全的契约，这种情况下，肯定会产生代理成本。为了使代理成本得到有效的降低，避免职业经理人的逆向选择以及道德风险，就一定要通过股权激励的方式对职业经理人进行激励，将股权所有者与职业经理人连接起来，从而成为一个利益共同体。因此，企业一定要建立起一个完善的机制对代理人进行激励以及约束。

第三，从企业保护知识产权的方面来看。

从这个方面来说，最重要的就是企业的技术创新人员以及管理层人员，他们能够在保护知识产权方面起到非常大的作用，而企业的技术创新人员以及管理层人员都属于企业的人力资本，如果仅仅是依靠合同来对知识产权进行保护，这是根本不够的，还需要通过其他方式来建立起一个完整的保护机制以及约束机制，可以从股东的责任与义务这两个方面着手。因此，如果企业不实施股权激励，那么企业根本就不可能建立起一个有效的企业知识产权保护机制！

第四，从企业市场竞争方面来看。

企业与企业的竞争，其实就是人才与人才的竞争，谁拥有的人才数量更多，谁就能够取得一定的优势。通过什么样的方式才能够使得建立起来的人才机制是有效的，能够为企业提供竞争力呢？实施股权激励是唯一的方式，这样才能够建立起一个完善的机制，既能够对人才进行激励，又能够对人才起到约束的作用，最终打造出一个具有强大的战斗力的人才团队；这样才能够保证人才团队具有相当强大的竞争力，进一步保证企业拥有强大的竞争力。

第五，从企业传承方面来看。

通过什么样的方式才能够确保企业能够顺利地传承给下一代呢？如果公司的治理机制不完善，甚至是没有这种机制，那么根本不可能将公司顺利地传承给下一代。对于公司治理机制来说，有两个组成部分是相当重要的，一个是管理层约束机制，另一个是管理层激励机制。总而言之，如果一个企业还没有对管理层进行股权激励，那么根本不可能将企业顺利地传承给下一代。

了解了实施股权激励的必要性，下面再来看看企业对员工实施股权激励所能够获得的好处，主要包括以下 3 个方面，如图 7-2 所示。

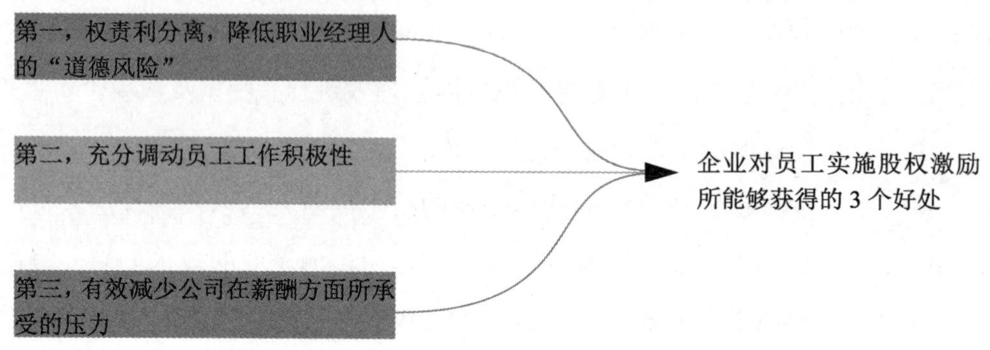

图 7-2　企业对员工实施股权激励所能够获得的 3 个好处

第一，分离经营权以及所有权，使得职业经理人的“道德风险”得到有效降低。

对于那些没有上市的公司来说，通常会出现一家独大的情况，公司的经营权以及所有权在这些公司中往往是高度统一的，在这样的情况下，公司的“三会”制度根本就是摆设，没有任何作用。但是，企业不断发展，扩大到一定规模后，公司的经营权会慢慢地转移到职业经理人手上。然而，股东与职业经理人之间，不管是利益还是追求的目标都是不一致的，从而导致了两者之间有可能会出现“道德风险”的情况。为了避免这种情况的发生，就需要通过一定方式来对经理人的行为进行引导以及限制，建立激励与约束机制是最好的选择。

第二，能够将员工的积极性充分调动起来。

对于中小型企业来说，人才流失是他们需要面对的最严重的问题之一。在待遇方面，中小企业与大企业根本就没有可比性，从而导致中小企业难以吸引到高素质人才，即使是吸引到了，也很难长期留住。如果通过股权激励的方式来对这些人才进行激励，那么既能够让员工体现出他们的长期价值，又能够将员工的积极性充分调动起来。除此之外，股权激励还有另外一个作用，那就是能够对员工进行约束。因此，实施了股权激励之后，员工们对公司的忠诚度也会得到提升。

第三，实施股权激励的方式能够有效减少公司在薪酬方面所承受的压力。

绝大多数没有上市的公司会面临这样的一个问题——资金短缺。解决这个问题的最好方式就是实施股权激励，这样可以使公司在薪酬方面不会承受太大的压力，使得现金流出以及经营成本都得到了降低。除此之外，公司的经营业绩也能够得到很大的提升，能够使那些具备很强能力的核心人才愿意留在企业中。股权激励最主要的目标就是能够对员工进行激励，对企业的短期目标以及长期目标进行平衡。因此，企业在刚刚创业以及逐渐发展的时候，要根据企业当前的实际情况来对员工实施股权激励。总而言之，股权激励就是借助未来的资源，来对现在的员工进行激励。

7.2 基本原则：选择股权激励模式的4个基本原则

企业选择不同的股权激励模式，其成本、激励内容和达到的激励效果也是完全不同的。因此，在股权激励计划中，最重要的环节就是企业要选择一个适合自己的股权激励模式。

企业在选择股权激励模式时，要根据自己的激励目的、行业特征，以及企业的实际情况进行选择。对企业来说，只有适合自己的才是最恰当的股权激励模式。企业可以先考虑几个股权激励模式，然后根据企业自身的发展战略和需求，结合专业人士的建议，通过反复的论证，最终确定企业要采取什么样的股权激励模式。

企业在进行股权激励之前，最好对股权激励的各种模式、内容以及优缺点先做一些了解，这样才能根据自己的实际情况选择适合本企业的股权激励模式。一般来说，企业在选择股权激励模式时，要先掌握以下 4 个原则，如图 7-3 所示。

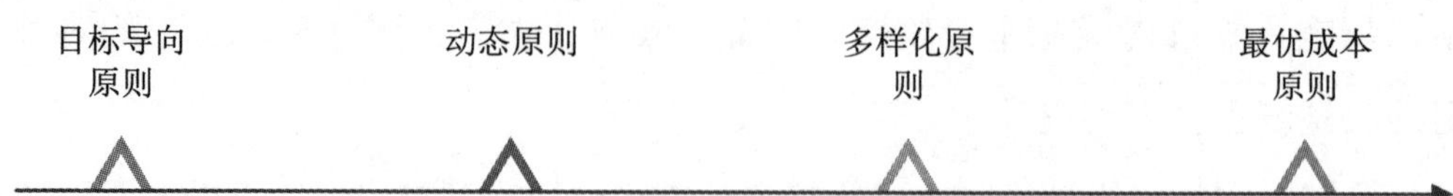

图 7-3　企业选择股权激励模式的 4 个基本原则

第一，目标导向原则。

企业在选择股权激励模式时，要以目标导向为原则，也就是说，要明白企业进行股权激励的目的以及要解决的问题，然后根据目标选择合适的股权激励模式。如果没有明确的目标，只是随大流，看其他企业实施了股权激励，自己也想做，那么结果就是相当于为企业的员工发了一次福利，谈不上促进企业的发展。

只有明确了自己的目标，才能朝着目标一步一步实施，也只有以目标为导向确定激励模式才能提高企业的业绩、促进企业的发展。

第二，动态原则。

众所周知，企业的规模、组织架构、业务形态等都是随着企业的发展而变化的，那么股权激励的模式也会发生相应的变化。通常，一家企业会从创业初期的合伙制企业逐渐变成股份合作企业，再过渡到有限责任公司，最后才会成为上市股份有限公司。

在企业结构不断演变的过程中，核心员工在不同阶段所发挥的作用也在不断变化，因此企业在进行股权激励的时候，其模式和重点也要随着企业的变化做出相应的调整。

第三，多样化原则。

企业在选择股权激励模式时，不一定只采用某一种模式，也可以采取多种模式并存的方式。也就是说，企业在选择股权激励模式时，可以采用多样化原则，根据企业的实际情况和不同的激励对象，采用不同的激励模式。

比如，对高级管理人员和经营者，企业可以采用以“限制性股票”“业绩股票”等股权激励方式对其进激励，其目的是达到正面激励与反面约束的双重效果。

对一般的员工，股权激励就不能作为主要的激励手段了，因为普通员工的收入与企业整体业绩的关联度较低，他们能得到的股权也不会很多，所以，企业可以通过让员工直接购买股票或是设置期股的方式让他们参与企业的利润分红。

第四，最优成本原则。

无论企业实施什么样的管理动作都需要考虑成本，股权激励也是如此，企业要在最优的成本下，实施股权激励计划，才能达到最优的效果。需要注意的是，这里所说的最优成本指的是财务成本和时间成本。

财务成本就是企业自己的财务状况、支付能力以及股权授予后所带来的税费问题等，企业要根据这些实际的财务情况来选择一个性价比最高的激励模式。

时间成本指的是，企业在实施股权激励的过程中需要考虑该模式的实施和管理难度，以及员工对该激励模式的接受程度和在推行过程中所受到的时间损耗。

如果企业在实际实施的过程中，浪费了许多时间成本，甚至造成了财务上的压力，进而影响了企业的治理结构，或是发展良机，那么此时的股权激励就得不偿失了。

7.3 模式工具：企业不同发展阶段的激励模式与激励工具选择

与其他事物一样，企业发展阶段也同样根据生命周期原则而进行。在不同的发展阶段中，企业需要充分发挥主观能动性，理解企业发展阶段的需求，再进行与之相应的股权激励设计。

初创期：没有自我生存能力，需要精心照顾

根据美国《财富》杂志的报道，中国的中小企业平均寿命仅为2.5年。因此，在初创阶段，企业的发展目标便是如何“存活”，而管理、流程、制度等相对来说显得比较次要。正是由于初创企业的不稳定性，员工最关心的问题往往都是当前的利益问题，比如工作、奖金等，股权作为描绘企业发展愿景的工具，需要建立在当前利益上来进行，才能有效增加员工的信心。总体来说，在初创阶段，股权激励能否成功，关键在于以下两个方面。

第一，企业创始人具备较强的人格魅力，并且结合感染力来增强员工信心。比如，阿里创始人马云在创业之初，便是通过其自身的人格魅力来吸引众多合伙人一起入股，共同创业，形成“阿里巴巴十八罗汉”。马云也不负众望，带领他们建立了阿里的商业帝国，如今的成就足以证明其当初所描绘的愿景。

第二，企业创始人抓住历史机遇，成为某一领域的开辟者，成为行业中潜在的独角兽，进而获得投资者的青睐。比如，滴滴、饿了么等，都是因为有了投资者的加入，使员工对企业未来的信心大增。虽然企业此时还未开始盈利，但是可以通过期权激励的方式，将员工与企业的利益捆绑在一起。

期权激励是企业为员工设定考核条件后，员工达到考核要求便给其许诺的一定比例的股权。通常情况下，企业所设定的条件往往在工作满多久的时间、在限定时间内完成多少业绩等。需要注意的是，期权激励比较适用于发展前景良好的企业，否则对员工不具备实际意义。

成长期：建立健全组织管理体系，在不断试错中成长

企业发展到这一阶段时，已经摸索出属于自身的业务发展模式、盈利模式等，团队规模快速扩大。在这种情况下，企业通常获得了初步的盈利，员

工也能够明显看出企业的发展前景，因此参与企业分红的需求开始显露出来。为了满足员工需求，企业设计股权激励可以参考以下 3 种方案。

第一，干股激励：干股是指企业无偿赠送的股份，也就是说，员工不需要出资也能够分享企业的收益。干股激励的方案减少了员工负担，同时激励着企业不断实现创新，有助于实现企业与员工之间的共赢。

第二，期股激励：在这一阶段中，企业发展已经达到了一定的规模，员工对企业的信心也因此而增加，因此企业可以在尽量少增加员工经济压力的基础上，通过期股分红来进行股权激励。

期股分红与生活中的按揭买房相似，是指企业授予员工部分股权，让员工可以先参与企业分红的方式。在员工获得分红后，可以再将分红的部分资金用来偿还购买股份时的应付款，期股分红是调动员工入股积极性的有效方法。

第三，掏钱买股：这一方式是最常见的入股方式，也是创始人认为最理想的入股方式。顾名思义，掏钱买股便是员工一次性全款购买股份，购买人数、份额越多，说明员工对企业越看好，是实现良性循环，并且双方共赢的股权激励方式。

在成长期中，入股的员工数量越来越多，因此企业需要强化管理体系的建设，在管理上要实现流程化、规范化，保证企业各方面的程序能够有序进行。

第一，企业上市。

在当前的市场条件下，如果员工获得上市企业的股权，在符合某些条件的情况下，可以将其在市场上进行交易，往往能够获得较高的回报，实现套现盈利。

第二，企业不上市。

成熟期不上市企业的股权激励方案如图 7-4 所示。

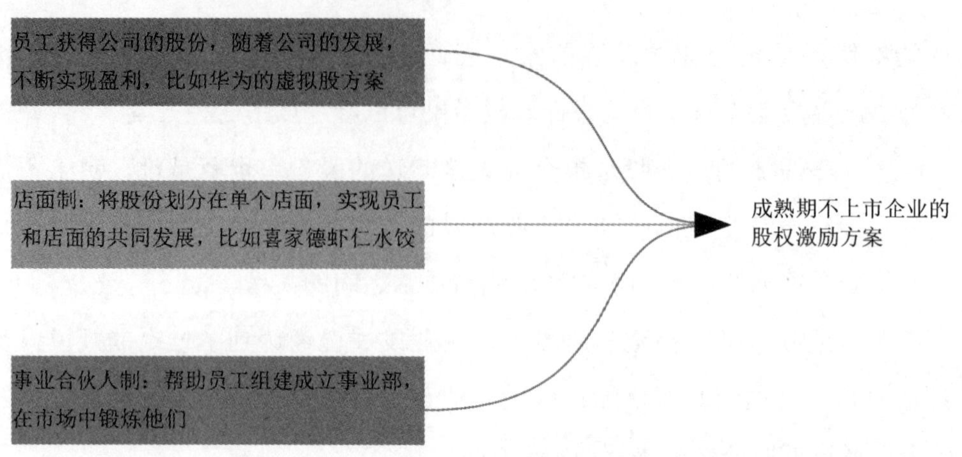

图 7-4　成熟期不上市企业的股权激励方案

衰退期：谋求转型，延缓企业死亡期

企业在发展过程中，导致衰退期出现的 4 个主要原因如图 7-5 所示。

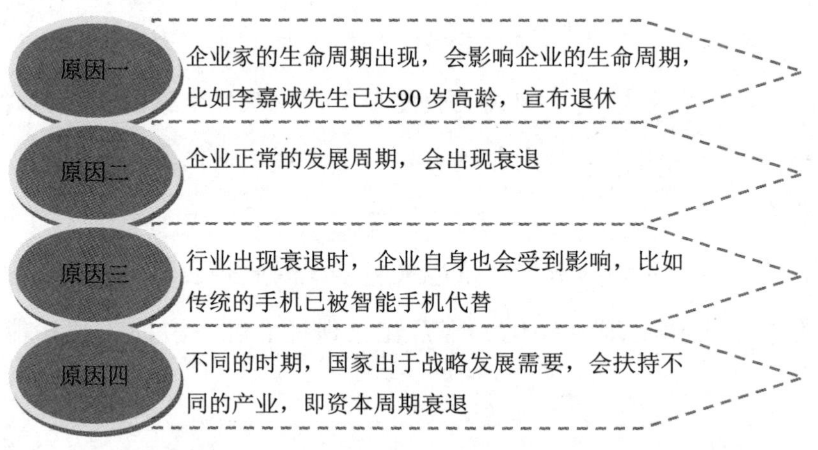

图 7-5　企业发展导致出现衰退期的 4 个主要原因

当企业出现衰退期时，需要找出衰退原因，进而设计相应的股权激励。比如，由于企业创始人的生命周期而出现衰退状态，企业应该提前寻找相对合适的接班人，并且进行布局，做好相应的股权激励，如苹果公司在选择库克作为接班人时，便是通过授予一定的股份比例来进行激励。如果是行业周期、资本周期出现衰退，企业可以将资金投资给更具代表性的新兴产业，以此来获得未来竞争的优势，比如孙正义投资马云的企业。

总而言之，企业发展到不同的阶段，采取的股权激励方式也是有所差别的。因此，企业需要抓住每个阶段中的关键点，才能让股权激励起到事半功倍的效果。另外，了解每个阶段的背后因素，知其然更要知其所以然，企业才能够设计出更适合自身发展的股权激励方案。

最后，企业需要根据各个发展阶段选择适合自己的股权激励模式，但并不是只能选择一种，可以根据企业自身的发展需要、股东的意愿、激励成本和客观的市场环境，灵活地选择一个或者多个股权激励模式，使股权激励方案达到最佳的使用效果。

7.4 激励对象：公司应重点进行股权激励的3类人才

现如今，随着股权激励计划的流行，越来越多的人认可股权激励，越来越多的企业也愿意用股权激励的方式留住人才，这一流行趋势也使得股权激励的对象在逐渐扩大，许多企业都将普通员工纳入了股权激励计划的范畴，在这方面，苏宁做了很好的典范。

股权激励计划作为激励员工的“金手铐”，正日益盛行，继360、腾讯、百度、当当、阿里巴巴在企业内实行股权激励计划后，苏宁也开始了股权激励计划。

2008年8月，苏宁电器首次对248名工龄达到或超过5年的中高层员工实施了股权激励计划，授予激励对象8469万份股票期权，占苏宁电器总股份的1.21%。

第一次股权激励计划成功后，苏宁电器于2014年再次启动股权激励计划，这一次的规模更大，受益的员工更多。此次股权激励计划完成后，员工持股计划的股票均价为8.63元/股。

苏宁电器在这一次股权激励的对象上也有所不同，这一次不仅不限员工的就职年限和方式，而且激励的对象是面对所有的中高层员工，受益的员工数量高达 1200 人，包括 IT 人员、线上运营人员、实体店店长等，既有新入职的高管，也有许多老员工。

此次股权激励计划的实际资金总额高达 5 亿 2000 多万元，包括自筹资金、银行借款和利息等，其中银行借款占比为四分之三，当时苏宁电器董事长张近东还预先垫付了 3.9 亿元。

经过股权激励计划后，苏宁电器的员工士气明显大增，从 2014 年第三季度开始，苏宁云商的业绩开始出现大幅增长，2014 年苏宁电器净利润达到了 8.67 亿元，同比增长 133.19%。

企业除了要遵循股权激励的原则外，还要明确企业中哪些人是可以进行股权激励的。一般来说，企业可以对以下 3 类人员重点进行股权激励，如图 7-6 所示。

第一，对团队负责人必须进行股权激励。

对于那些为企业发展做出了突出贡献的团队负责人，企业必须对其进行股权激励，尤其是创业企业更应如此。如果企业创始人不确定这个人的品行或是能力，那么可以采用虚拟激励的方式，也就是不去工商局注册，把利润中的极小一部分拿出来奖励给对方。

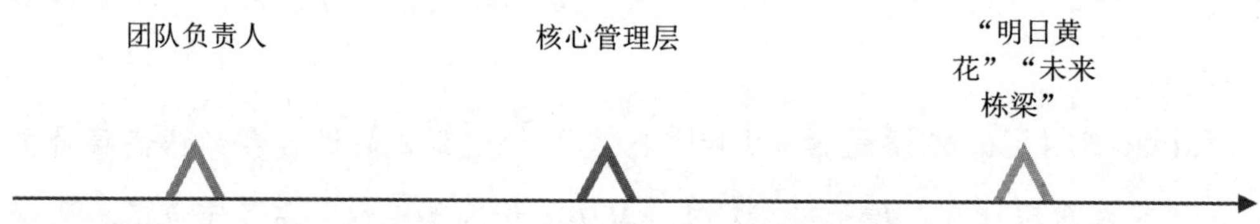

图 7-6　企业重点进行股权激励的 3 类人

比如，创始人可以这样说：“目前公司比较小，有没有明天也还不清楚，所以公司的风险就不需要你们承担了，但是利润我会和大家共享。”此时，虚拟股权激励的方式就行得通。

虽然，原则上对那些非业务团队的负责人也要进行股权激励，但是股权激励不一定非要去工商局注册，可以虚拟股权的方式对他们进行鼓励。虽然他们不是公司的注册股东，但是同样可以享受与股东同等的待遇和分红，需要注意的是，针对不同部门的负责人，其股权激励的额度可以不同，之所以这样，是因为一些人虽然职务相同，但贡献会存在一定的差异，股权激励的额度自然也可以不同。

第二，对核心管理层必须进行股权激励。

一般来说，企业还必须对核心管理层进行股权激励，如 CEO、CFO、COO 等。在进行激励时，有一种情况需要大家注意，比如，你和几个朋友合伙创办公司，但是他们只出了钱，没有为公司出过力，或者是创业初期在公司工作过，后来因为个人情况退出了。在这种情况下，企业是否有必要对其进行股权激励呢？答案是肯定的，我们要清楚先规则后君子，先小人后君子的道理，否则很容易引起企业的运营失常。

要怎样对核心管理层进行股权激励呢？通常，核心管理层的薪资是由管理工资和在职分红组成的。不管是不是公司的股东，只要管理者担任了企业的核心管理职位，都有在职分红。哪怕自己身为老板和 CEO，如果企业内部要进行股权激励，自己也应分得在职分红。

这种股权激励的方式其实是在告诉员工：“谁坐在这个位置上，分红就是谁的。此时由我暂代 CEO，所以分红就是我的。”

不过也还有另外一种情况：公司 100%的股权都掌握在一人之手，而且也没有让别人来做 CEO 的打算，那么此时给自己进行股权激励就没有太大的必要了。

第三，对“明日黄花”“未来栋梁”进行股权激励。

企业中的“明日黄花”指的是谁？指的是那些在企业创立初期，为企业鞠躬尽瘁的人，没有这些人，就没有企业的今天，可也正是因为有这些人，企业才有了明天。因为随着企业的发展壮大，这些“明日黄花”已经跟不上

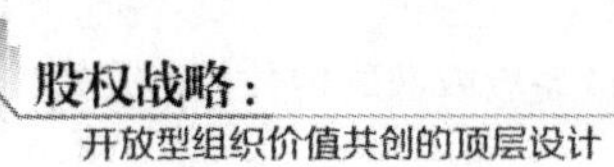

企业发展的步伐，不能很好地胜任目前的岗位，有些人甚至成为企业发展的绊脚石。

此时，有的企业创始人可能会想："既然是一些没有用的人，那就踢开好了！"可是，这些人当初跟着自己"打江山"，为了企业的发展呕心沥血，做出了很大贡献，说是"开国功臣"也不为过。现在没有利用价值了，就过河拆桥，那么其他员工可能会想："这家企业太没有人情味了，这也许就是我以后的下场，我还是趁早为自己找好退路吧！"

所以说，对"明日黄花"进行股权激励，其实就是对身边人最好的认可和鼓励，这样不仅可以让有能力的人看到未来的希望，而且还能彰显出自己做人的格局和智慧。

一个企业中有"明日黄花"，就必然有"未来栋梁"。所谓"未来栋梁"是指那些有潜力，但是目前还没有被开发的人，虽然他们现在还不是企业部门的负责人，但是企业已经把他们作为重点培养的对象，可以说他们就是企业发展的明天，这一部分人，企业也应对其进股权激励。

需要注意的是，因为"明日黄花"和"未来栋梁"这两类员工对企业发展的意义和价值是不一样的，所以，企业对其进行股权激励时应该采用不同的激励方式。

值得一提的是，企业除了要对内部员工进行股权激励外，还可以对"上下游"进行股权激励。如果能把"上下游"进行紧密的联合，就可以形成一套完整、坚实的产业链，那么企业也就掌握了整条产业链的话语权。

除此之外，企业还要想方设法激活圈子以外的所有利益相关者，让这些利益相关人员形成一个点、线、面的利益结合体，在企业自身力量日益强大后，同行自然不能与之随意抗衡。

当然，以上几种都是基于企业股权激励的一般情况来说的，在实际操作的过程中，企业创始人要根据企业的具体问题进行具体分析，然后制定切实可行的计划，切不可贸然实施。

股权激励计划就是把股权授予激励对象，使其与企业结成利益共同体，实现激励对象与企业利益的最大化，进而实现企业的长期发展。从原则上来说，只要是对企业的发展有关键作用的人员都是股权激励的对象。

综上所述，股权激励的对象可以是管理层人员，也可以是技术核心人员，抑或是有突出贡献的优秀员工等。需要注意的是，企业在选择激励对象时，可以参考以下 3 个原则，如图 7-7 所示。

图 7-7　企业选择激励对象时可参考的 3 个原则

第一，不可替代性原则。

虽然股权激励计划是企业为了留住核心员工而实行的一种中长期激励计划，但是企业可授予的股权是有限的，如果企业想让有限的股权发挥出最大的作用，那么必须把有限的股权激励份额授予企业最核心的员工，限制股权激励计划参与的人数。

所谓核心员工，是指那些对企业的发展和竞争有着不可替代的地位和价值的员工。因此，在选择股权激励对象时，不可替代性原则就是要遵从的重要原则之一。

比如，企业有一位员工是不可替代的，而且在人才市场上也很难招募到，或者即使招募到，培养成本也非常高，此时，企业就可以通过股权激励的方式留住该员工，让其与企业结成利益共同体，达到为企业长期服务的目的。

第二，公平公正原则。

企业在选择股权激励对象时，还需要遵从公平公正的原则，即对每位员工都要做到公平公正。如果企业将某一类岗位纳入股权激励计划中，那么说明该岗位上的所有员工都被纳入股权激励计划中，他们在同等条件下，应该给予同等的待遇，一视同仁，不能区别待遇。否则，很容易造成企业内部员工产生对立的情绪，影响企业的正常经营管理。

在遵从公平公正的原则时，企业还需要注意的是，股权激励的目的不是发福利，它是实现企业战略发展的一种长期激励手段，因此，股权激励不是搞平均化，股权激励的对象一定是能给企业带来价值和利润的核心员工。

第三，未来价值原则。

众所周知，企业发奖金是针对那些为企业做出过重要贡献的员工，而股权激励则不同，它除了要考虑员工以往做出的贡献外，会更倾向于员工未来是否能为企业带来价值。

因此，企业在选择股权激励的对象时，会更侧重于该员工对企业未来的发展有没有价值，对于那些企业急需的某类人才，企业要预留这一部分的股权激励份额。换句话说，企业在实行股权激励计划时，除了要考虑现在的核心骨干，还要考虑未来的人才。

7.5 激励交付：股权激励交付过程所涉及的个人所得税与确认书设计

所谓股权激励指的就是通过给予员工股权的方式，对员工进行激励，使员工能够得到一定的股权，从而成为公司的股东，进而有权参与到公司的决策过程中，共同分享公司获得的利润，共同承担公司面临的风险，最终使得这些员工能够全心全意地为公司的长期发展而贡献出自己的力量。股权激励的方式有很多，最常见的主要有限制性股票、股票期权以及股票增值权等。在股权激励的过程中，还会涉及受激励员工的个人所得税。

第一，限制性股票。

限制性股票指的就是上市公司根据约定的内容，将本公司的股票授予员工，对其进行激励，但股票数量是有一定限制的。

限制性股票是有一个授予日的，其实就是公司召开股东大会，然后按照《限制性股票股权激励计划》的条件，如果公司员工达到了这个条件，经股东大会认定后，就会授予该员工限制性股票，而授予的日期就是所谓的授予日，而这个日期也是中国证券按照相关的要求将限制性股票实际登记在被激励对象股票账户上的日期。

除此之外，限制性股票还有一个禁售期，指的是公司员工在得到了限制性股票后，在一定的期限内不得通过任何方式进行转让，我国《上市公司股权激励管理办法(试行)》的相关内容规定，禁售期不得少于1年。

在结束了禁售期之后，就到了解锁期，员工的股票在解锁期内可以转让。通常情况下，限制性股票激励计划的内容都会有一定的惩罚性条款，主要分为两个阶段，一个是授予前，另一个是授予后，假如该员工无法在考核中取得合格的成绩，或是无法达到解禁条件，就无法解锁它的股份。通常情况下，会由公司按照计划中所规定的惩罚性条件进行回购或者注销。在被激励对象得到限制性股票的时候，企业就应该确定该对象的应纳税所得额。

第二，股票期权。

所谓股票期权指的就是上市公司根据相关的规定，将一项权利授予本公司或控股企业的员工，得到授权的员工能够通过某个特定的价格购买公司的股票，但是要在一定的时间范围内。前面所说的“某个特定价格”又被称为“施权价”或者“授予价”，也就是股票期权计划中所约定的价格，通常情况下，股票期权的价格可以是先前就已经约定好的价格，也可以是授予日的市场价或者折扣价。“授予日”又被称为“授权日”，指的是公司员工得到公司授予权利的日期。“行权”又被称为“执行”，就是得到了公司授权的员工购买公司股票的过程。“行权日”又被称为“购买日”，即员工使用前面所说的权利的日期。股票期权主要有以下 4 个方面的特征，如图 7-8 所示。

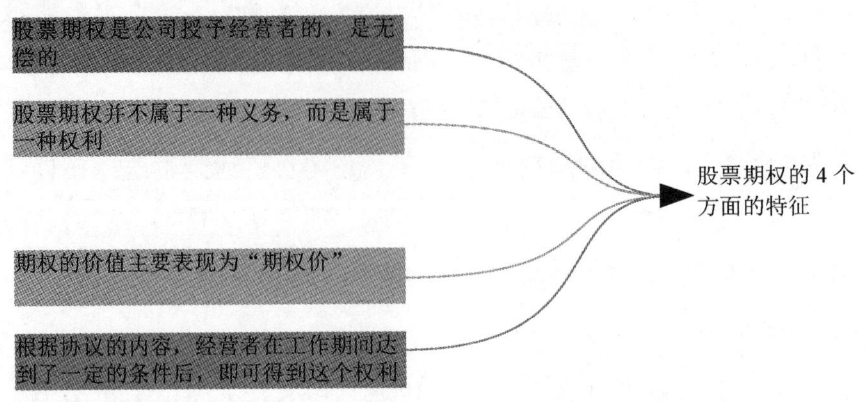

图 7-8　股票期权的 4 个方面的特征

通常情况下，企业向员工授予公司的股票期权的时候，是不需要缴纳个人所得税的；在员工行使这份权利时则需要缴纳个人所得税，税额主要是通过“工资、薪金所得”适用的规定进行计算的，主要是该员工购买公司股票的实际价格低于购买日当天的市场价格的差额。员工在行使这份权利并购买了公司的股票后，将这份股票进行转让的时候，需要根据“财产转让所得”中的相关内容进行征税，主要是根据转让当天得到的高于当天公平市场价的差额。员工在得到了公司的股权后，参与分红时就需要缴纳个人所得税，税额主要根据“利息、股息、红利所得”中的相关规定进行计算。

第三，股票增值权。

所谓股票增值权，指的就是上市公司将部分股票价格上升所获得的收益，在某个时间内，在一定的条件下，将该收益赠予公司员工。在双方约定好的条件下，被授权人可以行使他的权利，公司根据授权日当天与行权日当天二级市场股票差价乘以授权股票数量，将收益以现金的方式发放给被授权人。一般来说，股票增值权主要具有以下 3 个特征，如图 7-9 所示。

被授权人行使他的权利，得到股票增值所带来的收益，上市公司根据授权日与行权日股票差价乘以被授权股数，再通过现金的方式给予被授权人。上市公司在将这份收益给予被授权人时，应该根据相关的法律扣缴其个人所得税。

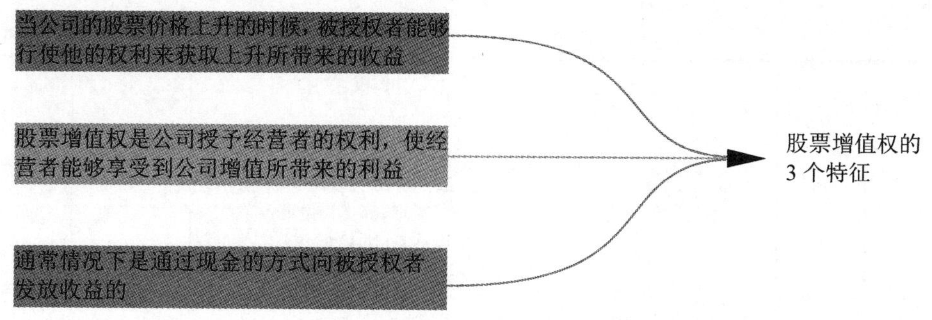

图 7-9 股票增值权的 3 个特征

另外，股权激励服务交付过程中还会涉及一份确认书，下面给出了一份股权激励服务交付确认书的模板，如表 7-1 所示。

表 7-1 股权激励服务交付确认书

企业名称：			所在地：		
服务时间：			签约金额：		
			付款时间：		
	流程	工作内容	文件交付情况	甲方确认	备注
第一阶段：立项阶段					
	调研	访谈式调研，交换意见，了解企业基本状况和需求	《企业股权激励 30 问》 《组织架构图》 《岗位职责说明》		
	回复	商定服务细节及条款，准备事项	《服务协议》 《服务流程》 《文件清单》 《企业准备事项告知书》		
	立项	签约，打款，成立项目小组	《股权激励服务时间进度表》		
第二阶段：调研、策划、导入阶段					
	宣讲	召开股东会，股东高管开会，定战略目标，业务架构，组织架构	《认识股权》PPT		

续表

	调研	对被激励对象进行调研与沟通	《团队股权激励信息互动表》 《海氏岗位评估工具表格套系》 《海氏岗位评估得分及股权预授表》		
	培训	海氏岗位评估法 关键岗位重要任务呈现与考核	《关键岗位重要任务呈现表》		
	评估	绩效考核制度	《岗位绩效考核制度》		
	提炼	KPI 指标提炼	《岗位目标责任书》		
	提案	召开股东会	《股权激励十二点要素探讨表》		
第三阶段：文件制作					
	指导制作	指导企业进行文件制作	《海氏岗位评估打分表》 《企业绩效考核制度》 《岗位说明书》《岗位目标责任书》《岗位绩效考核制度》		
	主导制作	进行股权激励相关文件制作	《股权激励方案》全套系方案、全套系协议		
第四阶段：落地阶段					
	审稿	项目小组审稿，调整，修改	双方共同制作的所有文件		
	定稿	股东会确认股权激励方案，并形成股东会决议			
	发布	召开全员大会，发布公司股权激励方案	《股权激励方案》PPT 《分红测算表》		
	签约	与被激励对象签约	《岗位目标责任书协议》 《员工申明书》 《竞业禁止及保密协议》 《廉洁承诺书》 《股权辅导服务交付确认书》		

续表

第五阶段：服务阶段(1 年)					
	跟踪				
	优化				

7.6 激励行权：股权激励行权条件、行权方式与行权价格设置

行权条件

获授条件是指被激励对象必须达到要求，才有机会获得股权授予。通常情况下，获授条件的主要内容是被激励对象的业绩考核要求。行权条件是指被激励对象在获得股权之后需要满足的要求，只有符合这些要求，被激励对象才可以行权、获赠或者购买企业股票，否则无法行权。

激励的实现条件是达到一定的目标，股权激励同样是这样。要想获得股权激励，员工至少要达到两个目标：一是至少在公司工作三年，二是每一年的绩效考核都合格，能够在岗位上顺利任职。

被激励对象要与公司签订一份股权激励协议，上面约定了行权期限。所谓行权期限，是指被激励的员工在多久以后才可以获得期权池股权。行权期限实际上就是一副“金手铐”，可防止员工在短期内离开公司。建议激励股权分多年行权，比如，第一年分配给激励对象 25%的股权，第二年分配 35%的股权，第三年分配 40%的股权。

既然要考核员工的绩效，就必须设定绩效目标。在设定绩效目标时，一定要符合实际情况，绝不能使员工产生无论如何也完成不了，继而破罐子破摔的心理。如果员工所在职位为研发设计、生产制造、市场营销等，在签订股权激励协议时应着重关注超额业绩。

超额业绩是相对于正常业绩来说的，正常业绩是指员工在公司就职一年以后，考核合格，超额业绩是指在正常业绩之外，超出预期地完成了更进一

步的目标。公司在为员工实行股权激励时，要把完成正常业绩获得的股权与完成超额业绩获得的股权分清楚，并重点关注完成超额业绩的部分，这两者在分配股权时占比应为4∶6。

行权方式

股权激励的行权方式有很多，常见的主要有现金行权、股票互换行权、经纪人当日出售、本票或贷款行权，在此主要介绍这 4 种方式，同时介绍激励对象没有及时行权以及不符合行权条件的处理办法。

第一，现金行权。

现金行权方式是最常见的方式，意思是员工通过现金的方式行权，来购入公司的股票。假如员工在行权的时候，需要确认税收人，那么该员工就应该根据相关的规定，缴纳税额。不同的公司对行权价格以及税费的管理也是不同的，但是大部分情况下，使用的是这种方式：员工向公司支付相关的行权价格以及税费，可以分别支付，也可以合并支付。如果使用这种方式，那么员工就应该具备足够的现金才能够实现。

在行权后，该员工就持有了公司的股票，这就意味着他需要与公司共同承担风险。实际上，这也是公司所希望的：员工也是公司中的一分子，其可以付出更多的努力，为公司带来更多的价值，进一步使得自己也能够得到更多的收益，但是其也需要共同承担股价下跌的风险，那么员工就会通过自身努力，避免这种风险的出现。除此之外，员工支付行权价格，实际上就是在投资公司的股票，这种行为就使得该员工能够与公司紧密连接在一起。

第二，股票互换行权。

股票互换行权相对来说是比较复杂的，简单来说，就是通过自身已有的股权来交换期权股票。确定两者之间的交换比例，需要将行权价格与现行股价作为依据。股票互换行权主要适用于公司中的高层管理，主要有两个方面的原因，一方面，公司的高层管理得到授权的股权数量通常是很多的，难以使用现金行权的方式。另一方面，大部分的高层管理在公司中是持有一定数量的股票的，能够用来进行交换。

在此需要注意一个问题，应该通过什么样的方式去处理员工为了换取期权股票而交回的股票？对于这部分股票，公司可以让代理人来负责注销这部分收回的股票凭证，或是将这部分股票转变为库存股，以备不时之需。不过，不管是通过什么样的方式来处理这部分股票，都会导致公司在外流通的股票数量降低。因此，部分公司会附加一些附载条款。

什么叫作附载条款？指的是公司员工在进行股票互换行权的时候，公司可以将收回股份通过新的股票期权的方式授予员工，使得该公司在外流通的股票数量不会发生变化。

第三，经纪人当日出售。

经纪人当日出售也是较为常见的方式之一，意思是员工在行权获得股票后，马上将这个股票对外出售，将这部分股票换成资本收益。通常情况下，经纪人当日出售应该经过这一流程：首先由员工支付行权价格，购入公司的股票，在获取公司的股票之后，马上要求证券经纪人将得到的期权股票尽数出售，或是只出售其中一部分，从而获取资本收益。

在实际中，员工得到期权股票以及证券经纪人售出股票是一起进行的。证券经纪人在得到了员工的指示后，会立刻将相应的期权股票出售，并将获取到的收入用来支付相应的税费以及行权价格，将剩下的收益归还员工。

在这个过程中，证券经纪人主要发挥了两个作用，一是融券服务，二是融资服务。如果员工先将期权股票售出，再行权，那么证券经纪人所提供的就是第一种服务。如果是先行权，再将得到的股票售出，那么证券经纪人所提供的就是第二种服务。实际上，这种方式是被公司所允许的，公司会做好相应的准备，提前挑选经纪人公司，并与经纪人公司签署委托协议，将公司一定份额的股票转移到经纪人指定的账户中，因为这种方式有利于经纪人为员工提供融资服务。

第四，本票或贷款行权。

本票或贷款行权其实是公司帮助员工的一种方式，当员工的资金不足以行权的时候，公司就会提供一定的帮助。在这种情况下，员工可以通过本票或贷款的方式来获取行权需要的资金，这种方式是被公司允许的。借款金额除了行权价格外，还有相关的税费。公司在设计贷款行权的时候，一定要重点关注贷款利息的相关规定。通常情况下，绝对不能出现很低的贷款利息，如果贷款利息很低，就会被当作是对员工的额外优惠。在确定利息的时候，可以参考一些标准，如公司为员工提供的贷款利息水平，或者外部的基准贷款利率。

另外，再介绍一下对于被激励的对象未能够满足使用权利的条件，或者是没有能够马上行使权利的处理方式。通常来说，主要突显在两个方面，但是处理的方式也是差不多的。

一方面，如果公司业绩或者是激励对象没有能够达到行使权利的条件，那么这一阶段、这一时期的股权激励标的是不可以动用权力的。这一股权激励标的去哪里了呢？要么就是根据原来授权的价格给予返购，要么就是被公司注销。

另一方面，如果激励对象达到了行使这一权利的条件，与此同时，公司业绩也符合使用这一权利的条件，可是因为激励对象没有能够在行使权利期间将所有的权利动用出来，那么没有能够使用权利的那部分的股权激励标的，与第一个方面一样，这部分的处理方式也是由公司注销，或者根据原来授权的价格给予返购。

如今大多践行的是，尽管激励对象没有能够符合行权目标，公司也不想给激励对象带来损失。处于这样一个条件下(限制性股票)，通常公司与激励对象先说好了，未能行权或是舍弃行权的，公司会将这部分股权收回，当然，公司也会支付相应的资金。这样的处理方式旨在能够确保股权激励计划可以在逆境中持续实行下去，也不至于引起激励对象对此做法的反感，公司抓住了激励对象的一般心理矛盾，他们通常不想参与对于自己来说将会导致自身经济有损的股权激励规划。

行权价格

企业在向激励对象授予期权时确定的价格为行权价格，合理的行权价格更容易激励被激励对象购买企业股票。这便要求企业在确定股权激励的行权价格时，按照更严谨的态度来进行。通常情况下，行权价格的确定依据为授予日当天的股票价格，也有的企业会根据某一段具有代表性的时期内的平均值来确定。对于非上市企业而言，确定行权价格需要充分考虑企业的未来业绩、股本总量以及原有股东意愿等因素。

那么，企业如何给激励股份定价？对于此问题，建议采取以下 3 种定价方式，如图 7-10 所示。

企业股权激励定价方式	
企业股权激励定价方式	第一，现值等利法：如果企业的净资产为 2000 万元，则企业的 100%的股份值为 2000 万元，到工商局给激励对象注册 5%的股份的价值 100 万元。换句话说，如果激励对象要注册 5%的股份，就需要花 100 万元
	第二，现值有利法：是指行权价格比当前股票价格低。企业采用这种定价方法，是希望给予员工更多报酬，以激励他们更好地工作，更能使员工感到报酬与努力的直接关系。这一方法对激励对象更为有利，但会加重股东的负担
	第三，现值不利法：与现值有利法相反，现值不利法对激励对象较为不利。现值不利法是指定价大于当前股票价格，这会使激励对象努力难度增大，而导致其风险增加。如公司 5%的股份值 100 万元，采用现值不利法定价的话，可能需要 300 万元来购买这 5%的股份

图 7-10　企业股权激励定价方式

为了促进企业更好地发展，企业在实施股权激励定价时，一定要分清利弊并明确价格，切不可盲目。唯有如此，才能促使激励对象积极参与，让他们为公司的发展效力。

7.7 案例——蘑菇街上市后员工期权激励缩水教训解读

美国东部时间 2018 年 12 月 6 日，电商平台蘑菇街成功在纽约证券交易所挂牌上市。蘑菇街成立于 2011 年，由浙江大学毕业的陈琪及其同学魏一搏共同创立。在发展之初，蘑菇街的定位是消费分享社区，直到 2012 年才发展为导购平台，主要盈利方式是帮助电商导流进而赚取佣金。2013—2014 年，蘑菇街的发展可谓如日中天，日浏览量过亿，一时之间风头无量。也正是在这个阶段，由于市场竞争等，蘑菇街被致命一击，随后进入长时间的转型时期。

直到 2017 年，微信小程序上线，蘑菇街再次获得投资者的青睐，然而并不能从根本上改变蘑菇街的状况。而在此时，急需一次大输血才能续命的蘑菇街选择了上市。企业上市不仅能为企业带来现金流，同时还可以提升知名度。但是，蘑菇街转型期间处于长期亏损的状态，为了达到上市标准，只能做出一系列的“妥协”。

蘑菇街成功上市之后却风波不断，甚至可以说是处于舆论的风口浪尖上。蘑菇街的上市行为被大众认为是明显的“圈钱”行为，因此不被大众所接受。随后，蘑菇街在上市当天，收盘股价差点破发。蘑菇街的开盘价格为 12 美元，已经比发行价格低 14.3%，但其收盘价格为 14 美元，仅与发行价持平，盘中股价最大跌幅接近 15%。

不仅如此，不久之后便有媒体对蘑菇街的状况进行报道，称蘑菇街多位高层骤然离职。随后有蘑菇街员工表示，这主要由于蘑菇街对老员工的期权稀释高达 25 倍。

根据蘑菇街内部人员的消息，在早期放弃了 BAT 的机会，并且心甘情愿地拿着打折的工资来为蘑菇街付出，并且花了几十万元来入手蘑菇街几万的期权，只为了等到蘑菇街上市之后能够实现财富自由。在蘑菇街上市之后，其总股本高达 26 亿元，而且期权稀释高达 25 倍，这对于老员工来说，无疑是重大打击。

这一数字表明，与蘑菇街并肩作战多年的老员工所持有的期权金额少得难以置信，甚至不如一些企业普通员工的年终奖。蘑菇街这一行为无疑让老员工感到失望，大众也会因此而对蘑菇街产生不良印象，认为其是一个没有温度的企业。

蘑菇街上市且引发出来的员工期权事件，让舆论一片哗然，同时，也引发了关于期权的讨论。虽然这极有可能是蘑菇街为了上市而做出的妥协，但仍然欠老员工们一个合理的交代。

第 8 章

激励落地：开放型股权激励方案设计

企业推行股权激励，主要是为了能够吸引核心人才，促进企业发展。然而，在推行过程中，有的企业所设计的指标并不合理，进而导致整个股权激励方案出现问题，增加了股权激励推行的难度。对此，本章介绍了一些相关的解决方案，以供大家参考。

8.1 实施时机：动态的股权分配机制的激励时机选择

动态的股权分配机制实际上延后了股权分配的时间段，将其延后到一定的时间再进行股权的分配。如果过早地分配股权，固定的股权比率可能会不适合新兴企业面临的复杂而不断变化的环境。到了企业发展的后期，可能会打破企业和谐的氛围。虽然在企业的初始阶段不分配股份，但合伙人之间可以先设计好股权的结构，并签署协议，决定日后的分配机制。

创业合伙人投资给公司的各种因素，人脉资源、资金等可能不会在启动项目时一次性地全部投入进来，而是在建立业务的过程中通过实际工作逐渐投入初创公司。因此，创业合伙人对公司的投资及其持股比例很可能会发生动态的变化。这就需要创业者把握好动态股权比例的计算时间。在实践中，总结出了以下两种方法。

第一，预估法。

最简单的方法就是在初创企业启动项目开始时提前估算每位创业合伙人的未来“投资”和价值，并根据这份估算结果，暂时确定每个创始人的股权比率。以下面的案例为例。

A、B、C 三人联合创业，A 是初创企业的最高领导人，B 主要负责交易业务，C 为初创企业提供资金支持。创业的第一年，为了保证充足的现金流，A、B、C 三人都不领工资，按照市场行情 A 的年薪是 42 万元，B 的年薪是 18 万元。但是 A、B 二人都没有投入资金，只有 C 投入了 20 万元。

鉴于这 20 万元对初创企业的重要作用，三人协商后都同意对 C 的注入资金估值增加一倍，这样 C 在企业中的贡献估值就变成了 40 万元，经过预估后，A 的投入估值为 42 万元，B 的投入估值为 18 万元，C 的投入估值为 40 万元，企业总估值 100 万元。A 占股 42%、B 占股 18%、C 占股 40%(见

图 8-1)。

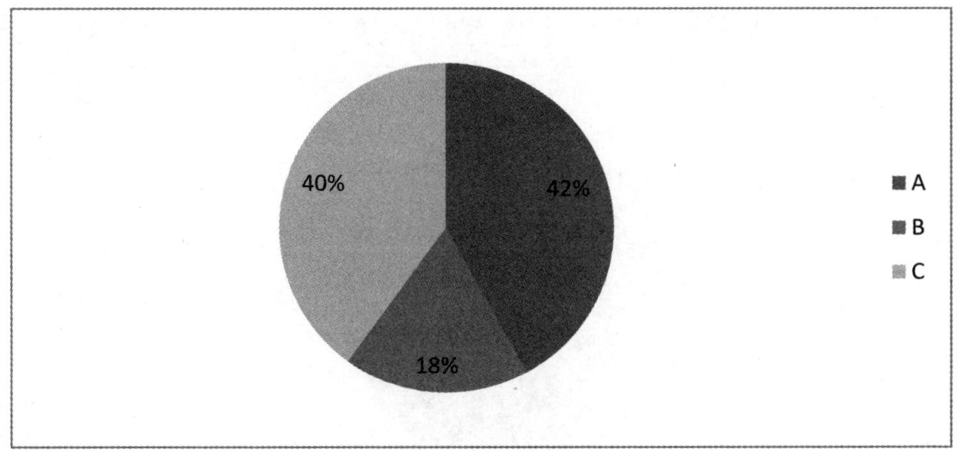

图 8-1　该企业股权比例分配

第二，定期评估法。

除了预估法外，另一种方法是定期评估法，即定期总结每个合伙人对企业的贡献，计算每个合伙人对企业的投入并对其进行估值，然后计算每个合伙人投入评估与总评估的比率来确定股权的比例分配。由于评估是定期展开的多次评估，所以合伙人的持股比例可能会发生改变。

A、B、C 三人联合创业，A 是负责出力的企业领导者，B 负责对外联络事务，C 负责提供初创企业的起步资金，A、B、C 三人决定先不收取工资报酬。按照行业市场，A 的年薪为 42 万元，B 的职位在市场中的年薪是 18 万元，C 不出力但提供全部的起步资金 20 万元，三人经过协商，同意对 C 的估价按两倍计算。

在公司成立后的第一个月月末，计算了 3 人的投入：A 已经工作了一整个月，工资应该为 3.5 万元；B 也全职工作了一个月，工资应为 1.5 万元。二人没有领取的工资可以全部看作是对企业的投入。第一个月中企业购买了一些设备，花费 2 万元由 C 支付，按两倍估值就是 4 万元。

这样算来，第一个月月末，A 对公司的投入为 3.5 万元，B 对公司的投入为

1.5 万元，C 对公司的投入为 4 万元。A、B、C 总投资额为 9 万元人民币。因此，此时 A、B、C 的持股比例分别为 38.9%、16.7%、44.4%(见图 8-2)。

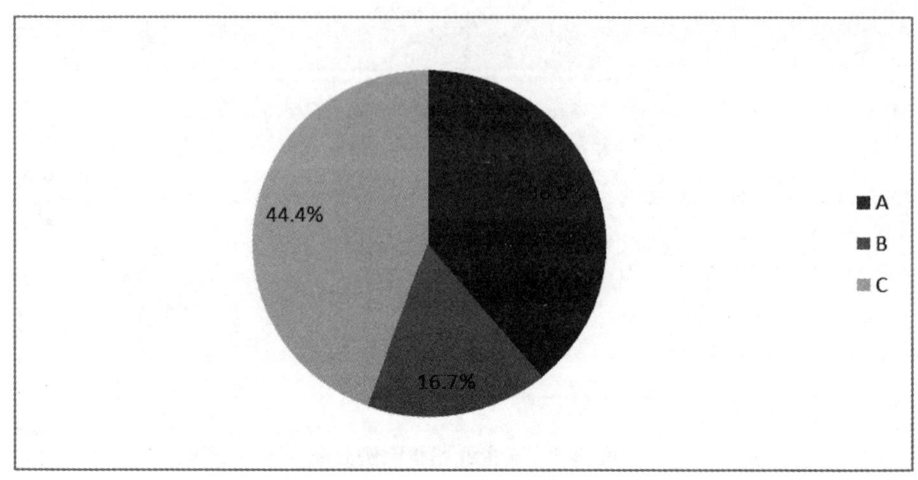

图 8-2　合伙人持股比例

按照上文中的计算方法，每个月的月底都可以进行重新估值，创业合伙人的股权比例也会随着自己的投入不断变化。一段时间之后，这种变化幅度会逐渐变小，股权比例趋于稳定，就不用再定期评估了。可以根据此时的股权比例略加调整，确定一个固定的比例。

还要强调的一点是，如果创业公司打算融资，在提交商业计划书之前，一定要把动态的股权比例先确定下来，否则，创始人之间不断变化的持股结构会让投资者以为企业不够稳定，不愿投资。此外，这种动态的股权结构也使得投资者无法顺利地进入企业。

8.2　激励额度：如何以总占比为基础计算具体员工的激励额度

一对夫妇合伙开了一家化工材料工厂，妻子担任副总经理，负责采购和财务工作，丈夫则担任该公司的总经理兼董事长。因为夫妻俩经营有方，工厂很快就发展壮大起来了，规模进一步扩大，同时，夫妻俩也决定借鉴别的公司的做法：采用股权激励机制。

在扩大生产规模之前，公司有 8 位老员工，为组织的发展壮大做出了重大贡献。确定要扩大规模后，这对夫妻决定聘请人才，拓展业务。所以对于新员工和老员工，公司决定同时采取股权激励制度。

夫妻俩把股权激励的总额定为了 38%，具体的分配制度是这样的：给新员工每人分配 3%的股权，给老员工每人 2.5%的股权，共有 8 位老员工和 6 位新员工。这种分配制度严重地引起了老员工的不满。老员工认为，自己已经为公司出了那么多力，到头来还是抵不过几个新来的员工，自己的贡献没有得到应有的重视。

后来，这些老员工的工作积极性大打折扣，而且与新员工的关系也十分紧张，公司出现了拉帮结派的现象，工作效率相比于之前下降了很多，严重地影响了公司的正常经营。新员工纷纷辞职，老员工也接二连三地出现问题，导致公司产生了一系列的劳资纠纷。

该案例是一个典型的因股权分配不合理导致的企业经营失败的案例。从中可以看出，合理的分配制度的重要性。具体应当怎样操作呢？在笔者看来，应当从总额和个人分配额度两个方面出发。

通常情况下，股权激励的总额度设计可以参考以下 7 个方面。

第一，相关法律、政策的规定。

除了国有企业和上市公司外，法律对于其他类型公司的股权激励总额度没有要求，如果公司不满足这两个条件，不妨根据公司的具体情况，确定一个激励的额度。如果创始人在将来有将企业做大做强并做到上市公司的打算，那么可以了解一下相关的政策。具体内容可以参照表 8-1。

第二，公司提供的薪酬待遇。

股权激励实际上是企业为员工提供的一项福利，和其他福利一样，是员工享受到的福利待遇的一部分。如果员工的工资低于市场平均水平，那么企业可以相应地将股权激励的额度提高一点，作为一种补偿，如果员工的工资高于市场平均水平，那么企业可以减少股权激励的额度。其参考标准，一般而言，是工资加上独立待遇要略高于市场平均水平。

表 8-1　不同类型公司的股权激励总额度限制一览表

公司类型	股权激励总额度限制	相关法律、法规
国有科技型公司(小、微型公司)	小于或等于公司总股本的 30%	
国有科技型公司(中型公司)	小于或等于公司总股本的 10%	
国有科技型公司(大型公司)	小于或等于公司总股本的 5%	《国有科技型企业股权和分红激励暂行办法》
国有控股混合所有制公司	小于或等于公司总股本的 30%	《关于国有控股混合所有制企业开展员工持股试点的意见》
上市公司	小于或等于公司总股本的 10%	《上市公司股权激励管理办法》
民营非上市公司	没有限制	没有规定

第三，公司确立的业绩水平。

在对股权激励额度总量进行设定时，还应当考虑到公司规定的业务目标的实现是简单还是困难。如果员工想达到股权激励设定的业务目标比较高，其股权激励总额就应该提高；如果员工能达到的业务目标比较简单，容易操作，就可以将激励额度定得低一点。

第四，合伙人股东的看法和态度。

股权激励制度的实行会稀释合伙人的股权，所以，在确定股权激励总额度的时候，要考虑到合伙人股东的意见和看法。如果合伙人对于股权激励制度的看法是比较乐观的，认为这是一项有利于公司长期发展的制度，那么股权激励的总额度可以设定得高一点；如果合伙人股东不太乐意分享股权，那么股权激励的总额度相应地就要降低。

因此，企业创始人与合伙人股东的远见和胸怀，对股权激励总额度会起到重要的作用。

第五，公司规模大小和发展阶段。

如果公司已经发展到了一定规模，进入了一个全新的阶段，那么其股权激励总额度所占的比例应该小一点，因为这个时候公司的经济实力比较雄厚，虽然股权激励总额所占比例小，但是总额大。

与之相对应，如果公司的规模小，不具备较强的经济实力，就应当增大股权激励的总额度，这样能起到更好的激励作用。

第六，受激励员工的数量。

股权激励总额度的确定还受到要激励的公司成员数量的影响，如果受到激励的员工数量少，其股权激励总额度就应当少一点。反之，如果受到股权激励的员工数量较多，其股权激励总额度就相应地有所提升。

第七，公司对人力资源的依附程度。

对于那些高科技公司、教育培训公司、互联网公司等高度依赖于人力成本的企业，因为其资金门槛较低，所以对这类企业而言，可以加大股权激励的总额度，这样可以起到更好的激励作用，也可以更好地留住人才。对于那些人力成本依赖程度较低的公司，比如传统加工业、制造业等类型的公司，其股权激励的总额度可以少一点。

除了上面 7 个要素的基本考量，在确定股权激励总额时，还可以将股权预留的份额纳入考虑范围，为股权激励的后续工作打下坚实的基础。如果公司在后期还有其他关于资本运营方面的需求，也应当提前做好预算。

掌握了股权激励总额度的设定之后，还应当明确股权激励的个人额度。在确定个人额度方面，应当从 4 个要素考量。

第一，相关法律制度的规定。

同样地，法律对于国有企业和上市公司在股权激励的个人额度方面，也做了相关的规定和约束。非国有企业和上市公司没有限制，可以根据实际情况进行分配，但上市公司和国有企业在确定股权激励的个人额度时，应当严格按照表 8-2 中的要求。

表 8-2　多种类型公司的股权激励个人额度限制一览表

公司类型	股权激励个人额度限制	相关法律、法规
国有科技型公司	小于或等于公司总股本的 3%	《国有科技型企业股权和分红激励暂行办法》
国有控股混合所有制公司	小于或等于公司总股本的 1%	《关于国有控股混合所有制企业开展员工持股试点的意见》
上市公司	小于或等于公司总股本的 1%	《上市公司股权激励管理办法》
民营非上市公司	没有限制	没有规定

第二，受激励员工的真实薪酬水平。

激励对象得到的股权激励额度应当和其实际薪酬水平成正比，千万不能出现高水平、高薪酬的激励对象获得了低水平的股权激励额度的现象。

企业通过合理设置股权激励额度，激发那些水平低、薪酬低的员工积极工作，提高业务水平，由此获得较高的股权激励额度，这种方式也是可行的，毕竟这是企业实施股权激励后最希望看到的局面。

第三，受激励员工的工作年限和重要程度。

股权激励的个人额度确定应当与激励对象的工作年限成正比，即激励对象工作年限越长，其股权激励额度就应该越高。

要激励的个体的重要程度也是确定个人股权激励额度的重要参照条件，激励的个体对公司来说更重要，股权激励额度就应该越高，反之亦然。

第四，受激励员工的心理期望。

不同的激励对象，有着不同的股权激励额度的预期。一般情况下，企业应当给那些心理预期较高的激励对象更高的股权激励额度，给那些心理预期较低、追求稳定的员工较低的股权激励额度。否则，其激励作用就会大打折扣。

企业创始人应当在创业初期将上面所提到的因素加以考虑，确定一个合理的股权激励个人额度，只有这样才能将股权激励的作用发挥到最大限度。

8.3 制度设计：经典企业股权激励制度设计要素

如果企业创始人发现员工对于某些制度经常钻空子、打擦边球，出现“上有政策，下有对策”的情况，就要反思这项制度是否合理了。

一般情况下，合理的制度要符合我国大环境和企业本身的特色，也就是说，制度设计要立足国情与企业本身，否则制度就很难合理，这也是为什么很多所谓西方的先进管理制度直接生搬硬套到国内企业，而无法成功的原因。股权制度设计也是如此。通常来说，合理的股权制度设计需要涵盖 6 个方面，如图 8-3 所示。

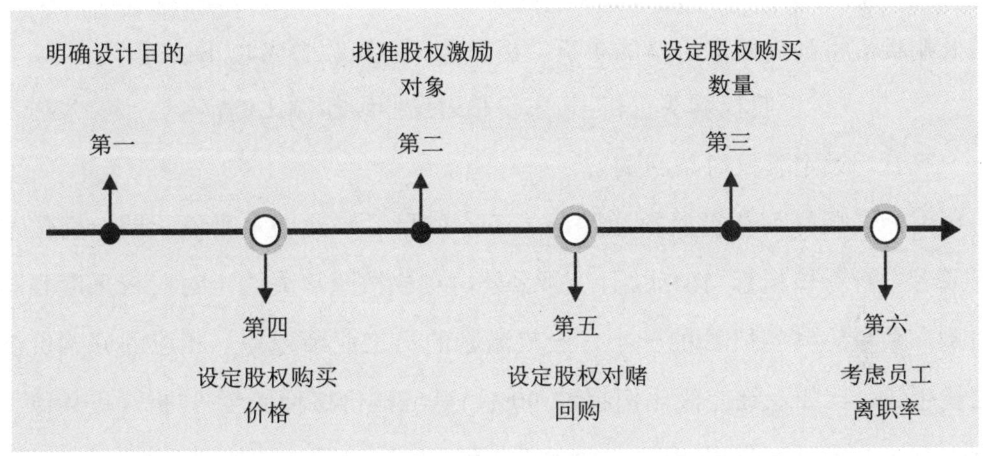

图 8-3　合理的股权制度设计需要涵盖 6 个方面

第一，明确设计目的。

在明确设计目的之前，企业首先要对股权激励有一个详细的了解，所谓股权激励，是指企业创始人通过获得公司股权形式而给予企业管理者一定的经济权利，使他们能够以股东的身份参与企业决策，分享企业利润，共同承担企业责任，尽职尽责地为公司长期发展服务的一种激励方法。如果公司还没有发展到股权分配的阶段，则不需要进行股权制度设计。

第二，找准股权激励对象。

激励对象不能盲目选择，如果选择得不对，还不如不设计。一般来说，只要当年业绩超过同一岗位的平均水平 10%以上，或者没有相同岗位但自身考核标准超过 10%以上的员工，都可以作为股权激励的对象。

第三，设定股权购买数量。

对于符合股权激励标准的员工，企业可以鼓励员工自行决定购买数量，不过购买金额不能超过当年所得的业绩奖和年终奖。

第四，设定股权购买价格。

股权购买价格的设定一般与员工当年的业绩表现挂钩，如果业绩好，那么股权购买价格相应地也会越低；如果业绩比例超过需要完成比例的 90%，最低购买价格则为原本价格的 1 折。更具体一点可以参考以下公式：

股权购买价格=资本价值×(1-业绩超额比例)

第五，设定股权对赌回购。

因为表现好而获得股权激励的员工，如果后来业绩水平低于同一岗位水平或者自身考核指标 10%以上，那么公司有权按照事先约定对股权采取强制回购，数量为其持股数的一半，股权激励的员工业绩越差，相应的回购价格也就越低。比如业绩差额比例超过 90%，其回购价格便低至 1 折。更具体一点，可以参考以下公式：

股权回购价格=资本价值×(1-业绩差额比例)

第六，考虑员工离职率。

如今的员工离职率比较高，无论员工是主动离职还是被动离职，其手中所持的股份数均由公司按照资本价值进行回购。这是下面要着重讲的行权退出的一部分内容。

值得一提的是，如果股权激励一直不变，很容易出现员工利用过去的

“功绩”吃老本的情况，因此只有让股权激励动起来，主动筛选和留住真正对公司发展能持续性做出贡献的人，才能发挥股权激励的作用。因此，在股权制度设计中，行权退出就变得非常重要了。

行权是指期权合约的权利方要求义务方按照约定的价格、时间和方式履行期权约定的义务。所谓行权退出，是指激励期权的退出机制。做好行权退出，是企业设计股权制度时不可忽视的一部分，可以让制度更完善，让投资者和股权持有者更放心，工作起来更有动力，变相放大投资价值。具体来说，企业设置行权退出时要明确退出条件、价格、程序及时间节点等问题，如图 8-4 所示。

企业设置行权退出时需要考虑的 3 个方面	
	第一，退出条件：行权退出条件及价格一般需要在配股时就约定好
	第二，退出程序：退出程序也要提前约定好，一般是在配股协议里直接约定，分为已经行权和未行权两部分。对于已经行权的股权期权，转让给持股平台或者公司指定的第三方，由公司或者持股平台支付员工约定的价格；对于未行权的股权期权，员工直接不再享有即可
	第三，退出时间节点：退出机制中应该明确约定退出时间节点，这样更方便行权退出，比如企业可以设定收回股权的时间、支付股权转让款的时间、办理工商变更登记的时间等，而且这个时间还要有法律约束性，一旦违反，要承担相应的法律责任，以避免行权退出过程中出现纠纷

图 8-4 企业设置行权退出时需要考虑的 3 个方面

无论是新创立的公司，还是已经发展到上市阶段的公司，做好制度设计，尤其是股权激励设计，导入行权退出，都是留住人才，放大投资价值的好方法。

8.4 退出机制：退出情形设定与相应锁定期、收回方式设置

退出情形设定

企业创始人在哪些情况下能够终止股权激励？如果以下 9 种情形中，出现任何一种，都是可以终止股权激励的，如图 8-5 所示。

第一，无法胜任本职工作：由于员工没有能力在自己的岗位任职，做出违背职业道德的事情，在工作中失职、渎职，严重损害企业的利益或声誉而被企业领导降级或降职等；

第二，泄密：存在泄露企业商业机密，与企业外部人员相互勾结，做违法交易的行为；

第三，私开公司：员工自己偷偷开设与企业的业务相同或相近的公司；

第四，解雇或私自离职：没有办理辞职手续而私自离职，或者由于个人问题被企业解雇；

第五，发生意外伤害：股权激励对象发生伤残、丧失行为能力或者死亡等事件时；

第六，违反规章制度：没有遵守企业的管理规章制度和保密制度；

第七，违法犯罪：做出违法犯罪行为，且被判刑；

第八，企业遭遇变故：在锁定期内，企业遇到重大变故，比如重组、兼并、转让或被收购等；

第九，股权激励制度或老板变更：企业重组或者被兼并以后，更换了老板以及股权激励制度。

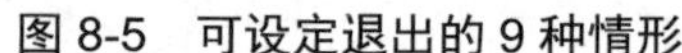

图 8-5 可设定退出的 9 种情形

锁定期退出

假如股权激励对象已经全款购买了企业股份，而中途离开了公司，这种情况该如何处理？假如企业设定了 5 年的锁定期，可以按照下面 3 种情况进行相应的处理。

第一，锁定期 3 年内离开。

假如股权激励对象在锁定期 3 年内离开公司，可以分为 3 种情况来分析，如图 8-6 所示。

（1）股权激励对象离开公司时，公司正在盈利。此时公司可以按照以前的价格把股份购回，将其本金归还。

（2）股权激励对象在离开公司时，公司正在亏损。此时要按照股份比例把公司产生的亏损弥补上才能退出，弥补的资金最高额是其出资额。比如，某人当时出资 50 万元购买了 10%的股份，如今公司出现 1000 万元的亏损额，那么他最多弥补 50 万元，不用按照 10%的股份比例弥补 100 万元。

（3）公司早于预期时间上市。比如，原本正处于锁定期的第二年，这时风投进来了，于是打算上市。为了提前上市，公司要提前解除锁定期，加快注册股份的流程。

图 8-6　锁定期 3 年内离开的 3 种处理方式

第二，锁定期 3～5 年离开。

当锁定期为 5 年时，股权激励对象在锁定期超过 3 年，但未满 5 年时离开公司，可以根据以下 4 种情况分别做出相应的处理，如图 8-7 所示。

（1）假如有风投进来，公司可以按照溢价的方法买回股份；
（2）假如公司正在盈利，但没有风投进来，就按照原来的价格买回股份；
（3）假如公司正在产生亏损，而且没有风投进来，股权激励对象就按照股份比例弥补公司的亏损；
（4）假如公司打算在 5 年之内就上市，就提前解除锁定，并加快注册股份的流程。

图 8-7　锁定期 3～5 年内离开的 4 种处理方式

第三，锁定期到期之后再离开。

假如锁定期为 5 年，股权激励对象在锁定期到期以后才离开，可以分为以下两种情况做出相应的处理。

(1) 如果股权激励对象仍愿意注册股份，就直接注册股份。

(2) 如果股权激励对象由于某些情况不想注册股份了，公司可以用净资产每股收益价或者双方共同商定的价格买回股份。

“135 渐进式激励法”有效地将短期激励与长期激励结合起来，使公司整体的薪酬结构体系得到完善，公司的各级员工也都充满了工作积极性，为公司业绩的稳定、长期增长奠定了人力资源基础。这种方法将公司主要员工与

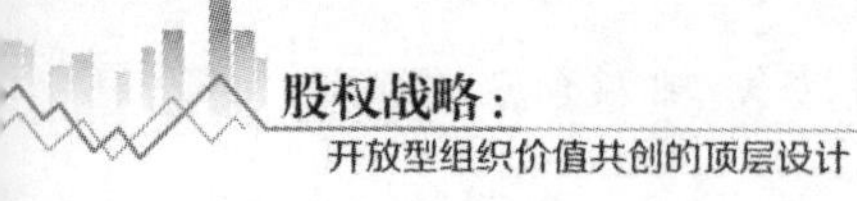

股东的利益捆绑到一起，使骨干员工，特别是公司的研发队伍“军心”稳定，能够极大地提升公司的经营业绩。

收回方式

如果员工退出股权激励，在不同情景下，收回方式也有所不同，一般来说主要分为 3 种。

第一，对于主动要求离职的员工，企业可以回购股权，并按照双方约定的工作期限和员工实际工作年限，综合入股的金额归还员工入股的本金。一般来说，如果员工离职是在双方条款的限定时期内，可以根据比例折算退还入股本金；如果员工离职是在双方条款的限定时期后，可以全额返还入股本金。

第二，对于双方通过协商决定解约，或者是根据相关法律终止，以及员工相关考核不达标而被辞退的员工，企业收回股权时的价格可以以员工入股的价格退还。

第三，如果严重违反公司规章制度，或者在工作过程中出现重大工作过失，导致企业利益受损，并且被企业辞退的员工，企业在收回股权时其实可以支付本金，甚至在某些情况下还可以追讨员工为企业造成的损失。

8.5 案例——华为不同发展阶段的相应员工股权激励方式

根据华为 2018 年财报报告，2018 年华为全球销售收入高达入 7311 亿元人民币，较 2017 年增长了 19.5%；净利润达到 593 亿元人民币，较 2017 年增长了 25.1%。无论从发展速度、销售数量还是其他角度来看，华为都属于十分成功的企业。华为的一举一动都受到外界的关注，其中最为人津津乐道的还是华为的股权激励方式。华为将自己定位为“100%由员工持股的民营企业”，而其快速发展并且登上手机销量前列的宝座，与其股权激励不无关系。

1987—1998 年，员工持股制度，股权架构维持至今。

1987 年，任正非与其合伙人成立了华为，注册资本为 2 万元，并且均分股份。1990 年，华为开始实行“员工持股制度”。

“员工持股制度”自实行开始，华为员工便可以以每股 1 元的价格入手华为股票，另外一些合资企业的员工也可以进行认购，并且这一价格一直延续到 2001 年。事实上，在企业发展并且难以获得融资的情况下，华为便是以这种方式进行内部融资，并且渡过难关。到了 1997 年，华为注册资本达到的 7005 万元基本上来源于员工股份。

由于有些企业利益内部职工股权证进行非法交易，国家便要求“立即停止内部职工股的审批和发行”。于是在 1997 年 6 月，华为简化其股权结构并进行了改制(见图 8-8)。

改制前	改制后
• 688 名华为公司员工总计持有 65.15%的股份； • 子公司华为新技术公司的 299 名员工持有余下的 34.85%股份	• 华为新技术公司持有 5.05%的股份； • 华为新技术公司工会持有 33.09%的股份； • 华为公司工会持有 61.86%的股份

图 8-8　华为改制前后的股权变化

不仅如此，改制之后，华为的两家公司员工股份由其工会进行集中托管，同时，还由工会代行股东表决权，这一做法获得了深圳市体改办的同意。

1999 年，华为工会分别收购了华为新技术公司 5.05%的股份、华为新技术工会 21.24%的华为股权。也正因为如此，华为的两家工会分别持有 88.15%和 11.85%的股份。到了 2000 年年末，华为持有的 11.85%的股权工会并入另一家工会。除此之外，任正非持有的 3500 万元股份约占总体的 1.1%，将进行工商注册登记，成为自身具备的权利，剩余股份将由华为公司工会持有。

在 2003 年，华为控股成立，华为公司工会所持股份全部转移至此，股东也变更为华为控股持股 99.99%。2004 年，华为技术有限公司股东也变更为华为控股。在此之后，华为的整体股权变化偶尔做出调整，但总体框架没有出现过大的变化。

1998—2007 年，虚拟股权制度；2008—2013 年，饱和配股制度。

1998 年，华为高层赴美学习员工激励制度，虚拟股权制度获得了关注。在虚拟股权制度中，持股人不具备所有权、表决权，同时这种制度之下发行的股票不需要相关部门进行烦琐审批程序，像华为一样的非上市企业还可以避免公开市场影响股价。于是，华为着手设计虚拟受限股体系。2001 年，华为推行虚拟股权制度，并且同样获得了深圳市体改办的同意。

华为的虚拟受限股是指每年华为都会向员工发放虚拟受限股，而这些股份都是以审计后的净资产价格、确定股数作为依据而确定的。也就是说，华为员工间接享受股权收益，但不具备处置权以及投票权，真正能够把握华为重大决定的是 51 名持股委员组成的工会。华为的虚拟受限股类似于工会代持，同时还有一些值得注意的事项，如图 8-9 所示。

（1）每年度员工按照上一年度的账面净资产投资入股(自筹或情贷)；
（2）虚报受限股收益包括两部分：年度分红及增值兑现；
（3）分红比例约为利润的 40%；
（4）增值收益在离职退出时兑现，中层以上干部可以每年兑现所持股权总量的 10%，其他员工为 25%；
（5）增值收益=离职时的净资产–入股本金(进入时的净资产值)，主动离职不享有收益

图 8-9　华为的虚拟受限股注意事项

华为虚拟受限股一经推出，员工原股票逐渐转化成虚拟股，本身实质意义就不强的实体股经过这一转化，正式成为虚拟股。事实上，这一转化有两

个原因在推波助澜，从而完成了体量巨大的股票转变。第一个原因是华为正在经历其发展的第一个寒冬时期，员工基本上对股票的价值持怀疑态度，同时所获的分红收益不高。第二个原因是任正非鼓励员工“辞职”，随后继续回来工作，主要是为了方便完成股票回购。与此同时，一批华为资深员工纷纷离职，手中股票也自然为华为所回购。

随着时间的推移，部分老员工由于种种情况而导致贡献值逐步降低，而在这种情况之下，股权份额却有增无减。为了改善这一状况，让股权能够起到更好的激励作用，华为在 2008 年微调虚拟股制度，经过调整后成为“饱和配股制”。饱和配股制规定：华为员工股权到达一定级别后，便不能再继续认购股权。这一规定极大地限制了老员工们的股权份额，从而促进新员工的努力向上。

不得不承认的是，虚拟股权制度与华为当时的发展阶段是相符的，对于华为来说起到了非常重大的激励作用。虚拟股制度既不影响股东的股权结构，从而维护管理层对华为的控制力，又能将核心人员与企业发展捆绑起来，共同成长并且获得利益。华为依靠虚拟股制度的助力，在 1998—2007 年的十年间实现了高速发展。

2013 年后，TUP 制度。

没有任何制度可以永久有效，随着时间的推移，虚拟股权制度的弊端显现出来。不少员工(尤其是在 2000 年之前加入华为企业的员工)，由于种种问题而成为典型的“食利者”阶层，从而导致华为出现分配不公的现象，不利于激励新一代员工进行奋斗。

基于种种不良现象，华为自 2013 年以后，采用 TUP(Time Unit Plan，时间单位计划)制度来替代虚拟股制度。TUP 制度通过将奖励递延分配，从而达到中长期激励的目的。TUP 制度更类似于分期付款：让员工拥有获得收益的权利，而这笔收益需要通过未来 N 年才能全部兑现。举个例子，假设员工小刘在 2014 年获得了 8000 股，而当期股票价值为 5.42 元。按照华为的内部规定，员工在获股当年没有分红权，也就是小刘在 2014 年是没有分红收益的，因此小刘的总体分红收益如图 8-10 所示。

2014 年(第一年)，零收益；
2015 年(第二年)，可以获取 5000×1/3 的分红权；
2016 年(第三年)，可以获取 5000×2/3 的分红权；
2017 年(第四年)，可以全额获取 5000 股的分红权；
2018 年(第五年)，在全额获取分红权的同时，还进行股票值结算，假设华为股价在此时升值到 6.42 元，则第五年，小刘能获取的回报是：2018 年分红+5000×(6.42−5.42)。同时对这 5000 股进行权益清零

图 8-10 小刘的总体分红收益

如以上案例所示，华为采取的其实就是五年期的 TUP 制度，前四年呈逐层递增趋势，第五年不仅能够获得全额分红收益，股本增值后的收益也同样可以分到员工手中。

TUP 制度实行至今，也获得了非常不错的效果。从短期的角度出发，在华为企业中，员工获取收益与资历、国籍、性别等都没有任何关系，只要对华为贡献达到一定的价值，便可以获得相应的收益。另外，TUP 制度还可以有效解决由于激励不足，工作不足 5 年的员工战斗力不强的问题。一般情况下，员工工作前两年是投资期，其后才是回报期，华为这一方式让已经成熟的员工不忍放弃这一机会而割舍离职的念头，从而稳定了企业结构，降低培养成本。

从中长期的角度而言，完善后的 TUP 制度将会逐步扩散，从而降低员工在虚拟受限股收益占总收益的比例。长此以往，对企业具备贡献价值的员工就会获得越来越多的收益，从而解决分配不公的问题。

虽然 TUP 制度的优势明显，但同样具有弊端，比如，长期发展下去，激

励效益将会缩减；或是不适用于激励少数核心层，尤其是事业合伙人。因此，TUP 制度在目前需要与虚拟受限股相互结合，扬长避短，从而发挥最佳的激励效应。

任何股权激励制度都适合于企业发展的某一阶段，同时还是利弊兼有。因此企业在发展过程中，发现股权激励制度偏离企业核心发展方向，事实上，就可以着手进行制度改革了。华为的股权激励在这一方面践行得很好，为广大企业树立了典范。

第 9 章

股权运营：

与更多其他独立组织结成利益共同体

不管企业多么强大，自身的资源不会一直充沛，因此一定要整合、利用社会资源，让各方都为自己提供力量。要想便捷、迅速地调动社会资源，最好的一个办法就是以股权为纽带，与更多其他独立组织结成利益共同体。

9.1 股权运营：股权运营思维成就高速发展

随着资本市场的繁荣，股权作为公司最有效的资产，其对公司未来发展的驱动力正在逐步显现。越来越多的企业都在探索股权在资金获取、人才招募、市场布局等各个方面的作用。

和银行贷款相比，股权融资不需要担保，也不需要抵押，创始人主动让渡股份便能获得资金。和债券等融资方式相比，股权融资还能获得业务资源和各方人才，更是未来企业布局生态链最有效的手段之一。一般来说，最为常见的企业股权融资方式有以下 3 种，如图 9-1 所示。

图 9-1　最为常见的企业股权融资的 3 种方式

第一，公开市场发售股票。

一般指企业在公开的股权交易市场运用发售、配股的一种形式，比较常见的是公司上市、上市公司定增等。这种方式募集的资金多，原股东股权稀释得少，还可以提高企业知名度。公开市场对股票发行企业的要求比较高，只有盈利能力强的、规模较大的企业可以施行。

第二，私募。

私募指企业自行寻找投资人，待壮大之后溢价收回股份的一种形式。私募适合所有的公司，效率高、融资成本也不太高。目前市面上有大量的私募股权机构，其自身有一定的资源，投资后不仅可以为企业带来资金，更能在专业知识、管理等方面提供支持。

第三，股权质押。

股权质押是指企业将股权作为抵押标的实现融资的一种方式。除了转让股权和收取红利等方面有影响外，股权质押对股东的控股地位几乎没有影响，相对于传统融资方式，股权质押更受大股东的欢迎。

股权已经成为企业家撬动市场、创造个人价值的杠杆，这便要求企业需要学会合理利用股权运营。股权运营是什么？主要是通过股权并购重组、挂牌上市、股权融资等各种与股权相关的运作方式，实现公司、员工、供应商、产业、资本等成为利益共同体，最终实现股权价值增值的行为。

以小米为例，小米能够高速发展，得益于雷军“股权思维”运用得炉火纯青。小米通过股权思维的方式吸引合伙人和投资人进入，从而打造了一支高素质的创始团队，并拿到了1000万美元的启动资金。

小米靠股份合伙搭建了核心团队之后，公司将管理权下放到各个模块的负责人，权责包干，包括人事、业务拓展和运营，其他人不得干预。小米初期的组织架构只有合伙人、新主管、员工这3个级别，因为合伙人与公司深度绑定，所以一定会想方设法找到一流的人才、降低成本、拓展业务、提升业绩。这样一来，小米的创始团队聚集了一大批行业顶尖人才，为公司的后续发展提供了强大的支持。

在小米进入发展快车道之后，一大波投资机构主动投资，试图在小米高速发展之后退出以换取利润。后来，小米逐渐成熟之后，又主动进行股权投资，绑定优质供应链，追求更高的利润。比如，小米希望提高数据挖掘能力而投资了金山云，从生态链中找到机会投资了爱奇艺。

很多企业的创始人采取的是“市场思维”模式，先筹到一笔启动资金，去调研市场，找到产品研发的方向；然后筹一笔钱去购买设备、建厂、招募员工；一段时间后，工厂正式开工，产品下线之后再去考虑砸钱推广，各种渠道打广告。在此期间，一旦哪个阶段资金链断裂，产品还没被消费者看到就夭折了。

小米却恰恰相反，靠“股权思维”轻资产、精定位、做纵深的思维方式让小米品牌迅速壮大。2018年7月9日，小米在港交所上市；2019年4月，小米的市值达到近3000亿港元。

9.2 层次差异：对企业内不同团队层次实施不同股权政策的方法

企业要想长期稳定运营，使各种要素资源永远保持活力，则离不开一定的股权激励政策。股权激励政策多种多样，企业要根据不同的对象采用不同的激励政策，唯有这样，股权激励才能真正发挥出它的价值与作用。一般来说，常见的股权激励政策包括 4 种类型，如图 9-2 所示。

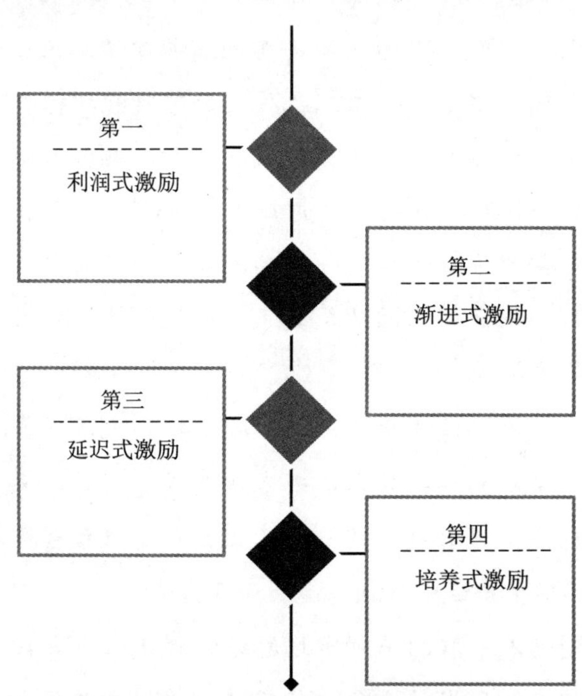

图 9-2　常见的 4 种股权激励政策类型

第一，利润式激励：设定利润目标，建立奖励制度。

假设企业给出的目标利润为 1000 万元，如果下属完成目标，并没有超出，他只能分享在职分红激励；如果下属超额完成目标，为公司带来了超过 1000 万元的利润，这超出的那部分激励就是超额利润激励。

比如，1000 万元的利润，下属只能分成 30%，70%是归企业创始人的；而下属超额完成了 500 万元的利润，下属就会获得 500 万元的 60%，只留给企业创始人 40%。企业创始人实行这种激励制度，表达了愿意与下属团队共同分享企业利润的态度。这种激励制度不会伤害到企业的利益，反而会快速调动起下属团队的工作主动性和积极性。

实行超额利润激励法，设定利润目标是重中之重。应该如何设定利润目标？假设企业在 2018 年设定的目标利润是 1000 万元，这一利润目标不仅是企业创始人想要实现的，而且也被职业经理人认可。2018 年的确完成了这一目标，而且还稍微超出了目标。于是，企业打算自 2019 年开始实行 3 年的超额利润激励。

设定 2019 年的利润目标就变得非常简单，可以在 2018 年的目标利润基础上按照下面的公式来预算：

1000 万元×(1+6%)×(1+30%)=1378 万元

也就是说，1378 万元就是 2019 年的利润目标。其中，(1+6%)是无风险利率，(1+30%)是企业发展的增长比例。

所谓无风险利率，是指把资金投放到某一项毫无风险的项目上而获得的资金增长比例。比如，有两家企业要实行重组，净资产数额相差很大，一家企业的净资产高达 3 亿元，而另一家企业的净资产少得多，只有 3000 万元。第一家企业的年增长速度较慢，只有 20%，后者年增长速度较快，高达 80%。这两家企业到底要如何重组呢？

每一年这两家企业的净资产都有一个无风险利率，不管是 3 亿元还是 3000 万元，只要放在银行，利率都是相同的，但利息数额肯定不一样。假如这两家企业的净资产完全相同，都是 3000 万元，也就不必考虑无风险利率了。假如净资产不同，增长比例也不同，就不仅需要计算净资产的无风险利率，也要计算企业的增长速度。

下面再举一个例子，假设在家里放了 1000 万元，5 年以后，就没有办法

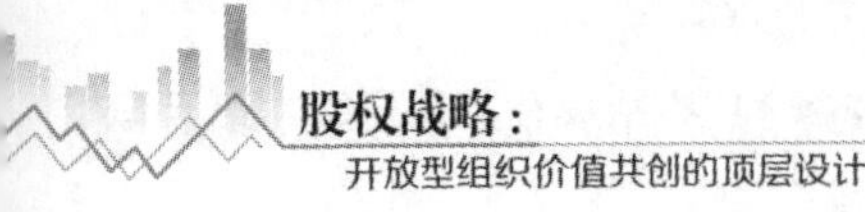

买到5年前价格为1000万元的东西了。这是因为社会发展中有不可避免的通货膨胀，每一年货币都在以大约6%的速度贬值。前面在公式中看到的6%，其实就是考虑到通货膨胀的因素，为企业的老板进行资产保值的无风险利率，一般为6%～8%。

企业发展的增长比例并非企业创始人所决定的，而是创始人和高层管理者共同商定的一致意见。创始人认可，高层管理者也觉得有能力完成，就此达成一致。在前面提到的公式里，企业的增长比例为30%，无风险利率为6%，有了这两个关键因素，就可以根据公式算出2019年的利润目标为1378万元。

同理，在设定2020年的利润目标时，就应该在2019年的利润基础上用公式计算出目标利润为2616万元。当然，在实际的经营过程中，增长比例不一定是30%，假如老板和高层管理者商议妥当，定为20%、90%，甚至是200%都是可以的。

另外，企业还需要设定超额起提点和超额比例。所谓超额起提点，是指针对超出利润目标的部分设置的进行超额利润激励的比例，而超额比例是指超出利润目标的部分与目标利润的比例。假如利润目标是1378万元，实际完成利润1478万元，超出目标的部分为100万元。可以看得出来，超额比例不到10%，建议超额起提点设定为30%～50%。

(1) 将利润设置为计算标的。

企业创始人不要因员工拿到的利润份额多了而心里不愉快，采用这种以利润为标的的激励方法，公司发生的变化会很大。在实施激励机制之前，一到下班时间，所有员工都巴不得立刻离开公司，就算公司有再紧急的事情，员工也不会过多理会。导入这一激励机制以后，员工们会努力工作，他们心里会想：现在提升薪酬的机会来了，必须在前两个季度完成公司设定的利润目标1000万元，这是一个保底目标。在后两个季度必须超出目标200万元，这样自己就能多拿一些分成。

总之，实行这一激励制度以后，企业员工在工作时就不再只是为企业创造价值和利润，也是在为自己的未来创造更多可能性。

如果在利润目标为 1378 万元时，实际完成额度为 1878 万元，超出目标利润 500 万元，超额比例为 36%，但低于 50%，建议分红至少要达到 40%。假如超额比例高于 50%，分红至少要达到 50%。假如超额比例高于 80%，分红最低也要达到 60%……员工为企业创造的价值越大，就能够获得越高的回报。这就需要企业以利润为计算标的。假如企业把销售额设定为计算标的，该如何设定超额比例呢？

① 超额比例设定得比较低。假如今年的保底销售额达到 10 亿元，超出的部分分 1%～5%给职业经理人作为奖励。

② 对财务预算和过程做好严格管控。一定要对财务预算和过程做好管控，否则销售额提升的同时很有可能增加大量成本，使企业失去利润。总之，实行超额利润激励法，以利润为计算标的来对员工进行激励是最富有成效及科学性的。

假如员工完成的利润没有达到目标利润，比如目标利润为 1378 万元，员工完成的额度少 100 万元，只完成了 1278 万元，就不能获得超额利润分红。

(2) 设定的利润目标要具备合理性。

在设定利润目标之后，不管今年是否能达到目标，明年的利润目标该如何设定呢？假设今年要完成 1378 万元的利润目标，明年要完成 1898 万元的利润目标。如果今年就已经完成了 1898 万元的利润，明年的利润目标是否需要调整呢？通常来说，设定的利润目标一定要合理，不仅要高于行业平均增长率，还要符合企业的战略规划需求，并在原则上提出高要求。不过，只要设定好了目标，并且没有被外在的重大因素影响，一般是不能调整的。这样做是为了保障职业经理人的利益。

再假设另一种情况，设定的利润目标是 1378 万元，实际完成只有 1178 万元，但与上一年相比，还超额完成 178 万元，再加上所有员工都认真负责，对公司也很认可，公司也不打算调整员工在职结构，会继续按照以前的超额比例进行分红。既然员工没有完成利润目标，今年员工们自然就不会获得超额利润分红。

因为制订的是三年的利润计划，假设在第二年利润目标是 1898 万元，实际完成了 2898 万元。第一年未完成目标，第二年超额完成，并超出很多，这时该如何分红？很简单，第二年实际完成的利润超出目标 1000 万元，第一年比目标少 200 万元，因此第二年的实际完成金额扣除第一年的欠缺金额，剩下的 800 万元就是这两年的总超额部分，超额比例为(800 万元÷1898 万元)×100%，大约为 42%，低于 50%，所以超额起提点设定为 40%即可。这样做是对企业利益的保障。

因此，实行股权激励，并不是让企业创始人对高层管理者提出过高的要求，也不是让高层管理者对创始人提出不合理的要求，而是为企业考虑，让创始人和高层管理者之间实现更公平、合理的利润分配。

超额利润激励法尤其适用于企业创始人对职业经理人、总经理或店长进行股权激励。这种激励方法有一个十分显著的优势，那就是让企业创始人时刻关注如何提高企业的超额利润。超额利润是从何而来的？一方面要增加收入，另一方面也要减少成本。有了超额利润的激励，创始人才会想方设法地提升经营业绩，并尽力减少不必要的成本。

第二，渐进式激励：掌握核心需求，目标循序渐进。

如果在一家企业里，干多干少一个样，老员工和新员工的待遇也体现不出差别，那么长此以往，员工就会产生吃“大锅饭”的想法，这家企业势必会出现问题。因此，企业应该为员工设定阶段性目标，并且用股权激励体现出薪酬的差别。

企业可以运用渐进式股权激励方式，帮助员工规划个人的职业道路，找到未来的努力方向，设定人生目标。渐进式股权激励还有另一个名称，即“135 渐进式激励法”。“135 渐进式激励法”具体是一种什么样的激励方法呢？

在这三个数字中，“1”是指享受 1 年的在职分红，“3”是指实行 3 年的滚动考核，“5”是指 5 年锁定。因此，“1”涵盖在“3”里边。3 年的滚动考核，再加上 5 年锁定，一共 8 年时间，这是在国际上普遍采用的股权激励周期。

简单来说，一个职业经理人要想成为企业的合法股东和注册股东，一般要经历 8 年的时间。因此，企业创始人必须为自己的企业制定长远的规划，做出宏大的设想。

第三，延迟式激励：红利延迟发放，欲望及时满足。

员工通过延期支付获得的收益，其实源自公司既定期限内股票的市场价格上升，也就是计划执行时与员工行权时的股票价差收入。换句话说，折算后存入延期支付账户的股票市价在员工行权时呈上升趋势，那么被激励的员工就可以从中获得收益。

比如，你是某公司的区域经理，在当年的业绩考核达标之后，获得了公司的 10 万股股票激励，延迟 5 年支付。当时的股价是每股 12 元，这 10 万股的账面价值即为 120 万元。5 年后，公司股价由每股 12 元增长到 30 元，你将获得两部分股票收益：一部分是 10 万股股票的价值 120 万元；另一部分是这 5 年内公司股票的增值部分，你将获得总价 300 万元的收入。这就是延迟支付。

延迟支付又称延迟式激励，是指公司将激励对象的部分薪酬，按照当日公司股票市场价格折算成股票数量，存入公司为该人单独设立的延期支付账户，在约定期限后，再以公司股票的形式或根据期满时的股票市场价格以现金方式支付给激励对象的一种激励模式。

延迟式激励将个人收益与公司业绩挂钩，折算后存入延期支付账户的股票市价在行权时有所上升，则被激励对象也可以获得更多收益；如果股票市价在行权时下跌，则被激励者的利益会有所损失。

第四，培养式激励：营造良好环境，激发人才热情。

人才是企业的“明日栋梁”，他们关系着企业的未来，在如今的时代，人才是最重要的，企业要想做大，就要重视人才。

人才到底有多重要呢？如果要建大厦，人才就是栋梁；如果要修路，人才就是基石；对于创业公司而言，人才更是意味着一种成功的资本。如果企业创始人想把自己的公司发展壮大，就必须对人才给以足够的重视度。不管是哪个行业，要想取得一番成就，都不能少了人才的支撑。

人才对于企业来说不仅是一种必备的生产要素，更是企业不断发展壮大的驱使力。很多企业创始人认为，只要自己付出了较高的薪水，就会将人才紧紧捆绑在自己的公司里，实则不然，这种想法是错误的。

9.3 上下游激励：对外如何利用股权同上下游组成联盟

企业不仅要在内部对员工进行激励，还要对公司的上下游进行激励。这是为何呢？在解释这一点之前，不妨先了解企业创始人的 3 种境界，如图 9-3 所示。

三流的企业创始人注重“小我”，尽自己所能，经营自己的企业。这类创始人比较注重自己的需求，凡事以实现自己的利益为目标。他们具备超强的工作能力，并且乐于在工作中“打头阵”。他们在制定战略规划、设计模式、开拓渠道、管理财务等方面都有很好的表现，在自己的能力范围之内做到最好，用自己的智慧立足于市场，获取大量利润。

二流的企业创始人注重“大我”，充分利用有能力之人的才干，运用公司的机制和系统发挥人才的作用。这一境界的创始人在进行股权激励时就不再只针对内部员工和股东了，而是把激励对象的范围扩大到上下游（供应商和经销商），政府、银行等机构，甚至是同行业的公司，以使整个行业都能够繁荣兴旺。

一流的企业创始人注重“无我”，充分利用万物的力量，对全天下所有人的需求都十分关注，洞察各类事实，仿佛诸葛亮一般主持大计，山川河流、天气万象都能够被他利用。这是老板的最高境界。

图 9-3　企业创始人的 3 种境界

真正把企业做好，不但需要内部激励，而且要进行全面思考。前面所说的激励上下游，指的是创始人从三流境界提升到二流境界。那些成为行业领导者的企业，基本上存在与上下游激励类似的机制。下面所说的百丽鞋业就是其中的一个典型。

百丽在中国鞋业里是一个驰名品牌，国内总共有将近一万家专卖店。那么，百丽是怎样获得巨大成功的呢？

成功的原因有很多，但其中最典型的原因就是激励上下游的突破。百丽的创始人曾经是国家的一名公务员，后来退休了，决定做一些事情，于是找来几个人展开合作，共同设计了鞋子，然后找到合作的工厂进行生产。由于销售情况非常好，后来他们就开了一家旗舰店，同样做得很成功。就这样，他们开始在国内各个销售区域整合销售渠道，打算以后把公司做成上市企业。

当然，有些经销商就会产生这样的质疑：我们和百丽合作能获得哪些好处？简单来说，只要经销商进购百丽的产品，帮助其销售，就成为百丽的合作单位，比如成为其分公司。如果百丽以后成功上市，经销商就能与百丽合并报表。即使经销商在百丽只占有很少的股份，也很容易成为千万富翁，甚至亿万富翁。百丽正是通过这种方法快速整合了下游销售渠道。

整合下游的销售渠道以后，百丽的创始人亲自出马，劝说上游生产商，即制作鞋子的工厂，希望他们与百丽开展合作。合作模式就是，百丽负责研发并设计产品，工厂只管生产所设计的鞋子即可，生产的鞋子都由百丽包销。

不过，百丽对工厂提出了下面两点要求。

百丽派遣一名品质总监到工厂内，严格把控产品的质量关。

百丽还要派遣财务总监到工厂监管，工厂实现的利润中，百丽要分走51%，工厂分到49%。

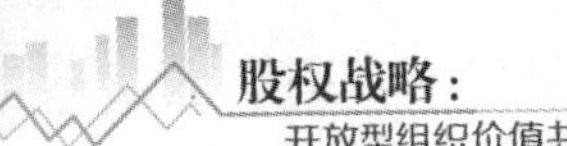

那么，工厂这样与百丽合作，能够为自己带来哪些好处呢？工厂能够获得的最大好处便是成为百丽上市后的股东。假如百丽不上市，工厂也可以拿走本该自己得到的利润，没有一点儿风险。假如百丽上市，工厂获得的利益就会非常多。运用这种方式，百丽成功地将上游的供应商与自己紧密联系到了一起。

其实百丽既不具备上游的资源，也不具备下游的资源，但就是凭借股权激励的方法将两者联系到一起，使百丽的销售额得到了突飞猛进的增长，后来在香港成功上市，获得的融资额度很高。如今百丽已经成为中国服装鞋帽品牌中的一个典型。

既然上下游激励如此重要，那么企业应该如何做呢？下面列出了对上下游进行激励时应该做到的 7 点要求。

第一，向对方坦诚告知合作原因和目的。

企业为何要与上下游开展合作？想要达到什么目的？在与上下游洽谈时，要坦诚告知以上问题的答案，不要有半点隐瞒。假如表达得不够真实，以后多半会害人害己。因此，在这个问题上一定要端正态度。

第二，将企业的发展趋势和背景讲解清楚。

企业一定要将自己的发展趋势和背景向上下游企业说清楚，比如国际形势、国家政策、行业发展趋势、团队优势资源等方面。在为对方讲解时，一定要逻辑清晰，清楚地表达出企业的发展趋势和背景，而且不要只用文字来描述，最好配上图片，以达到图文并茂的效果，这样才能更吸引人。

第三，把企业的盈利模式讲清楚。

简单来说，企业要向对方说明自己的赚钱途径，而且这种赚钱途径与同行相比更有吸引力。

第四，把企业具体的发展规划讲清楚。

在向对方说清楚盈利模式以后，也要向对方说清楚发展规划，具体包括：公司要如何组建团队？如何开展各部门的工作？如何布局市场？如何开发某个具体的产品？如何创新客户服务？

第五，把投入的回报及风险讲解清楚。

只要有所投入，必然想要获得一定的回报，只是在回报率上有高与低的差别。激励对象肯定想要了解与自己的投入相关的情况。因此，企业一定要把投入的回报与风险明确告知对方，说清楚投入的最大风险，看对方能不能承担，使其做好心理准备，不仅要做好的打算，也要做坏的打算。

第六，把进入的条件讲解清楚。

在双方进行合作时，假如有资本想要进入，必然要满足一定的条件，毕竟世上没有免费的午餐，要想获得回报，必然要有所付出，所以企业一定要明确激励对象进入的条件。

第七，把退出机制讲解清楚。

合作需要条件，终止合作同样需要条件。因此，企业一定要让激励对象明白在什么情况下才能退出。换句话说，既然你能达到进入的条件，自然也要达到退出的条件，进入和退出都要按照约定来进行。

上述 7 点虽然看起来很简单，但要想执行到位，不是一蹴而就的事情。这还需要企业从自身做起，对公司上下游资源进行整合，实行上下游股权激励，方能开发出更多客户，为企业的未来发展积蓄更多的力量。

9.4 继承转让：特殊情况导致股权继承、转让的 4 种处理方式

私有财产的数量与日俱增，表现形式多种多样，而企业的经营收入、股票也演变为夫妻、家庭共同财产中最为繁杂的一种，并且成为相关纠纷的焦点。更为重要的是，对于股权的继承、分割和赠予等特殊情况，我国相关法律并没有明确做出详细规定，因此一旦发生相关冲突，难以获得公正有效的解决。

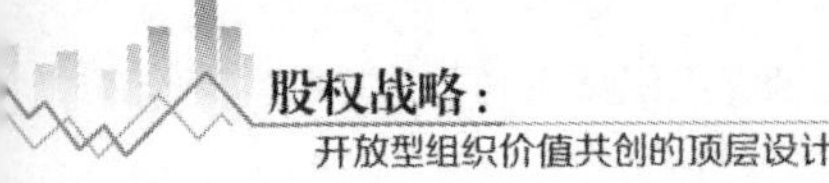

一般来说，法律法规中没有做出明确规定的股权问题都可归纳为特殊情况，比如股东离异、死亡等。针对特殊情况导致的股权继承、转让，在此罗列出 4 种处理方式供大家参考。

第一，设定公司章程。

公司章程是企业的内部规章，对各层次都能够起到相对应的约束力，包括股东、董事、高管等。如果公司章程对于特殊情况导致的继承、转让做出规定的，可以根据所规定内容来执行。在公司章程中，最为常见的对特殊情况导致的继承、转让做出的规定包括以下 3 种类型，如图 9-4 所示。

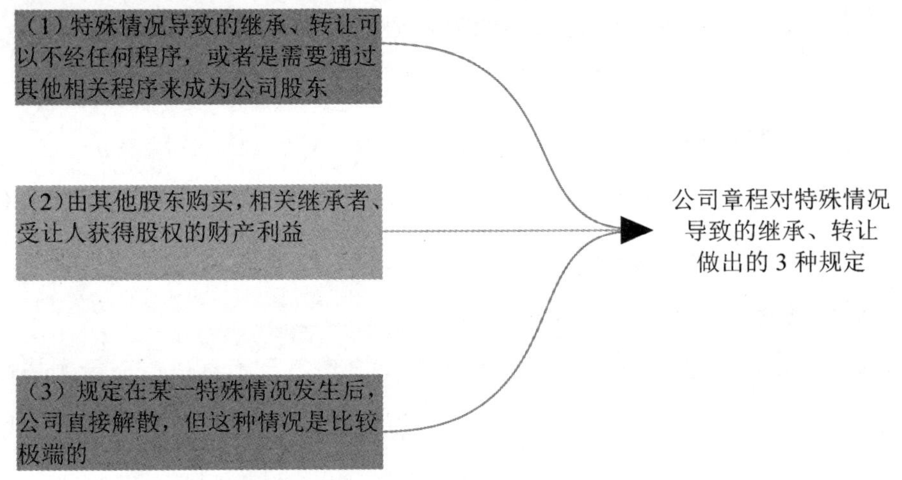

图 9-4　公司章程对特殊情况导致的继承、转让做出的 3 种规定

第二，参照公司法股权转让的规定。

如果在公司章程中没有对特殊情况导致的继承、转让做出规定的，同时股东之间也没有事先做好约定，或者是做好约定但最后无法形成协议的，可以参照公司法的相关规定，但原则上是能够合法继承、转让的。

第三，综合考虑股权价值。

与有形财产不同的是，股权的价值涉及多种要素，包括固定资产、流动资金、专有技术、产品赢利能力等，需要专业的评估机构对其进行综合评估，即使如此，也只能获得一个相对来说接近真实情况的数字。

另外，不可忽视的是，如果原有股东在出现特殊情况之前存在债务情况，比如尚未缴纳的股金、追加出资、遗留补缴责任等，相关继承者、受让人理应承担连带清偿责任。

第四，股权继承、转让违反法律规定的处理。

根据《公司法》的要求，有限责任公司股东人数需要在 1 人以上，50 人以下，另外，对特殊情况下的股权转让也有一定的限制，这种情况下，股权继承、转让可能会违反《公司法》的要求，比如股东数量超出法定人数，或者是股东只剩 1 人等，针对这种情况，应当要做出具体分析。

比如，《公司法》所要求的人数限制，实际上是在设立企业的时候所设置的，与企业存续时间无关，因此，特殊情况导致的继承、转让不应该受到这一规则的限定。也就是说，由于特殊情况导致的继承、转让而导致股东超出法定人数的情况下，不一定就是无效的。只要特殊情况导致的继承、转让本身不属于违法行为，最后的继承、转让结果只需要在合理范围内通过合法手段来吸纳新股东，也就不存在违规情况。

又如，如果人数已经超过《公司法》的要求，不妨考虑通过原有股东出资收购相关继承者、受让人所获得的股权的方式，以此来减少股东人数；除此之外，如果相关继承者、受让人人数较多，可以采取共同共有一个股权的方式。

9.5 案例——沈阳 8 家集成电路企业如何以股权为纽带共组联盟

2018 年，沈阳市进行全面创新改革试验，以股权为纽带，共组产业战略联盟，进而解决了其一直存在的诸多难题，获得了不错的试验效果。

由于联盟运行机制尚且存在不足，在产业技术创新战略联盟发展过程中一直存在一些难题没有得到解决，比如“联而不盟”的现象。众所周知，核心技术是每家企业的核心竞争力，甚至是决定其发展是否成功的关键要素。在产业技术创新战略联盟中，成果共享、利益分配等方面明显欠缺完备性，让众多企业不敢投入资源，只能处于观望状态，更有甚者紧紧握住自有资源，完全不愿意与其他企业共享。这种“联而不盟”的状况导致了产业技术创新战略联盟的作用难以得到发挥，甚至还使得改革处于倒退状态。

在辽沈地区，有 19 家企业组成了沈阳市集成电路装备产业技术创新战略联盟，这 19 家企业都是属于半导体装备技术研究、零部件制造或者半导体装备应用等相关领域的企业。值得一提的是，新松机器人股份公司、沈阳芯源、中科博微等共 8 家企业交互参股，通过“股权”这一重要纽带相互形成紧密关系。

除此之外，集成电路装备产业链条上的相关环节与技术等，这 8 家企业都有所涉及，进而形成上下游相互配套、互通有无的关系，还可以通过明确分工来获得更高的效率。

从软件控制系统到工艺处理，中间还要经历机装备、零部件、子系统、整机这一系列环节，才能形成一个完整的全供应链体系，而这 8 家企业在原有产业链的基础上，成功建立了这样的全供应链体系。通过产业链与供应链的整合，这 8 家企业无论是制定规划、申报项目，还是攻克技术难关，开拓市场，都联合起来完成，做到真正的产业联盟。与此同时，这 8 家企业还能够做到共享资源与成果。这样一来，“共建、共享、共智”的完善的联盟运行机制得以实现。

值得一提的是，这 8 家企业为了实现更高效的资源共享，还通过搭建公共服务平台，具体做法体现在 3 个方面。

第一，集成电路装备精密零部件是需要通过大量加工以及严格检测的，比如大中型腔体类结构件、旋转体类结构件或者是中小构件与钣金焊接类结构件等。对此，这 8 家企业搭建了我国第一家集成电路装备精密零部件制造与检测公共服务平台。这一平台，为集成电路装备零部件的加工制造组建了大量的生产线，与此同时，不少检测实验室也因此而建立了起来。通过搭建这一平台，这 8 家企业中的半导体装备企业、零部件加工企业等能够获得更为完善的部件配套服务，提高生产效率。

第二，技术是每一家企业的核心竞争力。对此，这 8 家企业建立了“专利池”，推动知识产权共享的发展。“专利池”有助于保护企业的专利，并且能够使其得到充分利用。在这种情况下，这 8 家企业应对风险的能力也得以提升。

第三，在知识共享的基础上，这 8 家企业还做到了客户共享与信用共享。通过这 8 家企业的不断努力，成功获得了国家集成电路产业基金以支持其发展。为了能够获得更多的资金注入，这 8 家企业互相信用担保，实现信用共享，使其金融服务能力有所提升，相对来说，融资也会进行得更为顺利。

产业战略联盟以股权为纽带，并且整合产业链与供应链，许多具有自主知识产权的相关产品也因此而逐渐实现了商业化，而联盟也因此而步入了高速发展的轨道，促进区域产业集聚的形成，具体表述如下。

第一，促进自主知识产权产品的产业化。

自从这一项目实施以来，有 6 家企业已经联合申报了许多专项，并且获得了总计 7.44 亿元的国家支持资金。许多具有自主知识产权的大半导体领域的相关产品也因此而逐渐步入产业化阶段，比如平板显示、光伏、LED 等。更令人骄傲的是，产品指标与国外同类产品等齐，甚至超越了国外同类产品水平，但是与进口设备相比，成本价却大幅度降低。除此之外，原本国家尚处于空白状态的 14 类关键装备及零部件也进入了产业化发展，并且处于国内领先状态。

第二，助推集成电路设备企业获得规模化发展(见图 9-5)。

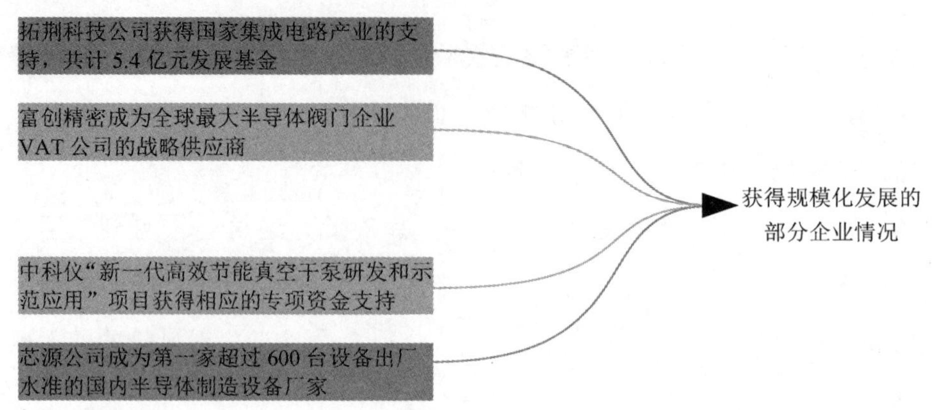

图 9-5　获得规模化发展的部分企业情况

第三，促进区域产业集聚的形成。

1181 是集成电路装备产业的重要指标，具体来说是“一项控制系统技术、一批关键单元部件、八类重要整机装备和一个关键零部件支撑平台”，而依靠此次的产业联盟，这种优势得以形成，并且形成相对完整的装备制造产业链。

除此之外，辽沈地区还因此而成为国家极大规模集成电路重大专项中，仅有的核心零部件的地区，获得了社会各界的广泛关注。

第 10 章

股权投资：以对外股权投资打造更大的开放型生态

随着互联网、物联网与智能制造等技术的发展，线上线下实现无缝连接，企业的商业模式也因此而发生了巨大的变化。不仅仅是在企业内部经营中，在进行资本操作时，也需要结合时代趋势，打造更大的开放型生态。

10.1 投资策略：布局产业链、打造生态圈

当前国内的投资机构不断在增加，与此同时，参与投资的企业也不计其数，这主要是因为大家都认为投资能赚钱。然而，当今时代已经逐渐趋向于专业化发展，投资也是如此，过去投资获得暴利的机会已经不复存在，企业投资应当学会从专业化方向来布局。

与专业化相对应的有一个近年来很火爆的词汇，叫作“生态圈”。生态圈是从互联网并购领域而衍生出来的，如今已经成为投资方向的重要趋势，甚至在互联网中还流传着这样的一句话：“产品型公司值十亿美元，平台型公司值百亿美元，生态型公司值千亿美元！”

纵观我国当今的小米、腾讯等行业巨头，可以发现其早已经有先见之明地布局自己的产业链，进而逐渐完善为完整的生态圈。

必须承认的是，“互联网+”的出现让许多原本受到时间与空间限制的事物获得了新的发展，并且将线下的人、场、产品等连接起来，形成丰富的生态圈。如今企业打造投资竞争力的方法，已经不再是只要求用户、粉丝、流量、连接等某一方面比较突出，而是通过将产业链进行整体布局，进而助力其形成整体的生态圈，而这也是时代要求下的投资发展新路径。不仅仅是企业，专业的投资机构，也在朝着这一方向发展。

德同资本在较早的时候便已经开始做 GP 了，因此具备的投资经验十分丰富。在“第十届中国有限合伙人峰会”中，德同资本的陆宏宇针对自己的投资经验做了一些总结。

陆宏宇在某一时间段，与 3 家上市企业进行了合作。从普通合伙人的层面来看，鲜明的投资方向，出色的策略方案以及思路，再加上一定的执行力，那么与有限合伙人也能够进行很好的互动。这种情况下，募资是不错的选择。然而，如果要进行投资的话，则要更加谨慎和小心。

这主要是因为基金都有投资期，要及时将钱都投出去，这对于普通合伙人来说是有一定压力的。即使如此，也不能随便去投资一些不靠谱的项目，宁可加码跟投某些优质项目，因此，在投资上，德同资本做出了一些相应的变化。

陆宏宇表示，针对这种情况，德同资本的投资主要面向于完整的生态圈。也就是说，他们的投资会布局于整个行业，并且在该行业的每一个产业链中都有所涉及，进而让生态圈内的相关环节实现互动与协作，比如游戏行业、文化传媒行业等。简单来说，就是将面临的项目的整个产业链都进行投资，并且挖掘每一个环节中的优秀项目，让其实现互助，相互成长，最后获得不菲的回报。

10.2 风控体系：企业对外股权投资过程中的风控体系建设

世上没有万无一失的买卖，只要有投资行为，就必然会有投资风险存在，企业对外股权投资亦然，通过之前章节的内容，了解投资管理流程之后，显然还要建立尽可能完善的风控体系，将企业对外股权投资过程中可能遭遇的风险降到最低限度。接下来，针对企业对外股权投资过程中常见的风险做出应对解析，如图 10-1 所示。

图 10-1 企业对外股权投资过程中常见的风险

第一，项目选择的风险。

(1) 业务选择。

企业进行对外股权投资的目标主要是借力实现更完善的业务占有布局，

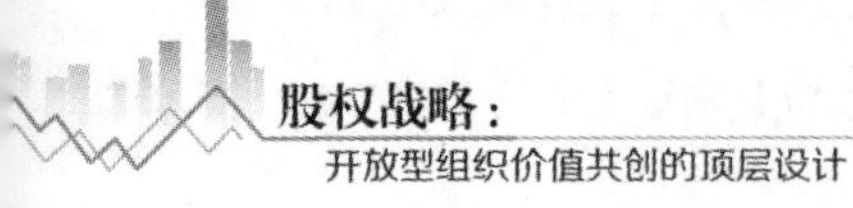

进一步增强企业在优势领域的领先地位，同时通过股权投资方式将竞争对手排除在这一领域之外，所以在进行投资项目选择时被投资企业所涉业务是否能与自身优势业务形成互补是第一个要考虑的要点，否则，即使投资后可获得不错的收益率，未来还是会面临比较高的企业经营风险。

(2) 区域选择。

虽然伴随互联网的崛起，企业诸多发展动力受到区域限制的掣肘影响越来越小，但绝非没有影响，所在区域的经济、人才、政策、法律环境仍对企业发展有着近乎决定性的影响，否则便很难解释绝大多数优秀企业在一二线城市产生的原因。

此外，被投企业的业务开展区域也是一个要考虑的风险，是不是有足够的发展潜力、发展阶段有没有足够的隐蔽性等。譬如腾讯，当初便以投资主打下沉市场的拼多多的方式补齐了电商业务短板，而拼多多之所以能从阿里等电商巨头的夹缝中取得快速发展，与其当时刻意避开了在一二线城市的电商竞争不无关系。

(3) 阶段选择。

所谓对外股权投资过程中的阶段选择，即为在被投企业哪一发展阶段进入的问题，以更侧重于业务互补而非追求特定投资增长回报的角度来看，企业对外股权投资更侧重于在企业发展成熟阶段进入。

第二，项目管理的风险。

(1) 组合投资。

任何时候将鸡蛋放在一个篮子中都是危险的，企业对外股权投资也是如此，孤注一掷绝非上策，一般情况下，会通过组合投资的方式分摊掉一部分风险。通常而言，科学的组合投资方式涵盖业务、区域、不同阶段 3 个维度，排列组合才能最佳。

(2) 分期控制。

企业对外股权投资实施过程主要可分为前期控制与事中控制两大阶段，

前期控制主要为实施小组对所提交方案、协议条款的审查；事中控制主要为对被投企业重大决策的引导与监督、财务状况管理等步骤，通过严密的实施管理体系，实现风控。

第三，单个项目的风险。

(1) 分段投资。

在当下的投资市场上，达成投资协议后马上便将约定资金全部打到被投企业账户上的事情几乎没有，均为分段控制，即被投企业达到事先约定的目标后，投资方向企业跟进注入约定好的部分资金，以此类推。这可保证企业的所投资金不会被浪费，也可激励被投企业努力发展，降低投资风险。

(2) 合同制约。

一份合同自然是用来同时保证双方权益的，但在现实的投资运作中，因双方对投资需求的迫切程度不同，往往会导致在合同制定过程中出现强势的一方，作为投资方的企业要善于利用设置保护性条款的方式降低投资风险。

(3) 对赌协议。

为了激励被投资企业管理层以及实施小组，让出资企业高层吃下一颗“定心丸”，往往还需要设置对赌协议条款，可作为期权的一种特殊形式，即所投资金到位后，若被投企业在约定时间内完成约定成绩，被投企业管理层则可获得一定程度的激励，若没有达到预期层级，则需要接受一定惩罚，一般以股权为介质，实战中可自由组合，降低投资风险。

10.3　合资企业：以合资企业方式开展对外投资的优势与方法

目前在全世界范围内的对外直接投资方式主要有两种，一种是合资企业，另一种是独立子公司。合资企业与独立子公司具有不同的优势，同时也有不同的缺陷，适用条件也是不一样的，企业需要根据自身的实际情况以及特点来选择合适自己的方式。

所谓合资企业，通常是指相互独立的两个或两个以上的企业一起掌控的企业。在很长的一段时间内，不管是哪个国家的企业，如果想要进入外国的市场，最好的也是最有效的方式就是与当地公司共同创立一家合资企业。双方各占一半的企业是最典型的合资企业，双方各派一支队伍来对合资企业进行管理，共同经营合资企业。不过，也不是所有的合资企业都是双方各占一半，有时其中某一方会占据大多数的股权，会对另一方进行压制，对于合资企业拥有更强的控制权。一般来说，合资企业主要有以下 3 个优点，如图 10-2 所示。

第一，企业在进入外国市场时，如果能够与当地的企业进行合作，那么就可以借助其优势，更好地在外国市场立足。当地企业对于当地的文化、竞争情况、政治体制以及商业运行机制十分了解，有利于打开当地的市场。例如，美国的大部分公司在对外投资的时候，通常会与当地公司建立良好的合作关系，由美国公司负责产品以及技术方面的问题，由当地公司负责了解当地的情况，提供经验，从而能够在当地市场取得更大的优势。

第二，如果对外投资的时候需要面临很大的风险以及较高的成本，通过与当地企业合作的方式，能够与当地合作伙伴共同承担这些风险以及成本。

第三，有一部分国家制定了相关的政策，想要进入这些国家的市场，必须通过合资的方式，因此，合资企业是帮助企业进入当地市场的重要渠道

图 10-2　合资企业的 3 个优点

从总体上来说，我国企业在对外直接投资方面并没有过多的经验，国际化管理人才的数量也不足，在跨国经营方面毫无经验，并且我国企业不具备大型跨国公司的雄厚资金，因此，就目前的这个阶段来说，合资是最适合我国企业的投资方式，主要原因有以下 4 个方面。

第一，我国自改革开放以来，到目前已经走过了 40 多个年头，但是我国的大部分企业仍然是在国内市场中谋求发展的。这部分企业的资源配置、组织管理模式以及经营观念都只适用于国内的市场。对于国际经营方面的知识，我国大部分企业的经营管理人员基本上一窍不通，特别是在观念上，我

国企业的观念是较为封闭的。我国企业要想进入外国市场，如果不通过合资的方式，而是建立独资企业，就会面临很大的风险。如果选择与当地企业建立起良好的合作关系，那么在合作伙伴的帮助下，能够快速融入国际市场中，并且还能够进行多样化试验，积累经验，借助被并购企业现成的社会关系以及经营网络，从而使得经营的风险以及管理的难度大大降低，除此之外，还能够帮助中国企业学习到先进的管理经验以及技术，特别是投资那些新兴工业化国家以及发达国家的企业。

选择与当地企业建立合作关系能够得到多个方面的好处，既能够快速进入当地市场，使得资金周转的速度加快，还能够借助与发达国家企业进行合作的这个过程来学习国外先进的管理方式，对我国企业的经营管理人员进行培养，使其积累经验，使得我国企业的国际经营管理队伍更加强大，从而促进企业快速成长。如果投资的对象是发展中国家，就更需要当地企业的帮助了，因为大部分发展中国家都没有稳定的市场，相对来说较为混乱，与发达国家没有可比性。因此，借助合作伙伴快速了解当地的文化、语言、政府运行机制以及竞争环境是十分重要的，能够帮助我国企业在国外站稳脚跟。

第二，我国目前仍然属于发展中国家，我国的经济发展一直都面临一个巨大的难题，那就是资金短缺。正是因为如此，在对外投资的时候，我国企业在资金方面一直处于劣势，而发达国家的企业在对外投资时拥有雄厚的资金，对我国企业来说是一个巨大的挑战。因此，在现在的这个阶段，我国企业首先要思考的问题就是通过什么方式才能够在对外投资的时候使得投资的风险得到有效的降低，使得投资成本得到减少。而这个问题可以借助当地企业来协助解决，合作伙伴既能够帮助企业降低对外投资的成本，又能够与我国企业共同承担投资风险。

第三，全球经济越来越不景气，从而导致了国际竞争愈发激烈。在这样的时代背景下，大部分国家特别是发展中国家为了对本国的民族工业进行保护，使本国的失业率得到降低，发展本国经济，从而制定了相关的政策，不允许部分行业的外国企业进行独资经营。在这个时候，想要进入该国的市场，唯一方式就是合资经营。

第四，在技术方面，我国特别优秀的技术是十分有限的，绝大多数是已经成熟了的标准化技术，从而导致了技术保护方面做得并不是很好。在对外投资的时候，我国企业最特别的地方就是小规模生产计划，并不适合经验曲线经济。除此之外，从总体上来讲，在对外投资方面，我国仍然还处于初级阶段，我国企业并不会进行大规模的投资。对我国的大部分企业来说，布置全球生产体系以及制定全球战略离我们还太遥远，但我们并不能因此气馁，还是需要建立全球竞争观念的。对我国企业来说，由于并没有十分雄厚的资金，最应该考虑的问题就是在对外投资的时候通过什么样的方式来使投资风险得到有效降低、使投资成本减少。根据我国企业的情况来看，对外投资最适合的方式就是合资。

需要注意的是，使用合资企业的方式并不是一劳永逸的，还会面临某些方面的难题。比如，这个世界并没有永久的合资，所以选择进行合资就一定会遇到合同期限的问题，而正是因为合作的时间是有限制的，从而导致企业或多或少会出现短视的情况。在合同到期后，大部分企业就会意识到，企业根本没有完全实施最开始时制定的战略。在这个时候，不管是“分家”，建立一家独资企业，还是选择通过谈判的方式延长合同的期限，都会面临不利的局面。

因此，我国企业在与当地企业建立合作关系的时候，就需要制定一个明确的战略，并且还需要制定一个具体的时间表，在某个时间之内要完成某件事情，要将眼光看长远，不局限于短期利益，做好充分准备。

另外，还有至关重要的一个方面，那就是通过什么方式去寻找到一个合适的合作伙伴。对此，主要可以通过 3 个方面来考虑，如图 10-3 所示。

图 10-3 寻找到合适的合作伙伴的 3 个参考因素

我国企业在当地寻找合适的合作伙伴的时候，主要可以参考以上 3 个方面，尽可能找到最合适的合作伙伴。

不过，以上讨论的内容都是根据我国企业的总体情况作为背景的。我国部分大型企业，如中远集团、海尔集团以及中国化工进出口总公司等龙头企业集团，是具备了充分的实力的，能够在外国建立起独资公司，这些公司能够不受到合资企业所带来的一些困扰。这些实力雄厚的公司完全可以凭借自己的实力，慢慢地设计全球战略，逐步完善自身的全球竞争体系，在海外市场进行一番“厮杀”，慢慢积累经验，发展成为成熟的跨国企业集团。

10.4 股权并购：股权并购的运作流程

受产业结构调整、政策导向发生变化、公司传统业务增速放缓、打通上下游加强成本控制、发展多元化经营、财务投资等原因的影响，企业在经过创业期后会启动并购。

从最近十年的情况来看，我国 2016 年并购金额达到高峰，2017 年小幅下滑，2018 年继续下滑，但仍然有 1.97 万亿元的总金额。虽然总金额有所下降，但是并购的案例数量是近两年的一倍。也就是说，单笔并购金额少了，但是投资的频率高了。

国外并购的情况刚好与国内相反。根据国际管理咨询公司贝恩 2019 年 1 月 24 日发布的《2018 年全球并购市场年度报告》的数据，2018 年全球战略并购交易金额达到了 3.4 万亿美元，超过了 2017 年的 2.9 万亿美元，从数据上来看这个水平已经接近历史高位。

此外，交易额超过 10 亿美元的战略交易在总数量的占比为 51%。近 1/3 的并购目的是通过直接收购为公司获得一个新的发展方向，比如直接通过并购拓展自动驾驶市场。

2015 年夏天，可口可乐启动了瓶身营销，将经典电影的台词印在了瓶身上。鼓励自己的“不管怎样明天是新的一天”、毕业季送自己的“青春是最棒的”、热恋小情侣送另一半的“咱们结婚吧”……其实，1982 年可口可乐就并购了哥伦比亚公司，从 1933 年的电影《金刚》开始就为自己打起了植入式广告。

可口可乐以饮料起家，之后通过并购涉足了水净化、葡萄酒、养虾和水果，但是收购哥伦比亚影业是可口可乐最大的一笔投资，当时斥资 7.5 亿美元只收购了部分的股权，这个价格是当时哥伦比亚影业股票市值的 2 倍。

可口可乐台词瓶如图 10-4 所示。

图 10-4　可口可乐台词瓶

当时所有人都不看好可口可乐的这次并购，但是收购完成之后，哥伦比亚影业公司、哥伦比亚广播公司、HBO 就联合成立了三星影业，并制作了一大批经典的电影。

比如 20 世纪 80 年代最出色的爱情喜剧《窈窕淑男》(*Tootsie*)等，史诗电影《甘地传》甚至一举拿下 8 座第 82 届奥斯卡小金人。至今影迷还会记得“当我绝望时，我会想起：在历史上，只有真理和爱能得胜”这句经典的台词。

可口可乐也借助电影启动了一轮又一轮的营销。比如，1915 年可口可乐瓶上印制的无声电影排片表。1939 年可口可乐还为自己拍了电影《经久不衰的舒畅感受》，将约翰·彭伯顿先生“意外”发明可口可乐的场景通过电影重现。

虽然 1989 年，可口可乐放弃了哥伦比亚影业的股权，将其卖给了索尼，但是短暂的并购也为可口可乐带来了 5 亿美元的净利润。

企业通过并购获得成功是每一个熬过创业期后期盼高速发展的企业所想看到的结果，但是，成功的并购到底是什么样的？评判并购好坏的标准有很多，大致可从以下 5 个层面来判断。

第一，规模经济效益。

很多企业选择并购就是希望扩大规模，从而降低成本。规模大了之后，原材料的议价能力更强，单个产品的成本更低。

第二，市场话语权。

横向并购之后，企业的市场占有率可能从第三提到了第二，之前可能无法与外资同类型企业抗衡，现在有话语权了。

第三，节约成本。

这里说的成本不仅仅包括第一点提到的降低了原材料成本，还包括并购之后节省的营销费用，以及上游供应商的谈判费用等。

第四，增强融资能力。

企业并购完成之后，企业创始人在金融机构的信用水平会相应地提高，至少银行批贷的可能性会增加，风投、私募等金融机构也会对其刮目相看。

第五，降低生产风险。

很多企业在生产的过程中存在诸多的中间环节，一旦中间环节的供应商出现问题，就会直接影响到产品的按时出货，并购之后企业可以调整产品生产，优先生产自家的产品。

认识到企业并购的重要性之后，企业可以学习如何进行并购。通常来说，企业并购的运作会经过 7 个流程。

第一，并购决策阶段。

在企业有并购需求之后，就需要和财务公司或者公司内部专业的并购团队合作，制定详细的并购战略方案。并购的可行性方案里，企业需要分析外部经济环境、内部并购整合能力、国家政策和经济目标等问题。

第二，选定目标阶段。

制定并购决策之后，就需要挑选并购目标了。一般初步选定并购目标的方法有两个，即定性选择模型和定量选择模型。通过一系列静态分析、ROI 分析、信息收集等最终判断某家企业是否有并购的价值。一般选择可以实现优势互补或者符合公司未来战略发展规划的企业来并购，这样的价值会比较高。

第三，等待并购时机。

当某企业想并购另一家企业的时候，也许对方并没有出售股权的打算，此时需要等待时机，通过分析定性、定量模型来判断最佳的并购时间点。

第四，并购前尽调工作。

并购之前，企业需要打通政府的关系以获得更多的支持，如果是民营企业可直接忽略，直接对企业展开尽职调查，调查内容包括财务状况、涉诉的情况、生产经营情况、销售情况等，越详细越好，一定要留心被并购企业未履行完毕的合同。

第五，并购谈判阶段。

当确定并购目标符合自己的预期之后，下一步就要开始并购谈判。谈判的内容包括并购的方式、定价机制、交易方式(现金还是股权换购)、并购后管理层的人事安排、公司老员工的安排等。

第六，签订并购合同。

签订合同是并购最关键的一步，当一切尘埃落定之后，创始人需要白纸黑字地将并购谈判中的风险对赌补偿条款、并购资金的支付方式等问题详细地写清楚，防止出现问题后没有法律依据。

第七，并购后的整合。

每家企业并购后都希望达到预期，顺利完成交割并不是并购的结束，而是开始。平稳过渡之后让其潜在价值得到激发，对于很多企业来说是一个巨大的挑战。为被并购企业制订三年的发展计划、帮助被并购企业提升管理水平等，都是这个时期需要做的工作。

最后，不得不提的是，企业并购也很容易出现失误，最后导致企业受损。通常来说，企业并购常常会遇到 3 个问题，值得大家注意。

第一，没有进行业务整合。

无论并购是纵向还是横向，都需要企业在生产管理、市场营销方面进行整合。削减重复的结构、梳理管理关系、降低生产成本、剥离存在内部竞争关系的业务等，都是企业必须做的重要功课。

第二，人事处理不当。

并购之后肯定会出现重复的岗位，总部可能会“空降”一些高管来分管业务，这时候就涉及裁员和岗位调整，有些企业甚至还涉及半退员工的养老等一系列的问题，如果处理不好，对被并购企业的未来发展非常不利，严重的话，可能导致长期停工，对并购方的损失将是致命的。

第三，文化冲突问题。

由于所有制、地区、行业等的不同，企业与并购企业之间往往存在价值观念、管理方法、经营思维等方面的差异，有的甚至还涉及宗教等问题，这种情况下，就需要企业在认真了解的前提下不断协调双方的关系。

企业在初创和发展过程中，都渴望通过并购来获得高速发展，但这一切都需要企业对并购，以及并购的流程和并购过程中可能出现的问题有较深的了解，只有这样，才能以不变应万变，使企业在并购之后得到更好、更快的发展。

10.5 案例——小米利用对外投资打造的开放式生态股权架构

小米的生态链企业是小米的国内主体——小米科技有限责任公司全资子公司天津金星投资有限公司(天津金星)、天津金米投资合伙企业(天津金米)之后再衍生的90多家企业而形成的生态链。

值得一提的是，天津金米还有一家股东企业，名为天津众米企业管理合伙企业(天津众米)。梳理关系后可以发现，天津金星就是天津众米的大股东，另外还有15家有限合伙企业作为LP。换句话来说，可以将天津众米视为小米进行股权激励的重要平台。

以上便是小米的生态设计，本质上可以视作开放式生态股权架构，企业获得的自主权更为明显。

小米不仅仅自己上市，它还计划在自己的生态链中持续孵化上市企业。2017年，雷军曾在演讲中表示，小米生态的大多数企业是没有任何基础的，但在短短3年时间内，已经出现了4家独角兽企业，而年收入达到1亿元以上的企业高达16家。

纵观小米的发展历史，不难发现其商业模式从创立之初到现在，已经经历了不同的变化，具体如图 10-5 所示。

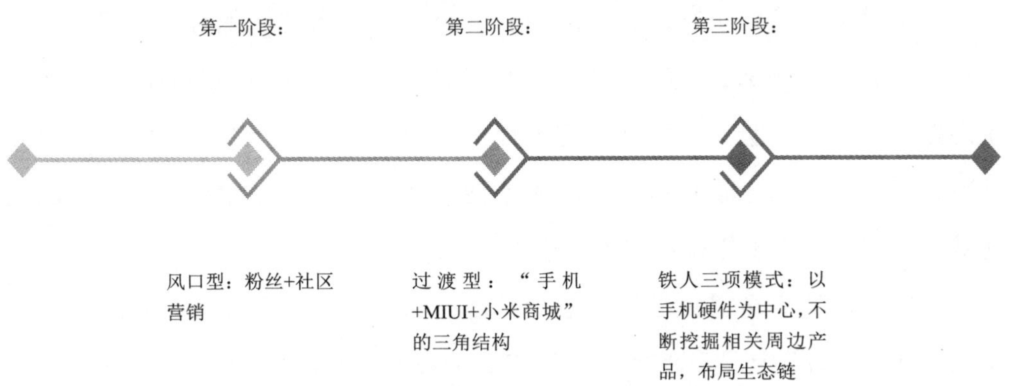

图 10-5　小米发展的 3 个阶段

2013 年，小米已经着手布局生态链。发展到 2015 年，小米生态链所涉及的范围已经很广泛了，主要分为以下 4 个层次，如图 10-6 所示。

针对以上的层次，生活易耗品是大家最难以理解的，而相关人士表示，牙刷其实也是高技术含量的产品，与小米生态链的定位相契合；而毛巾虽然只是普通产品，但是能够在一定程度上帮助小米提高用户黏性。

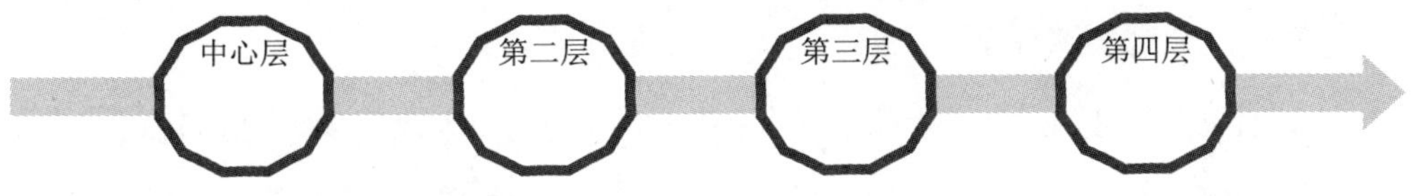

图 10-6　小米生态圈的 4 个层次

构建小米生态链是为了用科技改变传统消费领域的产品，并且只要与其相匹配，小米生态链都会在之后的发展中不断延伸。

小米之所以能够构建如此强大的生态链，与其处理与生态链企业的关系时所遵循的原则不无关系，主要包括以下 3 个原则。

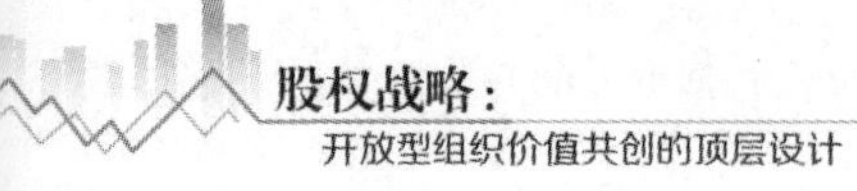

第一，参股不控股。

简单来说就是对于生态链上的企业，小米不要求掌控绝对控制权，大多数持有的股份比例都在 20%～40%。小米之所以选择参股不控股，是想要让生态链上的企业不会因为小米的进入而丢弃原有的企业精神。“背靠大树好乘凉”，如果小米全都包办，那些企业便无法自主经营，创新精神也会随之而减少。因此，小米更愿意作为一个支持系统而存在。

事实上，这也可以说是小米进行管理的法门。与大多数传统企业不同，小米更注重充分发挥团队的能力，让其更全心全意地为企业输出价值。

第二，帮忙不添乱。

赋能给生态链上的企业，是小米的主要运营方式之一，但不会要求企业对于小米的决策百分之百听从。小米可以提供自己的销售渠道、品牌、开发产品的思想以及如何做到让产品简单化等各方各面供生态链上的企业复制，进而使其更接近成功，但是这仅仅作为一种解决方案的形式来出现，而不是强制性要求这些企业绝对服从小米的赋能。如果企业自身有自己的经营想法，可以按照自己的思维去行动，小米不会干扰。

第三，建议不决策。

如上所述，小米经常会赋能生态链上的企业，这让二者之间的联系十分密切。然而，在核心决策方面，小米也同样不会去自行决定，而是给予一定的建议，最终决策还是由相关企业自身所决定。

为了能够让企业更好地进入小米系统中，小米对自己的能力模块进行过一定的提炼，为的是能够更方便地复制到生态链中。根据小米的提炼，可以发现，进入小米系统的大多数生态链企业都是小企业，仅凭自己的能力来打造完整的供应链几乎是不可能的。因此，小米通过早期做手机时所提炼出来的供应链来为这些小企业背书。另外，如果生态链上的企业自行寻找供应链的话，明显是会吃亏的，小米会伸出援手赋能企业。小米品牌所具备的含金量更是大多数生态链企业难以达到的水平，因此小米也可能赋能品牌，甚至将自己的电商渠道提供给这些企业使用。

也正因为如此，小米在工业设计、产品功能定位、竞争力等各个方面所赋能的内容越来越多，甚至还提炼了“专注、极致、口碑、快”的互联网七字诀，让生态链中的企业进行学习。小米还设立了“谷仓学院”，是将团队转变为生态链企业，再循环孵化其他生态链企业的重要机构。

通过以上内容可以了解到，小米的生态链模式的重点在于开放，开放程度能够增强商业模式的可行性。

第一，能力开放。

以开放的姿态来面向生态链上的企业，小米能够迅速了解到这些企业的不足，并且为其提供解决方案，加上其在营销能力、供应链能力、产品能力等方面对生态链上的企业赋能，最终形成能力开放互补平台。

通过小米的赋能，生态链上的企业迅速成长，并且在这一过程中构建自己的核心竞争力，还可以通过可行的方式复制到生态链的其他企业中，使其同样快速成长。通过这种模式能够大幅度降低成长成本，并且提升获利能力。

第二，利益开放。

企业成功的关键不在于获得多少发展资金，而在于团队经营。控制权一直都是股权之争的重中之重，但是小米并不在乎有没有绝对控制生态链上的企业。因为在小米看来，一旦掌握了生态链上的企业的绝对控制权，相当于培养出无数个重复的小米，而且成功率还不是百分之百，资金短板的问题必然出现。因此，小米更注重生态链上的企业的能力互补，这种格局是呈现出利益开放的状态的，更有助于推动企业的整体发展。